나의 해석법

사주명리학과 자녀교육의 만남!

내 아이 사주팔자에 맞는 양육법과
효과적인 공부법 Coaching-book

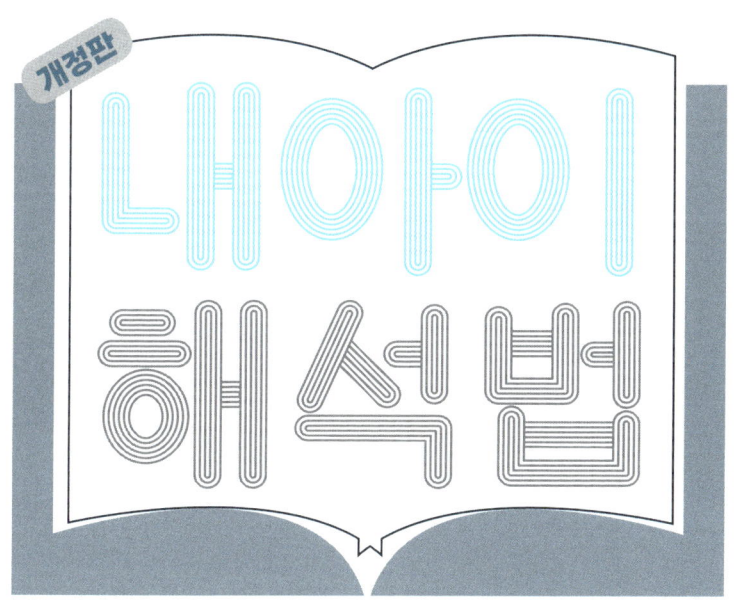

개정판
내아이 해석법

권현희·김상연 지음

비비트리북스

개정판을 내며

　명리학은 글자 몇 개로 한 개인의 인생을 정의할 만큼 그런 어수룩한 학문은 절대 아닙니다. 공부를 하면 할수록, 현장에서 사례 스터디를 하면 할수록, 상담학에 가깝다는 생각을 하게 됩니다. 내가 처한 상황을 누구보다 내 자신이 잘 알기에 직접 공부해야 합니다. 부모인 내가 누구인지 정체성을 찾기 위해, 내 아이를 정확하게 파악해 아이의 행복한 미래 설계에 도움을 주기 위해, 명리학을 공부해야 합니다. 이런 관점에서 시작된 〈내 아이 해석법〉이 출간된 지 2년이 지났습니다. 〈내 아이 해석법〉이 나온 후 강의할 기회가 생겨 학부모와 소통하는 시간을 많이 가졌습니다. 강의를 들은 학부모들의 반응은 대체로 비슷했습니다.

　"내가 낳았는데도 내 아이를 이렇게 몰랐나 싶어요. 아이가 왜 그런 행동을 했는지 이제 이해됩니다. 부모가 변해야 아이가 변한다는 것을 명리학 수업을 통해 알게 되었습니다. 늦게나마 알게 되어 다행입니다."

"어떤 꿈을 가지고 어떻게 살 것인가에 대해, 정작 당사자인 아이의 의견보다 부모의 희망 사항으로 밀어붙인 점을 후회합니다. 아이에게 맞는 날개를 달아주어 훨훨 날게 했으면 좋았는데…."

학부모에 국한하지 않고 일반인을 대상으로 강의해 달라는 요청에 〈성격 명리학〉이라는 주제로 강의하기도 했습니다. 사주 명리학의 핵심은 해석입니다. 해석하는 사람의 지적 배경에 따라, 해석의 도구인 명리학의 토대가 어떤 계통이냐에 따라, 보름달을 보면서 초승달이라는 엉뚱한 해석을 내리기도 합니다. 그래서 사주 명리학은 '주관 오류'라는 함정에 빠질 가능성이 높습니다. 명리학의 줄기가 달라도 이 학문이 공통으로 정확하게 제시하고 있는 것은 타고난 성격과 적성입니다. 내 성격의 장점과 단점을 아는 것만큼 큰 삶의 무기도 없다고 생각합니다.

강의를 통해 사람들과 소통해 보니 〈내 아이 해석법〉을 좀 보완해야겠다는 생각이 들었습니다. 몇 가지 '명리 문법'을 추가했습니다. 명리학은 단숨에 터득되는 학문은 아닙니다. 명리학 입문자들은 여러번 읽어야만 이해할 수 있습니다. 그래서 가독성을 높이기 위해 본문 편집을 새롭게 디자인했습니다. 아는 만큼 보인다 했습니다. 자신을 알기 위해 열심히 노력하는 학생이 되길 바랍니다.

2023년 1월 3일   권현희

만든이 서문

"우리 아이는 고등학교 3학년인데도 뭘 해야 할지 모르겠대요." 이런 말을 하는 부모들이 적지 않습니다. 성인이 되어서도 "진짜 하고 싶은 건 이게 아닌데 …"라고 말하는 사람도 많습니다. 심지어 은퇴할 나이에 와서까지도 고민합니다. 적성에 맞지 않는 일을 하느라 허송세월을 보냈다고 뒤늦은 후회를 하는 사람들이 적지 않습니다. 진즉 알았더라면 …. 맞습니다. 좀 더 일찍이 알았다면 더 만족스럽고 덜 후회하는 삶을 살 수도 있었을 겁니다. 그런데 미리 알았더라도 주변 반대를 뿌리치고 자기에게 딱 맞는 길을 찾아 쌩쌩 달려나갔을까요?

요즘의 우리 입시 문화를 한번 보겠습니다. 전공을 선택할 때 학생 본인의 꿈과 의견이 잘 반영되고 있습니까? 그렇다면 정말 다행입니다. 그건 학생 개인뿐 아니라 사회와 국가에 모두 도움이 되는 일이니까요. 그러나 수능 점수에 맞춰, 부모의 기대에 따라, 남들이 그럴 듯하게 봐주니까 … 이런 저런 이유를 붙여 진로 선택하는 경우를 주변에서 많이 보게 됩니다. 이런 선택은 시간이 지나면 부메랑이 되어 개인은 물론 사회 전체에 쓰라린 아픔을 줄 지도 모릅니다. 자기 자신이 아니라 다른 사람을 만족시키기 위한 삶을 살아가는 사람은 언젠가 스스로를 불행하다고 생각하게 될 것입니다. '남보란 듯'이가 아니라 '나보란 듯'이 살아야 행복합니다.

"공시생 급증에 사회적 손실 17조, 나라 장래가 어둡다"

이런 류의 기사가 언론에 등장한 지 오래 되었습니다. 요즘 자신의 적성은 뒷전에 두고 '무조건 안정'을 쫓아 공무원 시험 준비에만 열을 올리고 있는 젊은이들이 많습니다. 몇 년 이상 시험을 준비하는 장기 수험생이 늘다 보니 가정과 사회에 하나 둘씩 문제가 생기고 있습니다. 부모들은 기본적으로 자녀가 적성에 맞는 일을 찾아 성공을 이루며 행복하게 살아가길 바랍니다. 그러나 현실은 어떻습니까? 자녀를 통해 부모 자신의 꿈을 대신 이루고자 하는 욕심이 여러 가지 사회 문제를 낳고 있습니다. 또 많은 부모들이 아이의 공부에만 목매달고 자녀가 다른 것에 눈을 돌리면 불안해 합니다. 자녀의 적성을 무시한 부모의 욕심이 불행의 씨가 되고, 언젠가 부메랑으로 돌아옵니다. 때늦은 후회를 하지 않으려면 이제라도 자녀를 제대로 보는 법을 배워야 합니다.

시중에는 여러 가지 적성 검사법이 있습니다. 자녀가 학교에 들어가면 몇 차례 적성 검사를 받게 됩니다. 물론 그런 검사법도 자녀의 진로 탐색에 도움이 됩니다. 그러나 이 책에서 제시하는 진로 탐색의 도구는 사주 명리학입니다. 명리학을 샤머니즘 정도로 오해하고 계신 분들은 그것이 진로 적성과 무슨 관계냐고 반문하실 지도 모르겠습니다. 사주 명리학은 미래에 대한 예측과 대비에 유용한 학문이기도 합니다. 그러나 한 사람의 타고난 적성과 사회적 필살기가 무엇인지 살펴보는데 더 쓸모가 있는 학문이라고 생각합니다. 왜냐하면 한 개인의 사주팔자에는 그 사람의 성격과 사회성이 바코드처럼 새겨져 있기 때문입니다. 용의자가 수사관이 내미는 증거 앞에서 고개를 숙이듯이, 우리도 태어날 때 갖고 나온 사주팔자 앞에 겸손해져야 합니다. 내 자신이 어떤 사람이고, 내가 '잘할 수 있는 일'이 무엇인가? 다가올 운명을 내 뜻대로 이끌어 가려면 무엇을 준비해야 하는가? 명리학은 바로 이런 것을 배울 수 있는 학문입니다.

지금 우리는 자본주의 4.0, 디지털 혁명 시대를 살아가고 있습니다. 그런데 케케묵은 명리학을 들여다보라구요? 기가 막히실 지도 모르겠습니다. 그렇습니다. 지금은 고전 명리학이 출발한 천여 년 전과 완전히 딴 세상이 되었습니다. 사농공상이라는 단순한 직업군으로 충분히 가름할 수 있던 시대와는 완전히 달라졌습니다. 직업군 자체의 경계조차 허물어지는 다양성의 시대가 되었습니다. 현재 초등학교에 입학한 아이가 대학교에 진학할 즈음엔 지금 있는 직업의 60% 이상이 사라질 거라는 미래학자의 전망도 있습니다. 남들 가는 대로 무작정 따라가면 안됩니다. 타고난 개성을 살리는 쪽으로 나가야 합니다. 그래야 미래의 직업군 변화에 밀려나지 않고 능동적으로 헤쳐나갈 능력을 키울 수 있습니다. 예전엔 상상하기 힘들었던 1인 미디어가 이제는 대세입니다. 이 시대적 흐름을 이끄는 사람들은 학벌이 아닌 개성과 끼로 승부를 걸고 있습니다. 이제 어떤 아이라도 자신의 개성과 타고난 적성을 잘 살리기만 하면 얼마든지 성공의 아이콘이 될 수 있는 시대가 분명합니다.

성격에는 좋고 나쁨의 경계가 없습니다. 아이의 성격을 과일에 비유하면 사과 같은 아이가 있고, 딸기 같은 아이도 있습니다. 수확된 과일을 평가할 때 모양도 중요하지만, 그 과일 맛의 특성을 제대로 살렸느냐 여부가 더 중요한 포인트입니다. 그래서 부모는 아이의 '정체성'을 정확하게 읽고, 각자의 적성과 개성이 활짝 나래를 펼칠 수 있는 환경을 조성해 주어야 합니다.

이 책은 천여 년 전 세상에 나온 고전 명리학 이론만을 고집하지 않습니다. 20여 년 전부터 사주 명리학을 도구로 진로 상담을 하고 있는 사람이 있습니다. 〈9차원 적성 연구원 www.bestlife114.wdw.kr〉을 운영하는 명리학자 녹평 김상연 교수입니다. 교사 출신으로 아이들의 적성 문제에 관심이 많았던 그는, 40여 년 이상의 연구와 임상을 통해 자신만의 명리학 이론을 정립하였습니다. 이 책은 녹평의 명리학 이론을 기본 줄기로 삼았습니다. 거기에 녹평의 임상 경험에 근거한 많은 사례와 통찰을 담아내려 했습니다.

명리학은 방대한 내용을 담고 있는 학문입니다. 그래서 '교육 명리학'이라는 장르를 만들어 그 범위를 좁혀 보았습니다. 녹평이 심혈을 기울여 연구한 정통 명리학에서 '선천적 성격과 진로 적성' 이론 부분만을 따로 떼어 냈습니다. 거기에 녹평의 오랜 임상 경험을 얹고, 공동 필자가 아이들을 키우면서 보고 듣고 체험한 생생한 현장의 목소리를 덧붙였습니다. 이렇게 해서 정리된 이론에 〈9차원 명리학〉이라는 타이틀을 붙였습니다.

흔히 아이는 작게 낳아서 크게 키워야 한다고 하지 않습니까? 타고난 적성을 파악하고 그에 맞는 교육 환경을 제공하는 것이 아이를 크게 키우는 방법의 하나가 아닐까 생각합니다. 그래서 이 책을 통해 명리학이 현대의 '자녀 교육 가이드'가 될 수 있음을 보여주고 싶습니다.

이 책은 명리학 기본 이론을 설명하는 〈공부편〉과 교육 에세이로 읽을 수 있는 〈적용편〉으로 나뉘어져 있습니다. 처음 명리학에 발을 들이는 부모라면 〈공부편〉의 개념 이해가 어려울 수 있습니다. 처음부터 〈공부편〉을 완벽하게 정복하겠다는 욕심에 하나하나 이해하고 외우려 하면 오히려 빨리 지쳐 포기하고 싶은 마음이 생길 수 있습니다. 이럴 때는 〈공부편〉을 가볍게 여러 번 읽은 후, 다양한 성격 해석을 다룬 〈적용편〉으로 넘어가는 것도 괜찮습니다. 〈적용편〉을 읽으면서 이해가 부족한 부분은 〈공부편〉 이론을 다시 찾아 공부해 보시기 바랍니다.

무엇보다 한글 세대 부모들을 위해 최대한 한자를 덜 쓰고 쉽게 풀어나가기 위해 노력했습니다. 옆에 두고 내 아이의 적성에 대한 고민이 생길 때마다 읽어 보시기 바랍니다. 아이에게 맞는 길을 찾아주고, 자연스럽게 그 길로 나아갈 수 있도록 도와주는 것이 부모의 역할 아닐까요? 아이의 타고난 성격을 이해하고 받아들이면 '공감 교육'은 자연스럽게 이루어집니다.

이 책은 한마디로 '내 아이 공부'를 위해 부모에게 귀띔하는 자녀 교육 용병술입니다. 아이가 태어날 때 갖고 나온 원석을 잘 다듬어 독특한 빛을 뿜어내는 귀중한 보석을 만들어야 합니다. 이것은 부모가 자기 아이를 제대로 읽고, 그 적성과 재능에 맞는 교육을 할 때 가능한 일입니다. 출항을 앞둔 어부들이 바다에서 일어날 변덕스러운 기후 변화를 미리 알면 좋겠지요? '내 아이 해석'이라는 귀한 물고기를 낚으려는 부모에게 이 책이 쉽고 정확한 낚시법을 알려주는 가이드가 되길 기대합니다.

2020년 4월 25일 비비트리북스 편집부

차 례

개정판을 내며 4

만든이 서문 6

1장 프롤로그 대담
-디지털 4.0 시대에 명리학을 공부해야 하는 이유 19

2장 인트로
-진로 로드맵 짜는 데 '9차원 해석툴'이 왜 필요할까?

적성에 맞지 않으면 최고가 되기 어렵다 37

사슴을 맹훈련 시켜도 사자가 되지 않는다. 41

부모와 다른 '예외적인 아이'는 어떻게 봐야 하나? 44

〈9차원 적성 분석법〉을 개발한 배경 46

서양의 MBTI와 〈9차원 적성 분석법〉의 차이 50

디지털 혁명시대에 왜 사주 명리학인가? 55

3장 공부편

Part 01 기초 체력 다지기
   - 까막눈도 이것만 알면 내 아이 읽을 수 있다

제01강 스마트폰 만세력 어플 창 독해하기 63

제02강 음양의 법칙 70

제03강 오행의 상생과 상극 법칙 73

제04강 천간 10글자에 담긴 상징 키워드 78

제05강 땅을 이루는 지지 12 글자 90

제06강 알쏭달쏭 지장간 휘리릭 이해하기 93

Part 02 한 발짝 더 나가기
   - 내 아이 독해할 때 필요한 '명리 문법' 훑어보기

제07강 사주 네 기둥에 새겨진 해석 코드 99

제08강 외우면 잘 써먹는 합·충·형 104

제09강 '내 아이 공부'에 꼭 필요한 핵심 단어 10개 . . . 114

제10강 입체적인 성격 분석에 꼭 필요한 단어와 숙어 . . 121

제11강 진로 적성을 알려면 12운성까지 알아두자 129

제12강 학업 운과 관계 있는 신살에는 무엇이 있나? . . . 132

Part 03 심화 단계
   - 사주의 강약을 구분해 적용하는 명리 처방

제13강 강한 아이 약한 아이 판별법 1 139

제14강 강한 아이 약한 아이 판별법 2 146

제15강 용신법, 이보다 쉬울 수 없다! 151
제16강 내 용신의 역량을 심사해 보자 157
제17강 내 사주의 희신과 기신 찾기 161

4장 적용편

Part 04 응용 단계
  - 운명을 만드는 성격 탐구와 진로 적성 판단법

적용-01 선천적 성격 해석하기 1 169
적용-02 선천적 성격 해석하기 2 174
적용-03 선천적 성격 해석하기 3 181
적용-04 선천적 성격 해석하기 4 185
적용-05 우리 아이 진로 적성 찾기 1 189
적용-06 우리 아이 진로 적성 찾기 2 196

Part 05 실전 활용 가이드
  - 아이 사주에 맞는 양육과 공부법 코칭

적용-07 사주에 맞는 내 아이 공부 스타일 203
적용-08 좋은 운과 불리한 운 읽는 법 219
적용-09 들어오는 운에 따라 아이는 변한다 226
적용-10 '예외적인' 사주를 가진 아이 교육법 235
적용-11 부모 사주 구성이 자녀에게 미치는 영향 246

Part 06 케이스 스터디
 - 사례로 알아보는 사주와 진로 적성의 함수 관계

적용12 공부 잘 하는 아이와 공부와 담 쌓는 아이 . . . 259
적용13 의대를 목표로 공부하면 좋은 사주 265
적용14 법조계로 진출하면 승승장구하는 사주 270
적용15 군인·경찰에 맞는 사주 274
적용16 몸과 두뇌를 함께 쓰는 운동선수 사주 276
적용17 연예인이 적성에 맞는 사주 279
적용18 대학교수·교사·학원 강사 등 교육자 사주 . . . 282
적용19 요리사에 맞는 사주 286
적용20 예술가로 성공할 수 있는 사주 292
적용21 금융 계통에 적합한 사주 294
적용22 정치인으로 성공할 사주 296
적용23 다가올 미래 사회에 각광 받을 사주 300

5장 에필로그 대담
 - 삶은 하나의 생태계, 그 무한한 리듬을 들여다보는
   명리학적 사유 307

맺음말 322

1장

프롤로그 대담

디지털 4.0 시대에
명리학을 공부해야 하는 이유

"인생은 폭풍이 지나가길
기다리는 것이 아니라,
빗속에서
춤추는 법을
배우는 것이다."

- 아이슬란드 요정의 지혜 -

"대부분의 사람들은 자신에 대해 아주 조금밖에 알지 못하면서 페르소나가 자신이라고 믿다가 결국 신경증 환자가 된다."

이 말은 심리분석가이자 정신과 의사였던 칼 구스타프 융의 말이다. 필자는 몇 년 전 한 연구공동체에서 9권짜리 융의 두꺼운 전집을 함께 읽고 토론하는 스터디 모임에 참석해 완주한 적이 있다. 당시 필자에게 묵직한 생각거리를 던져주었던 융의 어록이 많이 있었는데, 그중 위에 인용한 말이 이번 책을 기획하게 된 첫 출발점이었다. 그 후 이리저리 생각하던 중에 하나 더 떠올랐다. 바로 융의 '자기 개성화'란 키워드였다. 대표적인 융의 이론 중 하나이기도 한 '개성화'는 한마디로 각 개인이 지닌 고유한 기질을 잘 파악해서 장점은 살리고 단점은 누그러뜨리는 작업을 말한다. 다시 말해 자기가 오렌지나무로 태어났는지 사과나무로 태어났는지 정체를 정확하게 알아낸 다음, 그 나무가 잘 자랄 수 있도록 거름도 뿌리고 물도 주고 해충도 잡아주는 노력을 해야 한다는 것이다. 그렇게 해서 맛있고 향기로운 과일이 열리도록 만드는 것이 바로 개성화 작업 과정이다. 잘 자란 나무에 열린 싱싱한 오렌지는 자신의 개성을 멋지게 살린 결과물인 셈이다. 타고난 개성을 발휘하며 살아가는 삶이 성공한 인생이라는 것이 융의 생각이다. 융의 그 생각이 필자의 머리 속에서 자녀 교육 문제로 이어진 것이다.

융의 전집을 통해 서양의 심리분석을 맛본 후, 내친 김에 동양의 학문으로 눈을 돌려보자는 스터디 구성원들의 의견에 따라 선택한 것이 사주 명리학이었다. 사실 오래 전부터 필자는 주역이나 위빠사나 호흡 명상 등에 관심이 있어 여기 저기 숨은 능력자를 찾아서 나름 귀동냥을 해오던 터였다. 그런데 사주 명리학을 샤머니즘 정도로 오해하여 거리를 두고 있던 필자가 사춘기 아이와 갈등을 겪으면서 부리나케 찾은 곳이 철학관이었다. 초등학교 말 무렵 시작된 아이의 사춘기는 고등학교 때까지 끝나지 않았고 그 사이 필자의 철학관 순례도 계속 이어졌다. 찾아간 철학관마다 아이의 사주에 대한 해석이 제각각이다 보니 원하는 정답을 찾아 여기 저기 철학관을 기웃거리는 시절을 보낸 것이다. 실체적 진실을 알아보려 하지 않고 믿고 싶은 것만 믿고 보고 싶은 것만 보려고 하는 어리석은 마음 때문이다.

해석하는 사람에 따라 사주 풀이가 다르다는 점에 의문이 들었고, 급기야 못 믿겠다는 결론에 이르렀다. 그러다가 직접 한번 공부해 보자는 오기로 이어졌다. 혼자 공부하다가 '독학자의 오류'에 빠질까 걱정되어 여러 선생님을 찾아 다니며 과외 지도를 받기도 했다. 그 과정에서 사주 명리학에 대해 잘 몰랐던 여러 가지 사실을 알게 되었다.

우선 사주 명리학이 샤머니즘이 아니라는 것을 깨달았고, 노력하면 독학이 가능하다는 점도 알게되어 마음의 무게를 덜었다. 또 고전 명리학 이론을 현대인들에게 그대로 적용하면 안된다는 사실도 이해하게 되었다. 새로운 재해석의 필요성이 탐구욕을 불러일으켰다. 이러한 과정을 통해 타고난 성격과 진로 적성을 파악하는 도구로서 사주 명리학이 무척 쓸모가 있다는 결론에 이르렀다.

책의 컨셉을 '교육 명리학'으로 정하고 작업을 함께 할 명리학 전문가를 찾다가 녹평 김상연 교수를 떠올리게 되었다. 필자가 20여 년 전 여성 잡지사에 근무할 때 김교수와는 기자와 취재원의 관계로 만난 적이 있었다. 잡지의 주 독자층이 아이를 키우는 엄마들이다 보니 당시 김교수가 개발한 '아이들의 타고난 적성 찾아주기' 프로그램에 관심이 갔다. 당시 50대 초반의 김교수는 교사라는 안정된 직업을 그만두고 새로운 일을 막 시작한 때였다. 그 일이 바로 사주 명리학과 교육을 연계시킨 '천부적 적성 찾기'라는 이름의 프로젝트였다.

당시 김교수와 인터뷰 하는 동안 많은 얘기들이 오갔다. 학생을 가르치던 선생님이 어쩌다 명리학에 발을 들여놓았는지. 강호의 스승들을 찾아 다니며 동양 철학을 공부한 이야기. 어려운 공부를 하려면 정신이 맑아야 된다고 생각해 단식과 명상까지 불사하며 오랜 세월 독학한 이야기 등등. 특히 감동적인 부분은 만세력을 스스로 집필하는 과정이었다. 사주 8글자를 제대로 뽑기 위해서는 정확한 만세력이 필요하다. 당시 시중의 만세력을 전부 찾아 검토했다는 김교수는, 이 책 다르고 저 책 다르다는 사실에 실망과 걱정이 앞섰다. 그래서 신빙성 있는 자료를 토대로 만세력을 직접 집필하자는 결심을 했다. 국립천문대와 국립지리원으로부터 데이터를 건네 받아 만세력을 써나갔다. 30대에 시작한 만세력 집필 작업은 무려 20여 년이 지난 50대가 되어서야 마칠 수 있었다. 김교수는 자신이 완성한 만세력이 컴퓨터만큼 정확하다고 자부한다. 그래서 책 제목을 〈컴퓨터 만세력〉이라 정했고, 지금도 시중 대형 서점에서 40여년 가깝게 스테디셀러로 팔리고 있다.

20년 전 당시 필자는 김교수의 이야기를 반 정도 밖에 이해하지 못했다. 그때는 사주 명리학에 대한 기초 지식이 부족했기 때문이다. 운명이니 팔자니 하는 말에 코웃음 칠 때였고, 그저 독자들이 좋아할 만한 주제라서 취재한다는 단순한 직업 의식으로 만났던 것이다. 당시는 필자의 아이들이 아직 어릴 때여서 적성이나 진로에 대해 그다지 관심이 없었다. 막연히 내 아이는 뭔가 대단한 사람이 될 거라는 기대에 부풀어 있던 때였다.

그러다 세월이 흘러 필자의 삶에 몇 차례 위기가 찾아왔고, 사는 게 내 맘 같지 않아 낙담하던 시간도 많았다. 특히 사춘기에 접어든 아이가 자기 꿈을 찾겠다며 엉뚱한 길로 노선을 확 바꿔버리는 일까지 벌어졌다. '이게 뭔 일인가?' 싶은 절망감에 가슴이 쿵쾅 거렸다. 이 고민을 풀어가는 와중에 사주 명리학 책을 손에 잡게 되었다. 어느 정도 공부를 한 후 내 아이의 사주를 직접 해석할 수 있게 되니 냉탕과 온탕을 넘나들던 아이의 성격이 비로소 이해가 되었다. 막연하게 사춘기의 반항으로 치부했던 아이의 삐딱한 태도는 알고 보니 그게 아니었다. 타고난 적성대로 살려는 '이유 있는 저항'이었다. 그 후로 아이와의 관계에 평화가 찾아왔다.

부모의 생각과 다르게 커가는 아이를 이해하기 위한 방편의 하나로 명리학 공부를 시작한 지 몇 해가 지났다. 내공이 조금씩 쌓이면서 타고난 성격에서 운명이 만들어진다는 생각에 이르렀다. 그래서 예전에 김교수로부터 건네 받은 명리학 이론서 〈명命1〉과 〈명命2〉 두 권을 다시 한번 차분히 읽어 나갔다. 사주 명리학에 대한 지식이 없을 때와는 완전히 다른 느낌의 독서였다.

마음대로 안 되는 아이 때문에 속상한 부모들에게 뭔가 현실적인 조언을 해줘야겠다는 사명감(?)이 들었다. 그리고 이 작업에는 아무래도 전문가와 함께 동행하는 것이 필요하다고 생각되어 김교수에게 연락을 취했다. 20여 년 만의 해후였다.

"명리학을 '귀에 걸면 귀걸이 코에 걸면 코걸이'라 보면 안 돼요."

권작가 : 그 사이에 교수님이 되셨네요.

녹 평 : 한 우물을 파다 보니 교수님 소리까지 듣고 삽니다만, 하는 일은 20년 전과 똑같습니다. 성격이 운명을 만든다는 만고의 진리를 가르치는 일이지요. 공자는 자기 명을 알지 못하면 군자가 아니라고 했고요, 소크라테스도 자기 자신을 아는 것만큼 중요한 일이 없다고 했잖아요. 자신을 알고 나서 남까지 돌아보는 일이야말로 정말 인생 후회 없이 사는 방법이거든요.

권작가 : 교수님과 처음 만난 후로 강산이 두 번 바뀔 시간이 흘렀는데요, 세상이 천지개벽을 했어요. 교수님이 한 땀 한 땀 힘들게 만든 만세력을 요즘 사람들은 안 봐요. 아니 못 봐요. 그거 보는 데까지 공부하는 것도 만만치 않거든요. 요즘은 스마트폰에 깔린 만세력 어플이 해결사예요. 어플을 열어 생년월일만 입력하면 뚝딱 사주팔자와 대운, 세운, 뭐 신살까지 주르륵 나와요. 자판기에서 음료수 빼내듯이 말입니다.

녹 평 : 그러게요. 정말 시대가 달라졌음을 피부로 느끼고 있어요. 제가 얼마나 만세력 쓰는데 공을 들였냐 하면요, 정말 정확하게 하려고 혼신을 다했어요. 십수 년 넘는 세월이 걸렸거든요. 오죽하면 책 제목도 컴퓨터처럼 정확하다고 해서 〈컴퓨터 만세력〉이라고 했겠어요. 그 책을 세상에 내

놓은 것에 대해 개인적으로 자부심을 갖고 있습니다.

권작가 : 교수님과는 20세기 말에 처음 만났고 이제 21세기의 두 번째 만남인데요, 그 사이 사주 명리학에 많은 변화가 있었어요. 명리학이 제도권으로 들어온 분위기입니다. 물리학을 전공한 과학도 출신이 팟 캐스트나 유튜브에서 명리학 강의를 하고 있고요. 스마트폰 어플 덕분에 일반인도 쉽게 접근할 수 있어서 그런지 사주 명리학이 대중적인 학문으로 받아들여지는 것 같거든요.

녹 평 : 그건 좋은 방향이에요. 어쨌든 사람들이 '자신을 알아야 한다'라는 문제에 대해 심각하게 생각하고 있다는 거잖아요. 그건 자신의 인생은 물론이고 다른 사람과의 관계까지 개선해 보겠다는 의지거든요. 개인을 바꾸고 세상을 바꾸는 데는 의지가 우선이지요. 이제는 많은 사람들이 좀더 친근하게 접근할 수 있도록 어려운 이론을 쉽게 재해석 하는 작업이 중요하다고 봅니다.

권작가 : 맞아요. 요즘 젊은 사람들에게 케케묵은 고전 명리학 이론을 들이대면 코믹한 느낌을 줄 수 있어요. 백호살을 무슨 차 사고로 피 흘려 죽는 살이라고 하면 웃어요. 삼형살도 형무소 가는 살이라고 해석하는 것은 요즘 사람들에게 무서움보다는 웃음을 주죠. 그래서 명리학을 현대적으로 재해석을 하는 과정이 필요할 것 같아요.

녹 평 : 제가 30여 년 전에 처음 명리학 교재를 냈을 때 가장 중요하게 생각한 대상이 한글 세대였어요. 쉽게 쓴다고 썼

지만 그 책으로 강의를 하다 보면 현장에서 어렵다는 얘기들이 많아요. 왜냐하면 사주 명리학 자체가 눈에 보이지 않는 기의 세계를 다루는 학문이니까요.

"명리학은 우주과학이자 논리 정연한 수리과학"

권작가 : 교수님께서 지금 적성 분석 도구로 쓰고 있는 '천부적 적성 분석법'은 어떻게 만드시게 된 겁니까?

녹　평 : 저도 대학에 다닐 때까지만 해도 운명이니 음양오행이니 하는 것을 미신으로 생각했던 사람입니다. 그러다 우연한 기회에 동양학에 관심을 가지다 보니 졸업 논문을 전공과는 별 관계가 없는 논어에 대해서 쓰게 되었어요. 지도 교수가 어리둥절해 했죠. 그걸 계기로 오행학이나 운명학에 관심을 갖고 공부를 했어요. 과연 그것이 믿을 수 있는 건가? 근거는 있는 건가? 이런 의문을 해결하고 싶었던 욕심이 먼저 생겼어요.

권작가 : 많은 사람들이 사주 하면 통계학을 떠올리잖아요, 또 귀에 걸면 귀걸이 코에 걸면 코걸이 식으로 해석한다는 말도 있고요, 교수님은 사주 명리학이 어떤 학문인 거 같습니까?

녹　평 : 음양오행학을 바탕으로 한 운명학은 우주과학이자 기상학이면서 논리 정연한 수리과학이라는 게 저의 생각입니다. 이건 제가 공부하면서 깨달은 거예요. 그래서 이게 섣

불리 미신이라고 오해 받아서는 안 된다는 생각을 했죠. 오히려 바르게 재조명을 해야겠다 싶어 파고들어가기 시작한 겁니다.

권작가 : 교수님께서 사주팔자라는 말 대신에 '인생 방정식'이라는 용어를 쓰시는 이유가 있었네요. 사주 명리학이 수리과학이라는 데서 출발한 거군요.

녹　평 : 예를 들어 'X+3=7'을 1차 방정식이라 하고, 'Y=X+1'이라는 식을 1차 함수라고 수학자들이 약속을 했잖아요. 1, 2, 3같은 자연수나 X라는 문자가 왜 생겼는지 따지지 않잖아요? 그것은 사람들의 편리한 생활을 위해서 하나의 법칙으로 정해졌고 또 일상화해 왔어요. 사주 명리학에서도 그 탄생을 묻지도 따지지도 않는 일종의 수학기호 같은 게 있어요.

권작가 : 십간 십이지 말씀이신가요?

녹　평 : 맞아요. 인생 방정식을 작성할 때 필요한 기본수가 바로 천간 지지 22글자입니다. 갑·을·병·정·무·기·경·신·임·계 10간과 자·축·인·묘·진·사·오·미·신·유·술·해 12지 말입니다. 십간은 십진법이 생겨나기 전에 십진법의 법칙으로 쓰였고, 십이지는 십이진법이 생겨나기 전에 십이진법의 법칙으로 쓰였다고 보면 됩니다. 그 증거로 옛날에는 몇 월 며칠이라는 표현을 갑자월 을축일 이런 식으로 했거든요.

권작가 : X 좌표가 갑일 때 Y 좌표는 자, X 좌표가 을일 때 Y 좌표는 축. 이렇게 순서쌍을 만들다 보면 60가지 좌표가 만

들어진다는 거잖아요. 그래서 61번째에 다시 갑자로 되돌아 오죠. 회갑 잔치가 그렇게 만들어진 거구요.

녹　평 : 자연수에 의한 방정식은 공간적이고 물질적인 분야를 연구하는데 쓰이고요, 십간 십이지에 의한 방정식은 시간적인 분야를 연구하는데 쓰인다는 점이 각기 달라요.

권작가 : 십간 십이지, 육십갑자, 음양오행으로 방정식을 작성한다면 얼마나 많은 인생 방정식이 만들어질까요?

녹　평 : 약 7천만 조 이상의 서로 다른 인생들이 만들어집니다.

권작가 : 7천만 조 이상이 된다는 근거는요?

녹　평 : 60×60×60×60×3×2를 해보면 됩니다. 60은 십간과 십이지의 순서쌍에서 얻어진 60개의 좌표를 말하고요, 60을 4승한 것은 태어난 연, 월, 일, 시 4개의 영역에 적용한 겁니다. 거기에 3은 출생한 달을 초순, 중순, 하순 등으로 구분한 것이고요, 2는 남자와 여자를 각기 대입한 겁니다.

권작가 : 조합 가능한 인생 방정식이 7천만 조 이상 되면 같은 방정식, 다시 말해 같은 사주를 가진 경우도 많이 나오는 거 아닙니까?

녹　평 : 지구의 수십 억 인구를 생각해 보면 같은 방정식이 많이 나올 수 있다고 생각할 지 모르겠지만, 실제로는 그렇지 않아요. 일단 비교 대상자를 같은 성별이라고 봅시다. 같은 해, 같은 달, 같은 날, 같은 시, 같은 장소에서 출생한 사람이 아니면 인생 방정식이 같을 수 없어요.

"재벌가의 자식 중에 범생이와 망나니가 나오는 이유"

권작가 : 교수님이 교직에 몸 담으면서 얻은 체험과 수십 년 동안 인생 방정식을 적용한 임상 경험을 통해 볼 때, 선천적으로 타고나는 적성이 중요하다고 생각하십니까?

녹 평 : 부유한 집안의 여러 형제가 엄격하고 철저한 교육을 받았더라도 개인차가 있거든요. 부모의 뜻을 잘 살려 후계자로 성장하는 자식이 있는가 하면, 부모의 체면을 손상시키며 골치를 썩히는 경우도 있잖습니까? 반대로 가난한 집에 태어나 방치하다시피 키워졌는데도 출세하는 형제가 있는가 하면 범죄자가 되는 형제도 있죠.

권작가 : 태어날 때 이미 자신의 인생 바코드가 새겨진 그릇을 유전자처럼 갖고 나온다는 말씀인가요?

녹 평 : 인간은 분명히 개인차를 가지고 태어난다고 생각합니다. 태어나면서 1군, 2군, 3군… 이런 식으로 나눠진 공간에 배정받게 되죠. 예를 들어 6군을 막노동하는 노동자 공간으로 보고 2군을 중소기업 사장 정도의 공간으로 봅시다. 6군에 해당하는 사람들이 허리띠 졸라매고 노력한다면 2군에 올라갈 수 있을까요? 저는 힘들다고 봐요. 상상을 초월하는 노력을 기울인다면 4군까지 도약하는 사람이 더러 있을 겁니다. 저는 이것이 인간 사회의 구성이고 자연의 진리라고 봅니다. 자연의 섭리를 거역하면 살아가는 데 반드시 어려움이 있어요.

권작가 : 좀 슬픈데요. 6군에서 태어나서 죽어라 노력 해도 2군까지 갈 수 없으니 말입니다. 교수님께서는 사주 명리학을 숙명론으로 보고 계시는 건가요?

녹　평 : 여기서 잠깐 오해가 생긴 듯한데요, 제가 말하는 1군, 2군 같은 구분은 신분 위치가 기준이 아니고 타고난 운의 그릇이나 적성을 기준으로 삼은 거예요. 자신이 가장 잘 할 수 있는 타고난 분야가 분명히 있어요. 저는 명리학에서 그 길을 찾았고, 오래 연구했어요. 그래서 지금까지도 적성을 세세하게 나눠서 그에 맞는 진로 코칭을 해주고 있는 겁니다.

권작가 : 아! 교수님이 말씀을 들으니 생각나는 분이 있네요. 우리나라 패션 디자이너 1호이신 노라노 선생님이 90세 즈음인가 어느 언론하고 인터뷰한 기사를 봤어요. 살아보니까 사람은 더도 말고 덜도 말고 딱 자기 생긴 모양만큼 살게 된다고 말씀 하시더군요.

녹　평 : 맞아요. 사주란 타고난 그릇이에요. 그릇의 크기가 작으면 작은 대로, 크면 큰 대로 써야 해요. 또 그릇의 쓰임새를 알아서 써야 하거든요. 보석함에는 보석을 담아야 하고, 뚝배기는 음식을 담아야 하는 것입니다. 그래서 제가 사주 명리학을 공부하면서 가장 중점을 둔 부분이 사주 속에 숨어있는 그 사람의 쓰임새, 그러니까 적성을 찾아내는 거였어요. 사람들이 자신에게 맞는 일을 찾아 열심히 살아가는 것이 중요한 문제거든요.

권작가 : 물론 교수님은 교직에 계셨으니까 아이들의 적성에 관심이 많은 것은 당연하게 생각됩니다. 그런데 타고난 적성을 알아보는 도구로 명리학을 선택하신 이유가 있습니까?

녹　평 : 학교에서 실시하는 여러 지능검사와 적성검사가 있잖아요. 그걸로 아이들의 적성에 맞는 진로를 찾는 데 실효성이 없다고 느껴져 회의감이 들었습니다. 그래서 새로운 적성 분석 방법을 찾게 되었던 것입니다. 적성에 맞지 않는 진로 선택은 국가, 사회, 가정, 개인 모두를 위해 불행한 일이거든요.

권작가 : 학창 시절에 적성에 맞는 진로 선택을 했다면 대학 생활도 사회 생활도 즐겁게 할 수 있을 텐데, 그렇지 않은 경우도 많아요. 요즘 너도 나도 임용고시, 공무원 준비에 매달리는 현상도 심각하고요.

녹　평 : 전국에서 성적이 0.5% 안에 들면 부모 대부분은 아이가 의대에 가길 원한다고 해요. 만약 의대가 아이 적성에 맞으면 다행이죠. 그런데 아니라면 당사자뿐 아니라 주변 여러 사람이 힘들어집니다. 또 일반 공무원 정도의 자질을 타고난 사람이 판·검사 하겠다고 고시에 매달리면 인생 망해요. 제 지인의 경우를 볼게요. 초, 중, 고 전교 톱을 달려서 명문 법대에 들어간 제 친구가 있었어요. 마흔여덟 살까지 고시 공부를 했지만 실패했어요. 결국 주변의 눈총을 못 견디고 자살하고 말았죠.

권작가 : 교수님 말씀은 진로 적성이 명확하게는 아니지만 어렴풋하게 태어날 때 정해져 있다는 말씀이시잖아요. 그걸 우리가 아는 것이 중요하고요. 아이를 키우는 부모들이 알면 더 좋고 말이죠.

녹 평 : 적성에 맞지 않으면 그 분야의 최고가 되기 어렵다고 봐요. 일을 하긴 하는데 꼬리에서 헤매는 거죠. 용 꼬리보다 뱀 머리가 낫거든요. 우수한 머리를 가지고 어느 분야의 꼴찌를 하는 것보다 자기 적성에 맞는 분야에 가서 최고의 성과를 내는 것이 낫습니다.

권작가 : 아이들이 일찍 자기 적성에 맞는 진로를 찾아서 준비한다면 좋을 텐데 말입니다. 부모 욕심이 그걸 막는 것 같아요.

녹 평 : 옛날 명문 사대부 집안에서는 부인들에게도 명리학을 가르쳤어요. 남편을 출세시키고 자녀를 훌륭하게 키우는데 도움이 되라고 해서요. 아무리 시대가 바뀌어도 중요한 건 변하지 않아요. 요즘 젊은 엄마들도 아이 학교 간 사이에 한 두시간 이 공부를 하면 틀림없이 아이와 갈등을 줄이며 잘 지낼 수 있습니다.

권작가 : 고려시대와 조선시대에는 과거 시험 과목에 역경이 있었죠. 국가 일을 관리하는 관료가 되기 위해서는 사주 명리학 이론을 반드시 알아야 할 필요성이 있었던 것 같아요.

녹 평 : 저는 이 학문을 일종의 처세학이라고 생각합니다. 내가 어느 크기의 그릇인지 알아서 분수에 맞게 살 수 있고요,

내가 갖지 못한 것에는 욕심 내지 않는 걸 가르치기도 하죠. 한마디로 수신제가의 학문입니다.

인터뷰 중간 중간 녹평이 강조하듯 반복적으로 한 말이 있다. 부모 욕심으로 아이를 보아선 안된다는 충고였다. 부모 마음대로 아이를 키운다고 해도 원하는 대로 키워지는 것은 아니라고 잘라 말한다. 아이는 타고난 그릇대로 키워진다는 것이다. 아이가 가진 그릇이 작은데 거기다 이것 저것 몽땅 담으려하면 어떻게 될까? 아이는 기진맥진해져서 어느 순간 바닥에 주저 앉을 수밖에 없다.

아이의 그릇을 정확하게 아는 것 이상으로 중요한 것이 또 있다. 바로 아이가 가야할 길의 상태를 미리 알아보는 일이다. 예를 들어 어부가 고기잡이 나가기 전에 폭풍우가 몰아친다는 일기예보를 들었다 치자. 그 어부가 할 수 있는 최선의 행동은 바다로 나가지 않고 폭풍우가 잠잠해질 때까지 기다리는 것이다. 어쩔 수 없이 나가야 한다면 폭풍우에 대비해 만반의 준비를 하고 나서야 한다. 그런데 일기예보도 듣지 못했고, 폭풍우에 대비한 물건을 배에 싣지 못한 채 바다로 나간다면? 결과는 참혹하다. 배는 부서지고 어부도 크게 다치거나 최악의 경우 목숨까지 잃게 된다. 부모가 명리학을 공부해야하는 이유가 바로 여기에 있는 것이다. 좋은 운이 다가온다면 더욱 좋게 맞아들이고, 나쁜 운은 슬기롭게 피해가는 '삶의 기술'을 배울 수 있기 때문이다. 이제 본격적으로 '내 아이 공부'에 첫발을 떼어 보자.

2장

인트로

진로 로드맵 짜는 데
'9차원 해석툴'이 왜 필요할까?

"인간은 궁극적으로
자신과 평화롭게 지내려면,
음악가는 음악을 만들고
미술가는 그림을 그리고
시인은 시를 써야 한다."

- 심리학자 매슬로우 -

적성에 맞지 않으면 최고가 되기 어렵다

좋은 부모가 되기 위해서는 자신의 아이가 '누구'인지 알아야 한다. 그 아이가 무슨 씨앗을 손에 쥐고 태어났고, 언제 어느 땅에 심어줘야 잘 자랄 수 있을지 말이다. 수박씨든 호박씨든 아이가 가진 씨앗이 제대로 열매를 맺기나 할 건가? 수박씨로 태어났는데 호박으로 키워지다가 '나는 왜 내가 아닌 거 같지?'라는 당혹감에 사로잡힌다면? 이런 정체성 혼란을 극복하지 못하고 세상에서 기 한번 못 펴고 지는 건 아닌지 걱정이다. 뻔한 말이지만 좋은 부모가 되려면 자녀가 무슨 기분으로 살고 있는지, 무슨 꿈을 꾸고 있는지 알아야 한다. 그러나 부모가 되어보면 그것이 쉽지 않은 일이라는 것을 곧 알게 된다. 아이 눈높이에서 보지 않고 부모 자신의 눈높이로 아이를 보는 잘못을 쉽게 저지르기 때문이다.

아이를 자신과 멀리 떨어뜨려 놓고 객관적으로 바라보는 부모는 그리 많지 않다. 아이가 태어나면 자신의 못다 이룬 꿈을 채워줄 구원자가 나타난 것 같은 착각에 빠진다. 또 자신의 자존심을 세워줄 존재로 아이를 바라보는 부모도 적지 않다. 그래서 아이가 기어 다닐 때는 대통령감이라고 생각하다, 유치원에 다닐 때 쯤이면 장관감이라고 살짝 기대치를 낮춘다. 초등학교 영재반에라도 들어가면 의사나 판·검사가 된 자녀의 모습을 상상하기도 한다. 그러다 사춘기에 접어든 아이와 갈등이 깊어지면 그제서야 '도대체 얘는 뭐가 되고 싶은 거야?'라는 질문을 자신에게 던지게 된다.

'잘난 부모가 못난 아이 만든다'는 말이 있다. 아이가 가지고 나온 씨앗을 잘 싹트게 하려면 부모가 지나치게 똑똑하게 굴어서는 안 된다는 말이다. 똑똑한 부모가 저지르기 쉬운 잘못 중의 하나는 자기 아이를 전부 다 안다고 착각하는 것이다. 부모가 아이를 이 세상에 내어놓긴 했지만, 아이의 몸에는 부모조차 모르는 대자연의 섭리가 새겨져 있음을 알아야 한다. 아이 몸에 숨겨진 대자연의 암호를 찾아내 해독해야 한다. 그래서 그 암호가 품고있는 진짜 의미를 캐내어 아이 양육에 활용하는 일이 부모의 역할이다.

그런데 부모라고 해도 자기 아이의 특성을 정확하게 파악하기란 쉽지 않다. 남의 아이는 객관적으로 바라볼 수 있지만 정작 자신의 아이 앞에서는 객관성을 유지하기가 어렵기 때문이다. 아이가 좋아하는 것이 무엇일까? 또 잘할 수 있는 것은 무엇일까? 좋아하기는 하지만 그걸 잘하지 못하는 아이도 있고, 잘하기는 하는데 왜 해야하는지 모르고 억지로 하는 아이도 있다. 이런 경우에는 진득하게 오래 붙들고 있지 못한다. 좋아하고 잘할 수 있는 일을 해야 오래 몰두할 수 있다. 따라서 진정 똑똑한 부모라면 아이가 어떤 씨앗을 지니고 태어났는지 알아내는 데 노력을 아끼지 말아야 한다. 이것이 바로 아이의 '타고난 적성 찾기' 과정이다.

적성과 안 맞는 일을 하느라 불행한 사람들

자기 적성이 아닌 일을 하느라 고생하다가 한참 후에야 비로소 적성에 맞는 직업을 찾아 성공한 사례는 많이 있다. 전 세계를 열광시킨 〈해리포터〉 작가 조앤 k 롤링. 무려 2백여 개 나라에서 65개 언어로 출간되어 성경책 다음으로 많이 팔린 베스트셀러의 저자다. 소설은 영화로도 제작되어 흥행 수입만 무려 4조 원이 넘었다고 한다. 그러나 작가로 성공하기 전까지 조앤 롤링은 다른 직업을 전전하였다. 회사에 취직한 그녀가 일보다 상상에 빠져있는 시간이 더 많아 상사에게 쫓겨난 적도 여러 번 있었다. 집에서는 끔찍하게도 매맞는 아내였다. 늘 어릴적 집을 그리워하여 고향행 기차가 출발하는 역에 자주 나갔었다고 한다. 어느 날 자기 쪽으로 달려오는 기차를 바라보던 그녀의 머리 속에 문득 한 장면이 떠올랐다. 그 기차가 자신을 행복의 나라로 데려다 주는 마법 기차라는 상상을 한 것이 〈해리포터〉의 출발이 되었다. 갓난 딸을 데리고 집을 나온 롤링은 생활보조금에 기댄 어려운 환경 속에서 글을 쓰며 작가의 꿈을 이뤘다.

적성을 찾아 먼 길을 돌아온 사례는 또 있다. 피카소가 '신비롭고 원초적인 에너지를 지닌 화가'라고 극찬한 프랑스 화가 앙리 루소. 〈잠자는 집시〉, 〈뱀을 부리는 주술사〉 등의 대표작을 남긴 그는 49세까지 세관 하급 관리로 일하다가 오십이 다 되어서야 화가의 꿈을 찾아 진로를 바꾸었다. 법과 규범에 얽매이는 공무원의 삶과, 상상의 나래를 화폭에 맘껏 펼치는 화가의 삶은 얼마나 다른 세계인가. 아마 그는 세관원으로 살아가는 동안 '진짜로 내가 원하는 인생은 이게 아닌데 ...'라는 생각에 자주 불행감에 빠졌을 것이다.

  우리도 다르지 않다. 많은 취준생들이 매달리고 있는 것이 각종 임용고시 등 공무원 시험 준비다. 어마어마한 경쟁률을 뚫고 공무원이 되었다 하자. 법과 규범에 맞게 움직여야 하는 공직 생활이 적성에 맞으면 다행이다. 그러나 앙리 루소처럼 자유로운 예술가 기질을 지닌 사람이라면 어떠할까. 그의 인생은 한마디로 활력이 없는 무미건조하고 수동적인 삶이 되지 않을까? 더욱이 적성에 맞지 않으면 그 분야에서 최고가 되기도 어렵다. 생기 잃은 부모의 얼굴을 보는 아이들의 얼굴에도 자연히 웃음기가 사라지게 됨은 당연지사. 결국 적성에 맞지 않는 선택으로 인한 개인의 고통이 가족과 사회의 아픔으로 이어지는 것이다. 따라서 적성이 아닌 일을 하며 살아가는 것은 개인과 사회 모두에게 불행이 아닐 수 없다.

사슴을 맹훈련 시켜도 사자가 되지 않는다

자신에 대해 얼마만큼 많이 알고 있는가에 따라 인생이 달라진다. 그러나 대부분의 사람들은 자신에 대해 무지하기 십상이다. 그냥 부모가 시키는 대로 혹은 주어진 여건대로 살다가 성인이 된다. 사회에 나오면 인간 관계가 더욱 복잡해지고 삶에 굴곡이 생기기 시작한다. 그러다가 한두 가지 인생의 쓴 맛을 보고 나서야 허둥대기 시작한다. 어디로 가야 하나? 삶의 방향 감각을 잃은 그들이 지푸라기라도 잡는 심정으로 찾아가는 곳 중의 하나가 철학관이다. 그리고는 생전 처음 보는 낯선 이에게 '나는 어떤 사람인가요?'란 질문을 던진다. 진즉 그 질문을 자신에게 진지하게 던지고 답을 찾기 위해 노력했다면 어땠을까? 그랬으면 자신의 적성에 맞는 일을 하면서 좀더 만족스러운 삶을 살고 있을 지도 모를 텐데 말이다.

지구상의 모든 동식물들은 선천적인 적성을 타고난다. 육식을 하는 사자는 저돌적이고 두려움이 없다. 채식을 하는 사슴은 겁이 많고 소심하지만 빨리 달릴 수 있다. 그런데 중요한 사실이 하나 있다. 아무리 사슴을 맹훈련 시켜도 결코 사자가 되지 않는다는 점이다. 또 사자를 우리에 가두어 길을 들여도 사슴처럼 되지 않는다. 이처럼 이 지구상에 존재하는 모든 생물체는 선천적으로 생존을 위한 독특한 성격과 감각을 타고난다. 개인마다 생긴 모습이 다르듯이 선천적인 성격도 다 다르게 타고난다. 이 타고난 특성을 제대로 알고 진로를 선택한다면 단 한 번뿐인 인생을 후회 없이 슬기롭게 살아갈 수 있다.

나비가 주목 받는 건 한때 애벌레였다는 사실

이처럼 지구상의 동식물은 태어날 때 자기만의 특별한 감각을 갖고 나온다. 이 감각을 잘 발달시켜서 그들만의 삶의 지혜로 활용하며 생존하고 있다. 예를 들어보자. 옛날부터 철새는 매년 같은 시기에 수만 킬로미터를 날아와서 특정 장소에서 종족 번식을 하고 돌아간다. GPS가 있는 것도 아닌데 조금도 틀리지 않는다. 이것은 어디서 비롯된 행동일까? 또 TV 프로그램 〈동물의 왕국〉에서 이런 장면을 본 적이 있다. 어느 동물인가는 몸 속에 염분이 부족하면 여행을 떠난다. 몇 백리 길을 떠나 찾아간 곳에는 신기하게도 염분이 포함된 흙이 있었다. 이러한 생존의 본능은 아마도 태어날 때부터 작동하기 시작했을 것이다.

동식물도 이러한데 우리는 어떨까? 만물의 영장이라는 사람도 당연히 생존에 필요한 선천적인 감각을 갖고 있다. 다만 그것이 과학문명의 발달과 더불어 많이 무디어졌을 뿐이다. 옛날 산골의 배우지 못한 시골 할머니, 할아버지가 생활 속에서 보여주는 삶의 지혜에는 놀라운 것이 많다. 예를 들어 땀을 많이 흘리는 여름에는 밥을 물에 말고 짠지 반찬을 먹으며 자연스럽게 염분을 보충했다. 또 벌에 쏘이면 된장을 발라 독을 제거하는 행동은 생존에 대한 타고난 동물적인 감각 아니겠는가.

이 점을 한번 생각해보자. 아름다운 나비가 흥미로운 것은 한때 징그러운 애벌레였다는 사실이다. 애벌레는 자신의 몸에 나비라는 원석이 새겨져 있음을 천부적인 감각으로 알고 있다. 그렇기 때문에 자신을 징그러워 피하는 '냉대의 시간'을 묵묵히 견뎌내고 마침내 아름다운 나비로 성장해 사람들의 주목을 끄는데 성공하는 것이다. 각자가 지닌 원석이 무엇인지 알아보려는 노력이 중요하다는 얘기다. 그래야 자신의 진짜 모습을 찾아 낼 수 있기 때문이다.

대다수의 부모들은 아이가 특별한 재능을 보이지 않으면 그저 공부나 잘 하기를 바란다. 그러나 이제는 막연히 공부나 열심히 하라고 잔소리할 때가 아니다. 타고난 적성이나 기질을 더 중요하게 생각해야 한다. 또 아이가 갖고 있는 태생적 감각을 찾아내 재능을 살려주는 방법이 무엇인지 고민해야 한다. 그렇다면 타고난 적성을 어떻게 찾아낼 것인가? 이것이 풀어야 할 중요한 숙제다.

부모와 다른 '예외적인 아이'는 어떻게 봐야 하나?

요즘 부모들은 옛날과 달리 생각이 많이 열려 있다. 아이가 꿈이 없는 것이 문제지, 어떤 꿈이라도 있다면 힘껏 지원해 주어야 한다는 생각을 가진 부모들이 많아지고 있다. 선망의 직업을 가진 부모와 사뭇 다른 진로를 택한 '예외적인 자녀'를 둔 사례는 언론을 통해 종종 만날 수 있다. 드라마 〈밥 잘 사주는 예쁜 누나〉에서 인기를 끈 남자 배우 정해인의 부모 두 사람은 모두 의사라고 한다. 그런데 엄친아 아들을 의대에 보내려고 기를 쓰지 않았고, 그저 아이가 원하는 꿈을 펼칠 수 있도록 응원했다는 것이다. 또한 서울대 법대 출신으로 4선 국회의원을 지낸 신기남 전 의원의 아들 신인선씨의 경우도 있다. 높은 시청률을 올린 트로트 가수 경연 대회 〈미스터 트롯〉에 출연한 그는 준결승까지 진출해 주목을 받기도 했다.

나이 들어가면서 비로소 알게 되는 일이 있다. '세상 일이 마음대로 되지 않는구나', '머리 좋다고 다 되는 게 아니구나', '가만 놔두면 생긴 대로 살 아이를 부모 욕심으로 뒤흔들었구나'…… 이런 생각은 기대와 어긋나게 자라는 아이를 바라보면서 부모가 한숨을 내쉬며 해보는 고민이다. 아이가 어릴 때는 부모 의견을 따르기 마련이다. 그러나 사춘기를 전후하여 아이 자신의 힘과 생각이 길러지면 부모와 대치하는 상황이 자주 발생한다. 그때쯤이면 자식 이길 부모는 많지 않다. 자녀 교육에 정답은 없다. 아이에게 잘 맞는 길을 찾아 주는 게 부모의 몫이고 정답에 가까이 가는 방법이다. 지금이라도 늦지 않다. 아직 품을 벗어나지 않은 어린 자녀를 둔 부모는 아이의 적성 찾는 문제에 적극적으로 나서야 한다. 사춘기가 지난 자녀를 둔 부모도 마찬가지다. 20대는 물론 30~40대 이후에도 자신의 진짜 적성을 찾아 인생 역전을 이룬 사람이 많지 않은가.

  누구나 자기의 역할을 가지고 태어난다. 식물을 예로 들어보자. 식물은 뿌리, 줄기, 잎, 꽃으로 이루어져 있다. 뿌리는 땅 속의 물과 영양분을 흡수해서 줄기로 보내준다. 줄기는 물과 영양분을 운반하고, 잎은 태양 빛으로 광합성을 해서 에너지를 만드는 일을 한다. 이들이 최선을 다해 각자의 역할을 해내야 예쁜 꽃이 피고 열매가 맺힌다. 지금 세상은 어떠한가? 전부 꽃이 되려고 한다. 남들이 볼 수 없는 어두운 땅 속에 박힌 뿌리가 되길 싫어한다. 각자 타고난 역할을 무시하고 다른 곳만 두리번거리면 삶이 꼬이기 시작한다. 여기가 바로 불행이 싹트는 지점이다. 사실 꽃다발이 아름다운 것은 붉은 꽃만이 아니라 초록색 잎이 조화를 맞추어 주기 때문이다. 그만큼 잎의 역할도 중요한 것이다. 결국은 자신의 적성이 무엇인지 알아야 한다. 삶에서 무엇을 잘 할 수 있고, 무엇을 포기해야 하는지 찾아야 한다. 자신이 할 수 없는 것을 포기하고 나면 마음이 편해진다. 그때야 비로소 남의 눈에서 벗어나 자신의 꿈이 보이기 시작한다.

〈9차원 적성 분석법〉을 개발한 배경

피겨여왕 김연아, 축구선수 박지성, 야구선수 류현진 등이 스포츠 쪽으로 진출하지 않고 법조계로 나갔다면 어떻게 되었을까? 그들이 보여준 엄청난 노력과 끈기를 보면 법조계로 갔어도 고시 패스까지는 가능했을 것 같다. 뛰어난 수재들이 적성에 맞지 않아도 판·검사나 의사가 되는 경우를 종종 보기 때문이다. 그러나 부모나 선생님 등 주변 사람들의 권유로 자신의 적성이 아닌 길을 가게 되면 그 분야의 최고가 되기는 어렵다.

같은 학교 같은 교수 밑에서 수련을 받았음에도 명의로 존경 받는 의사가 있는가 하면 그렇지 못한 의사도 있다. 또 사법시험을 통과해 똑같이 판사나 검사로 출발했는데, 대법원장 또는 검찰총장이 되는 사람도 있고 평판사나 평검사로 정년을 마치는 사람도 있다. 승진의 벽에 부딪혀 변호사로 직업을 바꿔야 하는 경우도 물론 많다. 이 모든 것이 노력의 차이에서 오는 결과일까? 모든 일이 노력만 열심히 하면 수학 공식처럼 정확하게 보상이 나올까?

죽어라 열심히 해도 원하는 것을 이루지는 못하는 경우가 많다. 자기에게 맞는 걸 찾아서 노력해야 비로소 빛을 보게 되는 것이다.

그렇다면 재능을 타고난 사람이 노력한다면 모두 다 성공할까? 꼭 그렇지는 않다. 요즘 TV를 켜면 노래 경연 프로그램이 많이 나온다. 거기에 출연하는 무명 가수가 대중의 인기를 얻고 있는 유명 가수보다 노래를 훨씬 잘 부르는데 왜 뜨질 못할까? 이런 생각을 하다 보면 또 '운'이란 단어가 떠오른다.

운은 갑자기 길에서 튀어나오는 것이 아니다

보이지 않는 운의 작용이 삶에 큰 영향을 끼치는 것은 분명하다. 이해하기 쉽게 짐을 가득 실은 돛단배를 저어 가는 노인을 떠올려 보자. 어느 날 돛단배 뒤쪽에서 바람이 불어오면 그 힘 덕분에 노인은 쉽게 배를 저어갈 수 있다. 그런데 어떤 날은 앞에서 바람이 불어와 가뜩이나 짐도 무거운데 바람까지 방해하니 힘겹기 그지 없다. 노인이 그날 바람의 방향을 미리 알았다면? 그래서 다른 시간에 출발했다면 훨씬 수월하게 목적지에 갈 수 있었을 것이다. 이처럼 우리가 살아가면서 어떤 바람이, 언제, 어느 쪽에서 불어올 지 안다면 보다 수월한 인생을 살아갈 수 있다. 아는 것과 모르는 것은 하늘과 땅 같은 차이를 만들어 낸다.

단 한번의 인생을 후회 없이 살아가는 방법에는 어떤 것이 있을까? 우선 타고난 적성에 맞는 진로를 선택하든가, 운이 따라주는 직업에 종사하는 경우를 생각해볼 수 있다. 사람이 한 분야에서 성공하는 데는 타고난 재능, 노력, 운 3박자가 필요하다. 물론 재능과 노력이 무엇보다 중요하다. 그러나 운도 따라줘야 가성비 높게 더 큰 성과를 낼 수 있다. 바로 여기에서 〈9차원 적성 분석법〉이 출발했다.

한마디로 〈9차원 적성 분석법〉은 사람마다 타고난 적성을 찾아주는 로드맵 작업이다. 그렇다면 왜 '9차원'이라는 타이틀을 붙였는지 궁금할 것이다. 그 이유는 간단하다. 자연수 9는 단순히 '4+5=9'에서 비롯됐다. 짝수인 4는 음양으로 볼 때 음(−)이고, 홀수인 5는 양(+)에 해당된다. 또한 '생각한다'는 뜻의 한자 사思의 발음과 같은 4는 정신세계를 의미하고, 5는 오행학을 가리킨다고 생각한 것이다. 따라서 정신세계와 오행학을 합한 것을 '9차원의 세계'로 보았다. 이처럼 〈9차원 적성 분석법〉은 음양오행陰陽五行의 법칙에 기반을 둔 사주 명리학四柱 命理學이 그 출발점이다.

적성은 선천적으로 타고나는 '알맞은 성질'

누구나 태어날 때 생성되는 출생 정보에 따라 바코드 같은 '인생 주기표'를 부여받는다. 명리학 용어로 사주팔자四柱八字라 하고, 〈9차원 적성 분석법〉에서는 '인생 방정식'이라는 표현을 쓴다. 이처럼 각자의 출생 정보가 새겨진 8글자가 바로 '타고난 그릇'인 셈이다. 각자 태어날 때 갖고 나온 그릇의 크기와 모양을 보고서 선천적인 적성을 파악하는 도구가 바로 〈9차원 적성 분석법〉이다. 간단히 말해 사주 명리학을 교육과 접목한 진로 가이드용 '해석툴'이라고 이해하면 된다.

적성은 선천적으로 타고나는 '알맞은 성질'이다. 선천적인 성격을 무시한 채 부모의 욕심대로 자녀의 진로를 선택하는 것은 위험하기 짝이 없다. 서울대에 다니는 학생들 중 30~40%가 자신의 전공이 적성에 맞지 않아 고민이라는 통계를 본 적 있다. 선천적인 자질을 미리 알고 있으면 진로 선택할 때 올바른 판단을 할 수 있다. 설령 길을 잘못 들어섰다가도 다시 빠져 나오는 시간 낭비를 줄일 수도 있다. 물론 태어난 사주대로 100% 살아가는 것은 아니다. 각자가 처한 '삶의 영향권'이 어떠한 가에 따라 변동폭이 생긴다. 어떤 집안에서 태어났는가? 어떤 부모 아래에서 자랐는가? 살아가면서 만난 인연들로부터 어떤 영향을 받았는가? 이러한 상황 변수들로 인해 삶은 천변만화한다. 〈9차원 적성 분석법〉은 타고난 적성을 알아보고, 한 개인 앞에 놓인 삶의 영향권이 어떠한 지 파악하는 도구이다. 더 나아가 나쁜 것은 피하고 좋은 것은 더 좋게 하는 적극적인 '운 활용법'이 될 수 있다.

서양의 MBTI와 〈9차원 적성 분석법〉의 차이

적성은 '알맞은 성질'이라고 앞서 말했다. 적성 검사는 나한테 알맞은 기운, 내가 가장 잘 쓸 수 있는 기운이 무엇인지 찾는 일이다. 가장 잘 할 수 있는 것이 뭔지 찾아내는 일은 한 사람의 인생을 통틀어 매우 중요한 숙제다. 그 알맞은 성질을 한창 공부하는 10대 때 찾아내면 다행이다. 그러나 이미 대학을 졸업했거나 심지어 은퇴 시기에 가까운 오십 넘어 찾는 경우도 많다. 그때 쯤이면 후회가 밀려온다. '좀더 일찍 나를 알았더라면…' 그러나 때 늦은 후회란 없다. 자신의 적성을 발견하는 즉시 자기 길을 찾아가는 용기를 내기만 하면 된다.

그만큼 적성을 찾는 시기가 중요하다. 아무래도 진로 탐색기라 할 수 있는 학창 시절에 찾아내면 더욱 좋을 것이다. 될 수 있는 대로 여러 종류의 적성검사를 아이에게 시켜보길 권한다. 그러다 보면 공통 분모가 눈에 보일 것이다. 적성 검사의 종류는 다양한데 몇 가지 대표적인 것만 알아보자.

우리나라에서 개발된 적성 검사도 수십 종류가 넘는다. 아이들 대부분은 초등학교에 들어가면서부터 한번씩 적성검사를 받게 된다. 특히 고등학교에 올라가면 문·이과 적성을 알아보기 위해 의무적으로 실시한다. 문항은 대체로 50~120가지 정도이고 학생 스스로 문항을 읽고 답을 체크하는 방식이다. 그러나 여기에는 주의해야 할 허점이 있다. 학생들의 감정 상태에 따라 답안 작성을 할 때 심리적 오염이 생길 수 있다는 점이다. 예를 들어 "나는 에너지가 넘쳐 늘 주도적으로 행동한다"는 문항이 있다고 치자. 응답자가 기분 좋을 때는 '예'를 체크하겠지만, 기분이 좋지 않을 때는 '아니오'를 체크할 지도 모른다. 앞서 '알맞은 성질'은 타고나는 것이라고 했다. 그런데 검사할 때의 상황에 따라 결과가 바뀐다면 과연 그것이 자신만의 고유한 적성이 되겠는가? 이 방법은 기분 상태에 따라 대답이 달라질 수 있어 신뢰도가 떨어진다는 단점이 있다.

1천 명이 검사 받았는데 70명이 똑같은 적성이 나온다?

또 한번쯤 들어봤을 만한 검사법이 있다. 세계적으로 유명한 적성검사 MBTI가 그것이다. 정신분석가 칼 융의 이론을 바탕으로 미국에서 만든 적성검사법이다. 여기에도 문제점이 있다. 이 검사로 분류되는 성격은 모두 16가지이다. 그러니까 100명이 이 검사를 받으면 7명은 결과가 똑같다는 얘기다. 처음부터 끝까지 점 하나 안 틀리고 똑같다. 1천 명이면 70명, 1만 명이면 700명이 똑같다. 이것도 역시 국내에서 개발된 적성검사처럼 각 문항에 대한 답을 '예'와 '아니오'로 체크하기 때문이다. 또 본인이 직접 답을 체크하는

MBTI에도 '심리적 오염'이라는 문제를 피해갈 수 없다. 오늘 검사와 몇 달 뒤 검사 결과가 다르게 나올 수도 있다는 것이다.

　외국의 다른 적성 검사로 〈지문 적성 검사〉란 것이 있다. 10개의 손가락 지문을 찍고 그걸 과학적 데이터로 분석하는 적성 검사법이다. 오래 전에 인기를 끌었지만 별 도움이 안 된다는 반응이 많아져 지금은 주춤한 상태다. 또 유전자 검사와 지문 검사를 합친 〈DSP 종합 프로그램〉이라는 검사법도 한동안 유행했지만 지금은 거의 사라졌다. 8가지 영역의 검사였는데, 몇 십 만원에 달하는 비싼 비용이 커다란 부담이었다.

　이 외에도 과학적 방법으로 알아보는 〈유전자 적성 검사〉가 있다. 그러나 여기에도 허점이 보인다. 한날한시에 태어난 쌍둥이를 예로 들어보자. 염색체가 같은 쌍둥이의 성격은 유전학적으로 같거나 비슷할 것으로 예상된다. 그러나 과연 그럴까? 언젠가 MBC-TV 〈공부가 뭐니?〉란 프로그램에 이란성 남매 쌍둥이를 키우는 작곡가 윤일상씨 부부가 출연한 적이 있다. 초등학생인 쌍둥이의 성격이 정반대라는 것이다. 한 명은 규칙에 얽매이는 걸 싫어하는 완전 자유로운 영혼이라고 한다. 또 한명은 반대로 완전 모범생 스타일이라는 것이다. 한명은 어디로 튈지 모르는 럭비공이고, 한명은 선생님이 하라는 대로 규칙에 맞게 잘 따라가는 범생이라는 사실에 부모는 신기해했다. 이런 경우 유전학자는 어떻게 설명할 지 궁금하다.

심리적 오염이 전혀 없는 명리학으로 적성 찾기

그러면 이제 사주 명리학을 바탕으로 개발한 〈9차원 적성 분석법〉을 소개해 보자. 한마디로 출생 정보만 가지고 타고난 성격과 적성을 파악하는 비교적 간단한 적성 분석법이다. 태어난 생년월일시로 뽑아내는 사주 8글자 속에는 성격의 장·단점이 담겨져 있다. 그뿐만 아니라 인생이 원하는 대로 풀리지 않는 시기는 언제인지, 도약에 유리한 시점은 언제인지 가늠해볼 수도 있다. 특히 다른 검사법과 달리 아이가 직접 응하지 않아도 된다. 아이의 출생 정보를 알고 있는 부모가 대신 알아보면 된다. 심지어 부모가 명리학 공부를 어느 정도 하면 철학관 가서 묻지 않고도 스스로 아이를 해석할 수 있다. 사주 명리학은 과학적이고 수학적인 체계를 갖추고 있어 이론과 법칙을 공부하면 누구라도 사주 분석가가 될 수 있기 때문이다. 따라서 심리적 오염도 예방하고, 부모가 직접 아이의 적성을 알아볼 수 있는 〈9차원 적성 분석법〉이 다른 것에 비해 월등한 비교 우위에 서 있다고 생각한다.

사주 명리학에 처음 발을 들인 사람이 맨 먼저 놀라는 것은 공부할 내용이 엄청나게 많다는 사실이다. 게다가 그 방대한 양에 담긴 단어들은 처음 접하는 외국어처럼 낯설어 기부터 죽는다. 그러나 아이와 나를 해석하는 부분에만 초점을 맞추면 공부 범위는 훨씬 줄어든다. 이 책의 〈공부편〉을 반복해 읽은 후, 〈적용편〉을 응용하면 해석이 가능하다. 그리 겁 먹을 일이 아니다. 어려운 용어가 나타나 학습 의욕을 떨어뜨린다 해도 빼내든 칼로 묵이라도 썰자는 각오만 있으면 묵사발 한 그릇은 뚝딱 만들 수 있다.

병원에서 병을 진단받기 위해서는 여러 가지 검진을 받아야 한다. 혈압을 재고 피 검사도 받아야 한다. 또 MRI, X-ray도 촬영해야 한다. 마찬가지로 〈9차원 적성 분석법〉에도 자료가 필요하다. 그러나 여기서는 오로지 생년월일시 출생 정보만 있으면 된다. 거기에 아이를 키우며 쌓아 놓은 성장 정보를 더할 수 있으면 금상첨화다. 게다가 심리적 오염이 생길 여지도 없다. 또 '내 아이 적성 분석'은 타고난 성격뿐만 아니라 운에 맞는 진로와 직업까지 가늠해볼 수 있다. 한마디로 미래 예측 도구로도 충분히 활용할 수 있는 것이다.

부모가 조기교육에서 신경 써야 할 것은 바로 아이의 타고난 적성을 찾아내는 일이다. 그걸 모르면 결정적인 시기에 아이에게 꼭 해 줘야 할 것을 놓치게 된다. 다른 농사와 마찬가지로 자식농사에도 시기가 중요하다. 따라서 타고난 적성을 파악하거나 다가오는 운을 알아보는 일을 늦추면 안된다. 알 수 없는 미래에 대비해 아이가 잘할 수 있는 것을 찾아내서 적극적으로 밀어주는 것은 부모가 후천적으로 할 수 있는 '운 활용법'이다. 그리고 아이가 나아갈 삶의 방향까지 알아보는 진로 지침 가이드가 바로 〈9차원 적성 분석법〉이라고 생각한다.

디지털 혁명시대에 왜 사주 명리학인가?

"기계 학습과 로봇이 주역인 AI시대가 될 2050년 즈음엔 모든 분야의 일들이 싹 바뀌고, 대부분의 직업이 없어지게될 것이다."

초대형 베스트셀러 〈사피엔스〉, 〈호모데우스〉의 저자인 히브리대학 역사학과 유발 하라리 교수의 말이다. 미래학자이기도 한 유발 하라리 교수의 예측대로 진행된다면 하버드같은 아이비 리그 대학을 졸업한 수재들도 해고되는 시대를 피할 수 없을 것같다.

2050년이면 지금의 10대들이 40~50대로 한창 사회생활이 무르익었을 때다. 어린 아이를 키우는 부모의 걱정을 덜어주기 위해서인지 유발 하라리 교수는 미래를 준비하는 자세를 제시해 주었다. 기계나 로봇이 대신 할 수 없는 생존 무기를 가져야 한다는 것이다. 그가 제시하는 한가지 생존 무기는 바로 '감정 지능'이다. 이것을 다른 말로 바꿔 보면 '창의적 감수성'이 아닐까 싶다. 미래에는 남들 다 가는 길을 따라 우르르 쫓아가면 안된다는 지적이다. 자신만의 개성과 감수성을 살릴 수 있는 쪽으로 나아가야 미래 사회에서 살아 남는다는 유발 하라리의 충고를 진지하게 받아들여야 한다. 특히 미래 사회의 주역이 될 어린 자녀를 둔 부모라면 말이다.

4차 산업혁명이 만들어가고 있는 사회는 디지털 지식 사회이다. 혁신적이고 독창적인 아이디어로 승부를 걸어야 하는 시대를 살아가야 한다. 이런 변화로 인해 융·복합 학문이 물살을 탄 지 오래 되었고, 어떤 분야든 창의적인 발상을 하지 않고는 살아남기 힘들게 되었다. 이제 부모는 아이에게 앉아서 공부만 하라는 잔소리를 하면 안 된다. 여기 저기 기웃거리면서 돌아다니는 아이에게 더 많은 기회가 찾아올 지도 모른다. 엉덩이 무거운 아이 보다 가벼운 아이가 더 유리한 세상이 되어가고 있다.

콩으로 태어난 아이를 팥으로 키우지 않기 위해 할 일

이제 부모의 역할이 달라져야 한다. 아이가 가장 잘 할 수 있는 것을 찾아내는 탐색가가 되어야 한다. 아이가 지닌 '창의적 감수성'이 무엇인지 밝혀내는 것이 부모의 중요한 숙제다. 공부 쪽인지 기술 쪽인지, 예술 쪽인지. 공부라면 어떤 분야가 적성에 맞을지 살펴봐야 한다. 아무래도 경쟁 사회에서는 남들보다 한 발 먼저 떼는 것이 유리하다. 내 아이가 다른 아이들보다 일찍이 적성에 맞는 진로를 찾는 것이야말로 경쟁에서 한발 앞서 나가는 일이다.

부모가 사주 명리학을 공부해야 하는 이유도 바로 여기에 있다. 아이는 태어날 때 몸 속에 원석을 가지고 세상에 나온다. 그 원석을 잘 캐내서 갈고 닦으면 빛나는 보석이 된다. 아이마다 각자 세상에 가지고 나온 원석이 다르다. 설령 같은 원석이라 하더라도 세공하는 방법에 따라 얼마든지 개성 있는 모양새로 만들어 가치를 높일 수 있다. 생년월일시의 출생 정보를 갖고 뽑아낸 8글자가 바로 아이의 원석이다. 이것을 빛나는 보석으로 만드는 작업을 부모가 도와야 한다. '내 아이 해석' 하는 일이 바로 그것이다.

내비게이터가 있으면 수월하게 목적지에 간다

차로 예를 들어 보자. 아이가 타고 나온 차가 스포츠카인지, 덤프트럭인지, 고급 중형차인지, 소박한 경차인지 알아야 한다. 그래야 차가 고장났을 때 부품을 어디서 구해야 할지 알 것 아닌가. 또 가는 길에 오르막이 있는지, 내리막이 있는지, 언제쯤 장애물이 나타날 지도 알고 있으면 차종에 맞춘 대비책을 세워 무사히 지나갈 수 있다.

사주 명리학은 자신에게 맞는 삶을 찾아 제 목소리를 내며 살아가는데 도움이 되는 도구로서 유용한 학문이다. 불확실성이 큰 오늘날 자신을 제대로 알고 상대방의 특성까지 파악할 수 있다면 세상살이에 얼마나 큰 무기가 되겠는가. 사주 명리학이 오랜 역사를 가진 전통 학문이기에 한자 용어가 많아 한글세대 부모들이 공부하기엔 다소 어려움이 있다. 그러나 요즘은 스마트폰 어플을 이용할 수 있어 사주 명리학에 접근하기가 과거에 비해 훨씬 쉬워졌다.

다만 명리학이 처음 나온 천여 년 전과 지금은 사회 문화적 차이가 크기 때문에 이 학문을 대하는 자세가 달라져야 한다. 21세기 아이를 조선시대 잣대로 평가하면 콩을 보고 팥이라고 잘못 해석할 위험성이 크다. 유연한 사고력과 상상력, 추리력 등을 총 동원하여 이러한 실수를 예방하여야 한다. 그리고 고리타분한 학문을 공부한다는 생각을 떨쳐 버리자. 낯선 외국어를 새로 배운다고 생각하면 좋을 것같다. 알파벳과 기본 단어, 기초 문법부터 배우듯이 차근차근 시작하면 된다.

무엇보다 개인의 특성과 창의성, 감수성을 잘 활용하지 않으면 미래 사회에 살아남지 못한다는 유발 하라리 교수의 지적을 무시하면 안 된다. 내 아이가 갖고 있는 남다른 특징이 무엇인지 찾아내는 작업이 학원을 알아보러 다니거나, 학부모 브런치 모임에 나가는 것보다 더 중요한 일이 아닐까?

명리학이 탄생한 때와 지금의 세상이 다르듯이, 디지털 혁명 시대를 관통하며 맞이할 우리 아이의 세상은 부모 세대와는 차원이 완전히 다른 세계가 될 것이다. 이런 세계를 살아갈 아이를 위해 아이의 정체성과 적성을 찾아내 미래의 인재로 키워내는 것이 부모가 해야할 우선 과제이다. 이것을 실천하는 방법으로 사주 명리학을 제안하는 것이 결코 이상한 일은 아니다. 왜냐하면 아이마다 태어날 때 갖고 나온 재능의 씨앗이 무엇인지 알아내는 도구로서 사주 명리학만큼 정확하며 간단한 방법이 없기 때문이다.

이제 다음 장부터 '내 아이 해석'을 통해 아이에게 맞는 삶을 찾아주고자 하는 부모를 위한 이론 공부가 시작된다. 처음부터 겁먹지 말기 바란다. 아이의 성격이나 진로 적성을 알아보는 데 도움이 되지 않거나, 너무 어려운 내용은 다루지 않았다.

또한 고전 명리학에 나오는 낯선 개념을 최대한 쉽게 풀어 설명하려고 노력했다. 무엇보다 방대한 명리학 이론 중에서 '내 아이 해석'에 필요한 핵심 내용만 다루는데 중점을 두었기 때문에 공부해야 할 양은 그리 많지 않다. 아이가 학교에 간 시간에 매일 조금씩 공부하면 금방 내 아이 독해가 가능할 것이다.

3장

공부 편

PART 01

기초 체력 다지기

까막눈도 이것만 알면
내 아이 읽을 수 있다

저게 저절로 붉어질 리는 없다.
저 안에 태풍 몇 개
저 안에 천둥 몇 개
저 안에 벼락 몇 개

저게 저 혼자 둥글어질 리는 없다.
저 안에 무서리 내리는 몇 밤
저 안에 땡볕 두어 달
저 안에 초승달 몇 날

- 시인 장석주 '대추 한 알' -

제01강 스마트폰 만세력 어플 창 독해하기

내 아이를 해석하기 위해 가장 먼저 할 일은 태어난 연월일시에 맞는 사주 8글자를 만세력에서 뽑아내는 작업이다. 서점에서 팔리는 만세력 교재는 그 종류만 해도 엄청나게 많다. 만세력은 천체의 움직임을 관측하여 해와 달의 운행과 절기 등을 적은 책이다. 그러나 명리학에 까막눈인 초보자는 그 만세력을 이해하기가 쉬운 일이 아니다. 이해력 차이에 따라 며칠에서 몇 달까지 걸릴 수 있다. 만세력 전체를 이해하는 데 시간이 다소 걸리는 것은 사실이지만, 조금만 공부하면 금방 자신의 사주四柱 8글자는 쉽게 뽑아낼 수 있다. 그러나 미래 운세를 파악하는 바로미터인 대운이나 연운의 흐름까지 계산하는 일은 결코 만만치 않다. 대개 입문자들은 그 과정에서 첫 번째 갈등을 겪는다. 책을 덮고 그냥 철학관으로 달려갈까?

그러나 이제는 그럴 필요가 없다. 스마트폰에 만세력 어플을 깔기만 하면 된다. 시중에 판매되는 만세력 책의 종류만큼이나 만세력 어플의 종류도 수없이 많다. 생년월일시 정보를 입력하기만 하면 눈 깜짝할 사이에 주르륵 도표로 정리된 '인생 바코드'가 화면에 뜬다. 마치 동전을 넣고 버튼을 누르기만 하면 자판기에서 원하는 음료수가 뽑아져 나오듯이 말이다. 자신의 사주 8글자는 물론 평생의 운 흐름을 나타내는 대운^{大運}과 1년의 운세를 보여주는 연운^{年運}도 도표로 정리되어 있다. 자상하게도 1개월 운의 흐름을 담은 월운표도 있으며, 더 자세하게는 신살이나 십이운성이 포함된 정보까지 제공하고 있다.

만세력 어플을 선택하는 기준

수많은 어플 중에서 뭘 골라야 할 지 모르겠다는 사람은 한가지만 신경을 쓰면 된다. 태어난 시간을 정확하게 계산해주는 어플을 골라야 한다는 점이다. 우리나라는 표준시를 서울이 아니라 일본의 경도에 맞추어 쓰고 있다. 동경 135도가 우리나라 표준시다. 그러나 실제 지도상으로 볼 때 우리나라 중간 지점은 동경 127도 30분에 위치한다. 표준시와는 7도 30분의 차이가 있다. 시간으로 환산하면 30분의 시간차가 생기게 된다.

출생 시간의 중요성을 이해하기 위해 시간차에 관한 설명이 좀 더 필요하다. 지구는 서쪽에서 동쪽으로 자전한다. 공 모양의 지구가 한 바퀴 도는 데는 24시간이 걸린다. 따라서 원의 각도인 360도를 24로 나누면 15가 된다. 1시간에 15도씩 서에서 동으로 자전하는 셈이다. 그러면 몇 분에 1도씩 움직일까? 60분을 15도로 나누면 4가 되니까 4분에 1도씩 돈다는 얘기다. 따라서 동경 135도에서 서쪽으로 1도가 떨어져 있으면 4분이 늦어지고, 동쪽으로 1도면 4분이 빨라진다. 만약 제주도에서 태어난 사람이 있다 치자. 제주도는 경도 126도 32분이다. 동경 표준시와의 차이를 계산하면 34분인데

이를 빼준 것이 그 사람의 정확한 출생 시간이다.

경도니 자전이니 하는 천문학 단어를 써가며 시간 계산에 장황한 설명을 한 데에는 이유가 있다. 명리학에서 시간 구분은 2시간 단위로 나뉜다. 전날 밤 11시 30분부터 다음날 새벽 1시 30분까지가 첫번째 시간대인 자시子時이다. 그 다음 1시 30분부터 3시 30분까지가 축시丑時... 이런 식으로 명리학은 시간 구분을 하고 있다. 그런데 만약 시간 경계선인 30분 정각에 태어난 경우는 시간 입력에 주의해야 한다. 예를 들어 오전 9시 30분 정각에 태어난 아이가 있다고 하자. 과연 이 아이는 오전 7시 30분부터 9시 30분에 해당되는 진시辰時일까? 아니면 9시 30분부터 11시 30분에 해당되는 사시巳時일까? 바로 이런 경우에는 태어난 장소가 관건이 된다. 만약 이 아이가 제주도에서 태어났다면 태어난 시간에서 34분을 빼줘야 한다. 그러면 이 아이의 명리학적 출생 시간은 진시가 되는 것이다. 따라서 만세력 어플을 고를 때 출생지 입력창이 별도로 마련되어 있는 것을 선택하여야 한다.

해외 출생자의 사주를 볼 때 주의할 점

그렇다면 해외 출생자의 경우 시간을 어떻게 입력해야 할까? 사실 이 부분에 대해 정립된 이론이 없어 갈팡질팡 하게 된다. 명리학계의 이론들도 해외 출생자의 사주를 뽑는 문제에 하나로 통일된 답을 내놓지 못하고 있다. 내놓는 답들이 서로 다르다 보니 초보자들은 더욱이 어느 쪽에 귀를 기울여야 할지 답답하다. 인터넷에 많이 떠도는 이론 중에 태어난 나라의 표준시를 우리나라로 끌고 와서 맞추는 방법이 있다. 예를 들어 보자. 워싱턴에서 태어난 경우에는 뉴욕 표준시를 적용한다. 뉴욕 표준시는 서경 75도. 우리나라에서 태어난 것처럼 환산하기 위해서는 서경과 동경 표준시 차이를 계산해야 한다. 또 태어난 도시의 지역적 시간 갭을 다시 적용하는 번거로운 과정도 거쳐야 한다. 게다가 미국이나 유럽의 많은 나라는 현재에도 서머타임을 실시하고 있으니 이것도 계산에 넣어야 한다. 복잡하기 그지 없다. 그러나 미국에서 태어난 아이를 우리나라에서 태어난 것처럼 바꿔치기 하는(?) 방법이 과연 옳은가?

9차원 명리학은 해외 출생자의 출생 시간 입력에 대해 한가지 분명한 입장을 가지고 있다. 태어난 순간의 현지 시간을 적용하여야 하며, 다만 서머타임을 적용하고 있었다면 1시간을 더해 주면 된다는 룰이다. 억지로 우리나라 표준시로 환산하는 것은 우주의 이치에 맞지 않다고 본다. 미국의 밤은 우리나라의 낮에 해당된다. 이런 밤낮의 차이는 음양에 중요한 변화를 일으키기 때문이다.

그렇다면 수많은 만세력 어플 중에서 어떤 걸 골라야 하는지 기준이 섰을 것이다. 사람들이 많이 사용하는 스마트폰 어플 중에는 원광 디지털대학교에서 만든 '원광 만세력', '하늘 도마뱀 만세력', '만세력 천을귀인' 등이 있으며 모두 한글 세대가 비교적 보기 편하게 구성되어 있다. 웹사이트 중에서는 명리보감 역학연구소에 만든 '명리보감 만세력'(www.goodcycle.com)을 추천한다.

〈 만세력 어플 보는 방법 〉

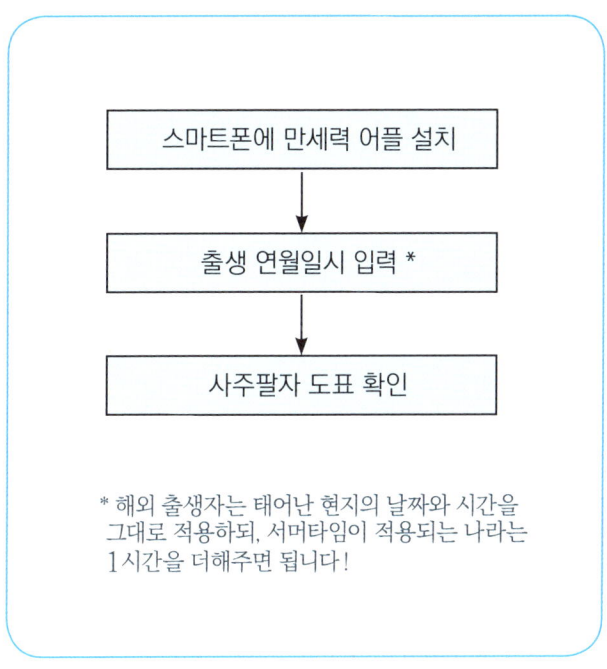

이제 어플창에 나타난 사주 도표를 독해 해보자. 1994년 양력 3월 22일 오전 5시 26분 서울에서 태어난 여자를 예로 든다. 어플창에 출생 정보를 입력하면 여러 가지 표들이 주르륵 나타난다. 그 중에서 아이의 성격이나 진로 적성 파악에 꼭 필요한 정보를 담고 있는 3가지 영역을 살펴보자. 각 표에 들어있는 낯선 단어들은 뒤에서 자세하게 설명하고 여기에서는 도표의 기본 구성만 먼저 이해하기로 한다.

1. 사주팔자 표

①	정관	나	비견	정인
②	壬	丁	丁	甲
③	寅	未	卯	戌
④	정인	식신	편인	상관
⑤	사	관대	병	양
⑥	戊, 丙, 甲	丁, 乙, 己	甲, 乙	辛, 丁, 戊

① 천간의 통변성(십성)

② 하늘의 기운을 나타내는 천간

③ 땅의 기운을 나타내는 지지

④ 지지의 통변성(십성)

⑤ 12운성

⑥ '땅 속의 하늘'이라 할 수 있는 지장간

2. 대운(10년 단위의 운)

①	75	65	55	45	35	25	15	5
②	식신	정재	편재	정관	편관	정인	편인	겁재
③	己未	庚申	辛酉	壬戌	癸亥	甲子	乙丑	丙寅
④	식신	정재	편재	상관	정관	편관	식신	정인

① 새로운 대운이 찾아오는 나이
② 해당 대운의 천간에 해당하는 통변성(십성)
③ 새로운 대운에 들어오는 천간과 지지
④ 해당 대운의 지지에 해당하는 통변성(십성)

3. 연운(1년 단위의 운)

①	34	33	32	31	30	29	28	27	26	25
②	상관	비견	겁재	편인	정인	편관	정관	편재	정재	식신
③	戊申	丁未	丙午	乙巳	甲辰	癸卯	壬寅	辛丑	庚子	己亥
④	정재	식신	비견	겁재	상관	편인	정인	식신	편관	정관

① 연운이 적용되는 나이
② 해당 나이의 천간에 적용되는 통변성(십성)
③ 당해 연도에 들어오는 천간과 지지
④ 해당 나이의 지지에 적용되는 통변성(십성)

 제02강 음양의 법칙

　우리가 살고 있는 태양계에는 많은 행성들이 일정한 법칙으로 쉼 없이 궤도를 그리며 태양을 돌고 있다. 그런데 그중에서 지구에 직접인 영향을 미치는 것은 해^日와 달^月이다. 해는 열을 지배하고, 달은 물을 지배한다. 그래서 해는 양^陽으로 달은 음^陰으로 본다. 사람이 살아가는데 꼭 필요한 것으로 여겨지는 해와 달은 우리에게 어떤 작용을 하는 걸까? 이러한 음과 양의 작용에 따라 우리를 둘러싼 환경은 어떻게 변화되는가?

　음양은 항상 상대적이다. 남자가 양이라면 여자는 음이다. 움직임은 양이고 정지 상태는 음이다. 오르막은 양이고 내리막은 음. 기쁨은 양이고 슬픔은 음. 강한 자는 양이고 약한 자는 음이다. 양의 기운은 밝고 외향적인 기운이고, 음의 기운은 어둡고 내성적인 기운이다. 양의 기운을 가진 사람은 경쟁을 좋아하고 음의 기운을 가진 사람은 다툼을 싫어한다.

　우리 주위를 유심히 둘러보면 이러한 음양의 상태가 항상 변화되고 있음을 알 수 있다. 승승장구 영원할 듯한 무소불위 권력도 언젠가는 몰락하게 된다. 한창 사업이 번창할 때는 돈으로 인한 불행

같은 건 상상도 하지 못한다. 하지만 계속 행복한 비명만 지르며 살 것 같지만, 달도 차면 기우는 법이다. 로또 복권 1등에 당첨된 사람들 중 돈과 행복을 유지하고 사는 사람이 거의 없다고 하지 않던가.

사주 명리학은 한마디로 양이 음이 되고 음이 양이 되는 '변화의 진리'를 가르치는 학문이다. 다시 말해 끊임없이 변화하는 음양의 원리를 잘 살펴서 인생에 적용하는 처세학인 것이다. 음양의 조화는 무궁무진하다. 별개인 것 같으면서도 하나이며, 하나인 것 같으면서도 별개인 것이 음양이다. 왜냐하면 양이 극에 달하면 음으로 변하고, 음이 극에 달하면 양으로 바뀌기 때문이다. 선풍기를 예로 들어보자. 선풍기를 저속으로 돌리면 움직이는 양의 상태가 된다. 그러나 초고속으로 회전시키면 날개의 움직임이 극에 달해 정지한 것처럼 보인다. 양이 극에 달해 음의 상태로 변한 것이다.

음양의 상태는 늘 변하고, 어떤 때는 그 균형이 깨져 한쪽으로 쏠리기도 한다. 음양은 치우침이 없이 조화를 이뤄야 한다. 우리 몸도 냉과 열의 균형이 깨지면 기침이 나오는데, 이는 음양의 조화가 깨진 탓이다. 사주 명리학은 바로 이런 치우침 없는 중용지도中庸之道가 으뜸이라고 가르친다. 음양의 조화를 의식하며 살아가는 사람은 자신의 인생을 스스로 개선할 의지를 가진 사람이다. 더욱이 21세기는 변화와 혁신의 시대다. 그래서 음양의 법칙을 통해 변화의 흐름을 읽어내는 삶의기술이 더욱 중요해졌다.

〈 양과 음의 상대성 원리 〉

양陽	음陰
· 해 · 하늘 · 움직임 · 남자 · 기쁨 · 육부 · 영리한 사람 · 여당 · 오르막길 · 부자 · 좋은 운 · 행동 지향적 · 미래 지향적 · 강함 · 빠름 · 밝음 · 수컷 · 정신 · 오른쪽 · 명분 · 딱딱함 · 시작	· 달 · 땅 · 정지 · 여자 · 슬픔 · 오장 · 어리석은 사람 · 야당 · 내리막길 · 가난한 사람 · 힘든 운 · 사고 지향적 · 현실 지향적 · 약함 · 느림 · 어두움 · 암컷 · 물질 · 왼쪽 · 실리 · 부드러움 · 끝

제03강 오행의 상생과 상극 법칙

우주공간에는 별이 엄청나게 많다. 지구는 태양계에 속해 있는데, 지구에 영향을 많이 미치는 음양의 대표 선수는 해와 달이라고 앞서 말했다. 그 다음으로 영향을 주는 것은 목성, 화성, 토성, 금성, 수성 등 5개의 별인데 이들은 지구와 함께 태양 주위를 쉼 없이 돌고 있다. 이 5개 별들의 움직임을 '오행五行'이라고 한다.

★ 목木 · 화火 · 토土 · 금金 · 수水 ★

5개 별들의 움직임에는 두 가지 원리가 있다. 상대방을 도와주는 상생相生의 법칙과 상대방을 밀어내는 상극相剋의 법칙이 그것이다. 상생과 상극, 이 두 가지 원리를 잘 외워두는 게 '내 아이 공부'의 첫걸음이다.

한 개인의 운명은 상생·상극의 관계가 자신을 중심으로 어떻게 그물망을 형성하는가에 크게 영향을 받는다. 우선 상생의 5가지 법칙을 살펴보자. 그 법칙을 그림으로 나타내면 시계 방향으로 원만한 원을 그리면서 나아가는 모습이다.

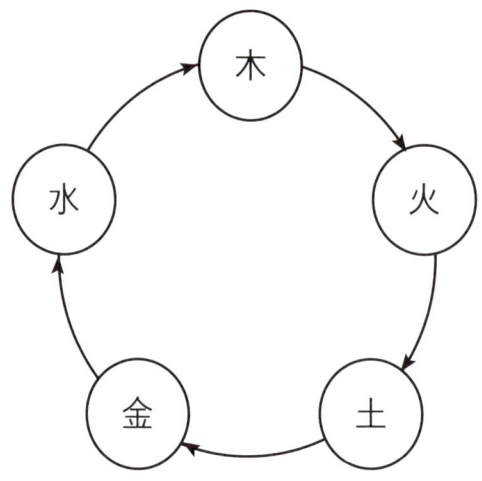

〈 오행의 상생 흐름도 〉

- 나무가 불을 도와주는 목생화 木生火
- 불이 땅을 도와주는 화생토 火生土
- 땅이 금을 도와주는 토생금 土生金
- 금이 물을 도와주는 금생수 金生水
- 물이 나무를 도와주는 수생목 水生木

이 법칙은 상황만 이해하면 외울 것도 없다. 불이 활활 잘 타기 위해서는 나무가 필요하다. 불은 어떻게 땅을 도와주는가? 흙이 제 구실을 하려면 불의 도움으로 일정한 온도를 유지해야 한다. 꽁꽁 얼은 땅에 씨앗을 심어봐야 제대로 싹이 트겠는가. 토는 어떻게 금을 생 해주는가? 땅 속 깊숙한 곳에 철강이나 구리, 주석 같은 여러 광물질이 묻혀 있는 모습을 떠올리면 된다. 그럼 금은 어떻게 물을 돕는가? 미네랄은 광물질의 하나다. 층층암벽에서 솟아나는 물은 미네랄이 풍부해서 맛도 좋고 건강에도 도움 된다. 미네랄과 암벽은 금을 상징하는 물질이란 점을 생각하면 금생수의 관계가 금방 이해될 것이다. 마지막으로 물이 나무를 도와주는 수생목은 간단하다. 가뭄으로 시들어 죽어가는 식물에 물을 주면 금방 생기를 되찾지 않은가.

이처럼 오행은 각자 도움을 주기도 하고 받기도 한다. 이 오행의 상생 법칙에서 꼭 알아두어야 할 점은 부족함도 지나침도 모두 좋지 않다는 사실이다. 특히 과다한 도움은 치명적이다. 과유불급! 잔잔한 불꽃 위로 한꺼번에 많은 양의 나무를 올려 버리면 불꽃이 타오르기는 커녕 꺼져 버리고 만다. 또 나무에 물을 지나치게 많이 주면 뿌리가 썩어 버린다. 과보호 속에서 자란 아이의 미래가 눈에 그려지지 않는가. 자기만 아는 배려심 없고 이기적인 어른으로 성장할 가능성이 높을 것이다.

이번에는 상극의 5가지 법칙을 살펴보자. 미리 말해둘 것은 극을 한다고 해서 모두 나쁜 것은 아니라는 사실이다. 극한다는 말의 의미를 '조절한다' 혹은 '통제한다'는 뜻으로 받아들이면 된다. 5개의 오행이 서로 극을 할 때도 나름의 질서가 있다. 어떤 오행이 극하는 다른 오행은 상생의 흐름도에서 한 단계 건너뛰어 만나게 되는 오행이다. 예를 들면 목이 극하는 오행은 화를 건너뛰어 만나는 토이다. 이런 관계를 도표로 그리면 공교롭게도 별 모양이 된다.

〈 오행의 상극 흐름도 〉

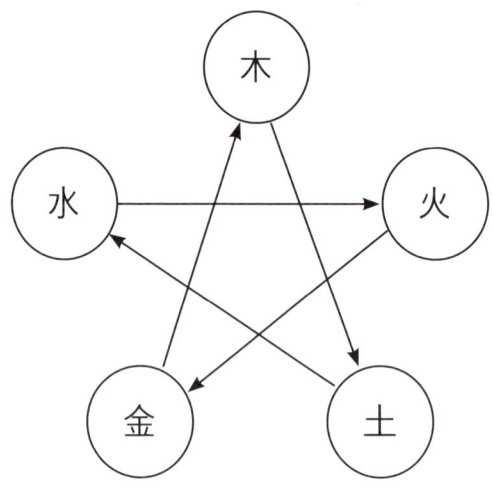

- 나무가 땅을 극하는 목극토 木剋土
- 땅이 물을 극하는 토극수 土剋水
- 물이 불을 극하는 수극화 水剋火
- 불이 금을 극하는 화극금 火剋金
- 금이 나무를 극하는 금극목 金剋木

이 상극의 법칙도 조금만 생각해보면 쉽게 이해가 된다. 나무가 살기 위해서는 그 뿌리가 흙 속에 파고 들어가야 한다. 땅의 입장에서는 자신의 영양분을 나무에게 빼앗기게 되어 목극토 관계가 형성된다. 흙은 어떻게 물을 극하는가? 제방이나 댐처럼 물을 가두거나 흐르는 방향을 마음대로 조정할 수 있는 것은 흙이다. 그래서 토극수다. 또 물이 불을 통제하는 수극화는 어떤가. 타오르는 불을 끄는 가장 직접적이고 빠른 방법은 물을 뿌리는 것이다.

한편 불은 어떻게 금을 극하는가? 금을 상징하는 쇠붙이를 뜨거운 용광로에 넣으면 형체를 잃고 녹아 버린다. 불에 의해 쇠붙이의 형체가 자유자재로 변화되니 불이 능히 금을 다스린다고 말할 수 있다. 마지막으로 금극목을 보자. 우람한 나무를 베는 것은 쇠로 만든 전기톱이나 도끼다. 그러니 목은 금 앞에서는 고양이 앞의 쥐꼴이 되는 셈이다.

상생과 마찬가지로 상극의 법칙에서도 부족하거나 과도해서는 안 된다는 것이 중요한 포인트이다. 화재 진압 연습을 한다고 고작 짚단 몇 개에 불을 붙여 놓고는 수 십대의 소방차로 세찬 물줄기를 뿜어대서야 되겠는가. 또 대형 건물에 불이 나 큰 화염에 휩싸여 있는데 몇 바가지의 물로 불을 끄려하면 어찌 되겠는가.

극은 알맞아야 한다. 적당한 극은 오히려 상생보다 더 좋은 보약이 될 수 있다. 아이를 키울 때 칭찬이나 격려도 필요하지만, 따끔한 꾸짖음도 있어야 한다. 그런데 부모가 아이를 키울 때는 왜 적당하게가 안될까? 지나친 훈육이나 과보호로 아이를 키우는 부모의 태도 속에는 불안감이 자리잡고 있기 때문이다. 내 아이를 해석하는 이 공부는 그런 불안감을 해소하는 처방이 될 것이다.

제04강 천간 10글자에 담긴 상징 키워드

외국어를 배우려면 우선 알파벳부터 외워야 한다. 막 명리학에 입문한 사람도 마찬가지다. 언어의 자음과 모음에 해당하는 명리학의 알파벳은 천간天干과 지지地支의 22개 글자가 전부다. 무작정 외우기 전에 22개 글자가 의미하는 상징 코드를 정확히 이해해 두면 암기에 도움이 될 것이다.

우선 10개의 글자로 이루어진 천간을 살펴보자. 알파벳의 모음이라 할 수 있는 천간은 하늘의 오행으로서 기氣에 해당한다. 천간은 쉽게 말해 하늘의 기운이다. 사물을 움직이게 만드는 에너지인 기는 눈에 보이진 않지만 그 작용력은 매우 크다. 예를 들어 보자. 나뭇잎을 흔들리게 하는 바람은 눈에 보이지 않는 기의 움직임이다. 또 맨손으로 기와 수십 장 격파가 가능한 것은 손의 힘만이 아니라 정신 집중의 기 에너지가 있기 때문이다. 그러므로 우리는 이러한 기를 인정하지 않을 수 없다.

천간은 10개 글자로 이루어져 있어 '십간十干'이라고도 불린다.

갑甲 · 을乙 · 병丙 · 정丁 · 무戊 · 기己 · 경庚 · 신辛 · 임壬 · 계癸

이 10개의 글자는 아래 표처럼 각자 고유한 음양과 오행을 가지고 있다.

〈 천간 10글자의 음양과 오행 〉

구분	갑	을	병	정	무	기	경	신	임	계
음양	양	음	양	음	양	음	양	음	양	음
오행	목		화		토		금		수	

그러면 만세력 어플창의 사주 도표에서 천간은 어디에 있는가? 우선 어플창 화면에 뜬 사주팔자표를 보자.

〈 사주팔자 구성 〉

시간時干	일간日干 (나)	월간月干	연간年干
시지時支	일지日支	월지月支	연지年支

윗줄 4글자와 아랫줄 4글자가 있는데, 윗줄 4글자가 천간이다. 그 중에서도 '일간' 혹은 '나'라고 적혀 있는 칸이 사주 주인공을 의미한다. 이 글자가 지닌 상징성 해석을 통해 사주 주인공의 타고난 성격을 짐작해 볼 수 있다.

천간 10개는 천간-음양-오행 순으로 읽는데, 예를 들면 갑양목甲陽木, 정음화丁陰火, 경양금庚陽金, 계음수癸陰水 같은 방식이다.

1. 갑양목甲陽木

목木은 인仁을 상징하여 어질고 자상하다. 양의 기운인 갑목甲木을 생김새로 표현하면 높게 자란 웅장한 나무 혹은 대들보용 재목이다. 갑목은 자존심이 세고 성취 욕구가 강하다. 또 다른 사람의 간섭을 싫어하고 뻗어 나가는 힘이 좋아 특정 분야의 전문가가 될 가능성이 높다. 그러나 이러한 갑목이 인연을 잘못 맺거나 나쁜 운을 만나게 되면 장점이 오히려 단점으로 바뀌게 된다. 예를 들면 고집과 독단성으로 앞만 보고 나가다가 큰 시련에 부딪히면 일시에 무너져 버리는 것이다. 부러질지언정 휘어지지는 않겠다는 자존심 때문이다. 따라서 갑목은 이런 쓸데없는 고집이나 과시욕을 경계하고 항상 좌우를 살펴보는 힘을 길러야 한다.

2. 을음목乙陰木

음의 기운인 을목乙木의 생김새는 지주목를 감고 올라가는 덩굴 나무 혹은 정원의 화초이다. 덩굴식물은 단단한 지지대가 있어야 성장할 수 있다. 위로 직진하기만 하는 갑목이 목표 지향적이라면 을목은 관계 지향적이다. 따라서 을목은 겸손하며 융통성 있고, 부드럽게 배려하는 성품이다. 또 남의 말을 경청하고, 인내심과 끈기 있는 외유내강 성향이다. 그러나 의존성이 강해 스스로의 힘만으로 뻗어 나가질 못하기 때문에 주변에 다른 큰 나무들이 있으면 좋다.

〈 갑을목의 특징과 장단점 〉

구분	특징	장점	단점
갑목	• 인仁 • 웅장하고, 단단한 나무 • 대들보 • 성장 • 목표 지향	• 뻗어나가는 힘 • 자상하고 어짊 • 자부심 • 꾸준함 • 배려심 • 진취적 리더십 • 불굴의 정신 • 호기심 많음	• 남의 지배 싫어함 • 고집, 독단성 • 좌우를 살피지 못함 • 고독 • 우울 • 꼼수 • 자기 과시욕
을목	• 덩굴나무 • 작은 화초 • 지주대 필요 • 굽는 성질 • 질긴 생명력 • 관계 지향	• 겸손 • 높은 적응력 • 순간 판단력 • 순수한 배려심 • 인내심, 끈기 • 외유내강 • 처세술	• 의존적, 즉흥적 • 까다로움 • 고집, 질투심 • 속마음 알기 어려움 • 주변 상황에 민감 • 감정 기복이 큼 • 회복력이 늦음

3. 병양화丙陽火

화는 예禮를 상징하여 예의 바르고 단정하다. 양의 성질을 가진 병화丙火는 뜨거운 태양 혹은 맹렬한 용광로처럼 활활 타오르는 불을 상징한다. 그래서 화려함을 좋아하고 활동적이면서 명랑한 천성을 지녔다. 어딜 가나 그 밝음과 활달함으로 존재감이 뚜렷하며 추진력도 강하다. 자신의 의사를 솔직담백하게 표현하고 옳고 그름에 대해 분명한 태도를 보인다. 하지만 그만큼 명확한 단점도 가지고 있다. 자기 주장을 지나칠 만큼 강하게 밀어붙여 주변 사람들의 반감을 사기도 한다. 때로는 경솔한 언행과 심한 변덕으로 주변 사람의 비난도 받는다. 즉흥적인 의사결정과 참을성 부족도 병화가 조심해야 할 점이다.

4. 정음화丁陰火

정화丁火는 맹렬한 병화와 달리 부드럽고 온화한 불이다. 물상으로는 등불이나 네온사인, 조리용 불, 정원의 가로등을 떠올리면 된다. 음의 성질인 정화는 희생정신과 배려심이 많고, 침착하며 절제력도 좋은 편이다. 또 무슨 일이든 진득하게 하는 끈기가 있으며, 주변 사람과 조화를 잘 이룬다.

긍정적이고 활달한 정화에게도 단점이 있다. 정화는 외부로부터 스트레스를 받게 되면 성격이 예민해진다. 주체성이 낮아 남의 말에 쉽게 흔들리며 주변의 눈치를 보는 편이다. 또 참을성이 없고 변덕을 잘 부려서 주변 사람들로부터 무례하다는 눈총도 받는다.

한편 상상력이 높다는 점은 정화의 장점이자 단점이다. 때로 이 상상력이 창의적인 발상의 바탕이 되기도 하지만 지나치면 의심과 분쟁으로 이어지는 불씨가 될 수도 있다.

〈 병정화의 특징과 장단점 〉

오행	특징	장점	단점
병화	• 예禮 • 태양,큰불 • 화려함 • 화끈함 • 원광석을 녹임	• 활동적 • 밝고 명랑 • 예의 바름 • 명확한 의사 표현 • 추진력, 돌파력 • 솔직담백	• 경솔한 언행 • 변덕 • 참을성 부족 • 집중력 부족 • 허영심. 사치 • 소유욕 강함 • 이기적 • 다혈질
정화	• 약한 불 • 등불 • 별 • 네온사인 • 수단가 • 용모단정 • 여린 감수성	• 희생과 봉사정신 • 배려심 • 긍정적 • 활달함 • 예의 바름 • 끈기 • 침착, 절제 • 온화함 • 주변과의 조화	• 예민함 • 남의 말에 쉽게 흔들림 • 집중력 부족 • 지나친 상상력 • 변덕 • 이중 잣대 • 자기 중심적

5. 무양토戊陽土

토는 신信을 상징하며 포용력 있고 믿음직하다. 양의 성질을 가진 무토戊土는 생김새로 보면 거대한 산이나 높다란 제방 등이다. 따라서 무토는 만물을 폭넓게 포용하며 물의 거센 흐름을 막아주는 든든함을 갖추고 있다.

토에 의지하지 않는 오행은 없다. 나무는 땅 속에 뿌리를 두고, 불은 땅 위에서 불씨를 유지한다. 광물은 땅 속에서 보호를 받고, 물은 흙에 의해 흐름이 부드러워진다. 이것은 무토가 성실하고 듬직하기 때문에 가능한 것이다. 여기에 포용의 리더십과 포기를 모르는 불굴의 의지도 무토의 남다른 강점이다.

그러나 무토에게도 단점은 있다. 지나치게 자기 주관이 강해 다른 사람의 의견을 잘 받아 들이지 않는다는 점이다. 고지식하며 융통성이 부족한 면도 있다. 또 행동이 느리고 눈치도 부족하다. 따라서 고정 관념에서 벗어나 세상을 넓게 보고, 자신만의 고집도 과감히 버리는 결단력을 키울 필요가 있다.

6. 기음토己陰土

기토己는 음의 성질로 유순하고 원만하다. 물상으로는 작은 정원이나 논밭을 떠올리면 된다. 사교력과 표현력이 좋고 중재 능력이 뛰어나며 뭔가 키우고 성장시키는 것을 좋아한다. 자기 관리를 잘하고 대인관계가 원만하다. 또 적응력도 좋아 모든 일을 부드러운 추진력으로 해결한다. 그러나 무토와 마찬가지로 고집이 세고 지나치게 보수적이며, 상황에 대처하는 순발력이 다소 떨어진다. 우유부단하고 시야가 좁은 기토는 삶의 방향을 잡아주는 경험 많은 멘토가 주위에 있으면 좋다.

〈 무기토의 특징과 장단점 〉

오행	특징	장점	단점
무토	· 신信 · 큰 산 · 제방 · 골수기질 · 오뚝이형 · 불굴의 의지	· 신뢰감 · 중후함 · 리더십 · 과묵 · 포용력 · 끈기 · 성실함 · 책임감 · 뚜렷한 주관	· 융통성 부족 · 고지식함 · 외고집 · 지나친 자기 주관으로 언쟁 일으킴 · 행동 느림 · 공상 많음 · 고정관념 · 눈치 부족
기토	· 화단 · 논밭 · 중재 · 육성 · 중심	· 사교성 · 현실 적응력 · 계획적 · 자기 관리 잘함 · 부드러운 추진력 · 대인 관계 원만 · 표현력 좋음	· 열등감 · 순발력 부족 · 우유부단 · 질투심 · 보수적 · 좁은 시야 · 방향성 부족

7. 경양금庚陽金

금은 의義를 상징하며 강직하고 단단하다. 양의 성질을 가진 경금庚金은 하늘의 달, 땅속의 철광석을 떠올리면 된다. 원리원칙에 충실하고 정의감에 불타는 승부사이기도 하다. 수확의 계절인 가을은 금에 해당한다. 따라서 금은 성숙과 마무리를 상징한다. 실행력이나 결단력에서 경금만큼 뛰어난 오행은 없으며, 승부욕도 강하다.

그러나 본성이 청순한 경금이지만 상황에 따라 독한 모습을 보이기도 한다. 자기중심적이고 냉정한 기질 때문에 오만하고 독선적이라고 평가받는다. 또한 요목조목 따지기 좋아해서 본인은 물론 주변의 사람들을 피곤하게 만든다. 자존심을 지키려 무모하게 덤비는 만용을 조심해야 하는 것도 경금이 새겨 들어야할 조언이다.

8. 신음금辛陰金

음의 성질을 가진 신금辛金은 금속 소재의 팔찌, 세공한 금, 뾰족한 칼, 고양이 발톱 등을 떠올리면 된다. 머리가 총명하고 위급한 상황에서도 침착함을 잃지 않는 것이 신금의 장점이다. 원리원칙에 충실하고 모든 일을 계획적이고 정확하게 처리한다. 절제력이 남다른 신금에게 일을 맡기면 마무리까지 완벽하게 해낸다.

그러나 냉소적이고 사교성이 부족하며 관대하지 못한 것이 흠이다. 소소한 것까지 따지고 잔소리를 하며 남을 억압하는 것도 주의해야할 점이다. 또 지나치게 예민하고 섬세해서 자기 자신을 힘들게 한다. 마치 날카로운 바늘로 스스로 자신을 찌르듯이 자책하며 자존감을 무너뜨린다. 신금이 많이 듣게 되는 소리가 '까다롭다'는 말인 만큼 너무 자신을 몰아부치지 않도록 마음의 여유를 갖는 훈련이 필요하다.

〈 경신금의 특징과 장단점 〉

오행	특징	장점	단점
경금	• 신信 • 달 • 원광석 • 무쇠덩어리 • 권력 • 우두머리 • 강한 직업 • 대업 성취 • 청순함	• 원리원칙에 충실 • 계획성 • 결단력 • 정의감 • 강직함 • 논리적 • 마무리 잘함 • 승부욕 • 천진난만 • 자긍심	• 자기중심적 • 독선, 비타협 • 계산적 • 냉정함 • 무모함 • 공격적 • 고집 • 순발력 부족 • 잘난척 기질
신금	• 보석세공 • 뾰족한 칼 • 고양이 발톱 • 약속 • 신의	• 안정적, 침착함 • 냉철한 판단력 • 논리적 • 좋은 언변 • 절제력 • 완벽한 마무리 • 원리원칙에 충실 • 계획적 • 의협심	• 예민하고 섬세 • 사교성 부족 • 집요함 • 관대하지 못함 • 냉소적 • 자만심 • 억압 • 잔소리 • 냉정함

9. 임양수 壬陽水

수는 지智를 상징하며 지혜롭고 총명하다. 양의 성질인 임수壬水는 넓은 바다, 큰 호수를 떠올리면 된다. 넓고 큰 물상으로 어찌 보면 가장 변화하기 힘든 유형이라 볼 수 있다. 한번 몸에 익숙해지면 고치기 힘든 성향이므로 무슨 일이든 처음 시작할 때 규칙을 잘 정하고 좋은 습관을 들이는 것이 중요하다.

물은 땅 속 깊이 스며들기도 하며, 수증기가 되어 하늘로 올라가기도 한다. 또 얼어서 형태가 고정되기도 하며, 담는 그릇에 따라 그 모양새가 변한다. 이처럼 변화에 능수능란한 처세술을 자랑하는 물은 친화력이 좋고 대인관계가 무난하다. 또한 안목이 넓고 예지력도 있으며, 사람의 마음을 잘 읽어 경영에서 탁월한 능력을 발휘하기도 한다. 그러나 변덕이 심하고 참을성이 부족하여 일의 매듭을 잘 짓지 못한다. 과시욕으로 허세를 부리다가 대인 관계를 망칠 수 있음에 유의해야 한다.

10. 계음수癸陰水

음의 성질을 가진 계수癸水는 하늘의 은하수, 작은 저수지, 계곡물 등을 떠올리면 된다. 감수성이 풍부하고 총명하며 재주가 많다. 임수와 마찬가지로 친화력과 적응력이 뛰어나 어디서든 대인 관계를 잘 유지한다.

그러나 계수는 자기 감정을 드러내지 않아 공감력이 떨어지고 이해타산적이라는 비판을 받는 단점을 갖고 있다. 또한 남의 이목에 지나치게 예민하고, 적극성이 부족해서 실천력이 좋지 않은 것도 흠이다. 무엇보다 적극성과 끈기를 키우는 노력이 필요하다.

〈 임계수의 특징과 장단점 〉

오행	특징	장점	단점
임수	• 지智 • 바다 • 큰 호수 • 척척박사 • 처세 달인 • 속을 알기 힘듦 • 예술적 • 수학적 사고	• 총명 • 지혜로움 • 암기력 우수 • 아이디어 탁월 • 넓은 도량 • 예지력 • 친화력 • 기획력 • 근면 성실	• 모사 • 음흉 • 비밀 • 비현실적 • 걱정 과다 • 인내심 부족 • 변덕 • 허세 • 용두사미 경향
계수	• 은하수 • 저수지 • 이슬 • 개척정신 • 외모 단정 • 부드러움 • 내성적 • 자존감	• 재주 많음 • 총명함 • 섬세함 • 적응력 탁월 • 합리성 • 감수성 풍부 • 친절함 • 대인관계 원만 • 봉사정신	• 실천력 부족 • 감정기복 • 산만함 • 집중력 부족 • 예민하고 까다로움 • 우울함 • 이해타산적 • 적극성 부족 • 약한 의지력 • 실속이 없음

제05강 땅을 이루는 지지 12 글자

지지地支는 땅을 상징한다. 한마디로 형체가 있는 물질의 세계이다. 천간이 머리 속 생각이라면 지지는 현실적 욕구라고 보면 된다. 빌딩을 예로 들면 건축물은 천간이고 기둥이 세워져 있는 땅은 지지이다. 지반이 튼튼해야 고층 건물도 굳건히 버틸 수 있다. 그래서 천간을 떠받치는 지지가 사주에서 매우 중요하다.

자子·축丑·인寅·묘卯·진辰·사巳·오午·미未·신申·유酉·술戌·해亥

이렇게 지지에 해당하는 글자는 모두 12개다. 그래서 달리 '십이지지'라는 표현을 쓴다. 천간과 마찬가지로 지지 역시 각 글자마다 자기만의 음양과 오행을 갖고 있다. 그런데 지지에서 중요하게 고려해야 할 것으로 '방향과 계절'이 있다. 우리의 삶에 찾아오는 '운명의 바람'이 어디에서 불어올 것인지 아는 것과 모르는 것은 천지 차이다. 그것을 알면 우리가 무엇을 준비해야 할지 알 수 있기 때문이다. 지지 12글자는 각자 동서남북 중 어느 한 방향을 가리키고 있다. 그래서 지지 공부를 할 때 지지가 의미하는 방향도 신경 써야 한다. 지지 12글자의 음양과 오행, 방위 그리고 계절은 아래 표와 같이 정리할 수 있다. 외국어의 알파벳을 외운다는 생각으로 천간 10글자와 함께 반드시 이해하고 외워두어야 한다.

〈 지지 12글자의 음양, 오행, 방위, 계절 〉

지지	인	묘	*사	*오	진술	축미	신	유	*해	*자
음양	양	음	음(양)	양(음)	양	음	양	음	음(양)	양(음)
오행	목		화		토		금		수	
방위	동		남		중앙		서		북	
계절	봄		여름		사계절		가을		겨울	

위 표를 보면서 지지의 방향에 주목해 보자. 목木 오행에 해당하는 지지 인묘寅卯의 방향은 동쪽이다. 왜 그럴까? 상상력을 발휘해 보자. 목은 오행의 출발이고 시작이다. 그러면 하루가 시작되는 아침에 해 뜨는 방향은 동쪽이다. 그래서 목 오행인 인묘의 방위는 동쪽이 되었다. 또 시작을 뜻하는 목 오행은 계절의 시작인 봄에도 해당된다.

무더운 열기를 상징하는 화火 오행인 사오巳午의 방향은 남쪽이다. 우리나라에서 보았을 때 무더운 열대지방은 남쪽이지 않은가. 이렇게 이해하면 화 오행의 계절은 여름이라는 것을 알 수 있다. 그다음은 금金에 해당하는 신유申酉를 보자. 금이 상징하는 키워드에는 결실, 마무리 등이 있다. 가을 해질녘에 곡식을 수확하는 풍경이 그려진 밀레의 〈만종〉을 떠올리면 된다. 해가 지는 방향은 서쪽이고, 수확하면 가을이지 않은가. 그래서 금 오행은 방향으로는 서쪽이고 계절로는 가을이다. 그리고 수^水 오행인 해자^{亥子}가 있다. 러시아 시베리아 벌판의 얼어버린 호수를 떠올리면 된다. 추운 시베리아니까 수 오행이 상징하는 계절은 겨울이고, 방향은 북쪽이 된다. 마지막으로 토^土 오행에 해당하는 지지인 진술축미^{辰戌丑未}는 포용의 상징에 걸맞게 방향은 중앙을 가리킨다. 계절로는 봄, 여름, 가을, 겨울 4계절 모두를 의미한다.

이처럼 장황하게 지지가 품고 있는 방향이나 계절을 설명한 이유가 있다. 뒤에 배울 내용 중에 자신에게 좋은 운을 가져다주는 글자를 찾는 부분에서 활용하기 위함이다. 목·화·토·금·수 오행이 의미하는 상징을 알고 있으면 그때 도움이 된다.

한편 위 표에서 주목해야할 부분이 있다. 사^巳·오^午·해^亥·자^子 네 글자 앞에 〈*〉 표시를 해두었다. 이 네 글자의 괄호 안에는 반대 음양이 적혀져 있다. 이 글자는 사주 해석을 할 때 괄호 안의 음양으로 바꾸어 적용해야 한다. 그 이유는 지지 속에 숨어있는 '지장간^{支藏干}'이란 녀석 때문인데, 설명이 길어지므로 다음 제6강에서 다루기로 한다.

제06강 알쏭달쏭 지장간 휘리릭 이해하기

지장간地藏干은 지지 속에 들어있는 천간을 뜻하며, 말 그대로 땅속에 숨어있는 하늘의 기운이다. 따라서 겉으로 드러나 있지 않지만 내면에 숨어있는 기질이나 욕구를 지장간을 통해 엿볼 수 있다. 서양의 심리학과 연결지어 보면서 지장간을 이해해 볼 수도 있다. 정신의학자 융의 심리분석 이론 중에 '그림자' 개념이 있다. 융이 말하는 그림자는 평소에는 억압되어 나타나지 않다가 어떤 특정한 상황이 되면 겉으로 드러나는 성격이나 태도 같은 것이다. 지장간은 평소에 지지 속에 그림자로 숨어 있다가 어떤 운을 만나면 비로소 햇빛 속으로 모습을 드러내는 '어떤 모습'이 아닐까 싶다.

천변만화하는 삶의 소용돌이를 알아보기 위해 지장간에 파묻혀 있는 글자의 움직임에 주목해야 할 때가 있다. 지장간 속의 글자들끼리 합을 이루기도 하고 상대방을 밀어내기도 한다. 또 외부에서 들어오는 글자들과 상호 관계를 주고 받으며 운의 흐름을 바꿔놓기도 하는 등 여러 작용을 일으킨다. 그러나 아이의 성격과 진로 적성을 파악할 때, 지장간의 역할이 크지 않기 때문에 여기서는 기본 개념에 대해서만 살펴보기로 한다. 우선 표로 정리된 지장간을 눈으로 한번 익혀보자.

〈 지지 속의 지장간 〉

지지	자	축	인	묘	진	사	오	미	신	유	술	해
초기	임壬	계癸	무戊	갑甲	을乙	무戊	병丙	정丁	무戊	경庚	신辛	무戊
중기		신辛	병丙		계癸	경庚	기己	을乙	임壬		정丁	갑甲
정기	계癸	기己	갑甲	을乙	무戊	병丙	정丁	기己	경庚	신辛	무戊	임壬

표를 보면 자子·묘卯·유酉에는 2개의 천간이 들어있고, 나머지에는 3개의 천간이 들어있음을 알 수 있다. 또 여기서 고개를 갸웃거리게 하는 새로운 단어가 등장한다. 바로 초기初氣 · 중기中氣 · 정正氣인데 한 달을 구분하는 초순·중순·하순으로 이해하면 된다.

그렇다면 지지 속의 하늘의 기운을 뜻하는 천간의 글자 2~3개를 시기별로 나누어 심어놓은 이유가 뭘까? 5월 초순에 태어난 사람과 하순에 태어난 사람의 에너지를 명리학에서는 똑같이 보지 않는다. "오뉴월 하루 볕이 무섭다"는 속담이 있듯이 같은 달이라도 초순과 중순, 하순 등 시기에 따라 에너지의 크기가 다르다고 보기 때문이다.

한편 앞의 제5강에서 사^{巳}와 오^{午}, 해^{亥}와 자^{子}는 사주를 해석할 때 음양을 반대로 바꿔서 적용해야 한다고 설명하였다. 그렇게 적용해야 하는 배경에 지장간이 있다. 사는 원래 음인데 사의 지장간 속의 병화^{丙火}가 양이기 때문에 사를 양으로 본다. 같은 이치로 오 속의 지장간 정화^{丁火}가 음이기 때문에 오는 음이 된다. 해도 마찬가지. 해 속의 지장간 임수^{壬水}가 양이기 때문에 해는 양. 자 속의 지장간 계수^{癸水}가 음이기 때문에 자는 음을 적용한다는 논리다.

여기서 또 한가지 눈여겨볼 대목이 있다. 사·오·해·자 네 글자의 음양을 결정하는 지장간 글자가 모두 정기에 해당된다는 점이다. 스마트폰 만세력 어플은 사오해자월에 태어난 사람이 모두 정기에 태어난 것으로 가정하고 사주를 뽑는다고 보면 된다. 통계적으로 보면 초기와 중기생은 3명 중 1명이고, 정기생은 3명 중 2명이다. 따라서 정기생으로 가정하고 사주를 보더라도 어느 정도 높은 적중률을 보이는 것은 사실이다. 어쨌든 정확하게 사주를 보려면 초기, 중기, 정기를 적용한 만세력을 구입해서 수작업으로 사주 방정식을 작성해야 하는 것이 낫다. 태어난 달이 사오해자에 해당하는 사람은 이 점을 염두에 두자.

공 부 편

PART 02

한 발짝 더 나가기

내 아이 독해할 때 필요한 '명리 문법' 훑어보기

"누에고치는 나비가 되어
날아갈 때까지
열심히 실을 뽑아낸다.
인간도 영혼을 개선하기 위해
노력하다 보면
날개를 얻을 것이다."

- 톨스토이 -

제07강 사주 네 기둥에 새겨진 해석 코드

사주四柱란 우리의 운명을 떠받치고 있는 4개의 기둥을 말한다. 사람이 태어날 때 생겨나는 연월일시 4가지 정보가 한 기둥에 하나씩 새겨진다. 말하자면 태어나는 순간 만나게 되는 우주의 기운이 4개의 기둥에 입력되면서 그것이 그 사람의 전 생애를 지배한다는 논리다. 이런 숙명론이 요즘 세상에 가당키나 하냐며 무시하는 사람도 물론 있을 것이다. 그러나 명리학을 차근차근 공부해 보면 명리학은 숙명론이 아니라 운명론이라는 사실을 알게 된다. 이 또한 무슨 말장난이냐며 비꼬는 사람도 있을 것이다. '숙명'이 뒤에서 날아오는 화살이라면 '운명'은 앞에서 날아오는 화살이라는 비유가 있다. 앞에서 날아오는 화살은 제대로 보기만 한다면 얼마든지 피할 수 있다.

명리학을 공부해야 하는 이유가 바로 이 때문이다. 내가 어떤 모양의 그릇으로 태어났는가. 내가 살아가면서 무엇을 해야 하고 무엇을 피해야 하는가. 어떻게 하면 좋은 운을 놓치지 않고 확실하게 잡을 수 있을까. 나쁜 운은 어떻게 해야 비켜가고 피해를 줄일 수 있을까. 내 삶의 운명을 알고 있다면 힘들고 먼길로 돌아가는 에너지 낭비를 줄일 수 있다. 사주를 떠받치고 있는 8글자는 내 자신의 운명 코드이며, 명리학은 이 코드의 실체적 진실에 접근해 가는 유용한 해석툴이다.

사주 명리학은 거대한 상징의 숲이자 그물망처럼 촘촘한 관계들을 해석하는 도구라 할 수 있다. 그 도구를 통해 나와 주변의 인물들, 혹은 나를 둘러싼 다양한 상황들과의 관계를 추론해볼 수 있다. 지금은 옛날에 비해 삶의 메카니즘이 훨씬 복잡하고 다양해졌다. 정신 똑바로 차려야 한다. 내가 누구인지 계속 질문을 던져야 한다. 그 노력 중의 하나가 자신의 사주를 해석하는 일이다. 우선 사주 네 기둥이 어떻게 구성되어 있는 지 알아보자.

시간時干	일간日干	월간月干	연간年干
시지時支	일지日支	월지月支	연지年支

대체로 만세력 어플은 오른쪽부터 왼쪽 방향으로 태어난 연도, 월, 일, 시간 순서로 구성되어 있다. 윗줄은 천간을 가리키는 글자이고, 아랫줄은 지지에 속하는 글자이다. 천간 지지 각각 4글자씩 모두 8글자가 자신의 운명을 읽는 고유 식별 코드다. 사람마다 출생 정보가 다르기 때문에 각 칸에 놓여지는 글자들도 개인별로 모두 다르다. 이제 각 기둥들이 지닌 상징 코드를 해석해 보자.

1. 연주의 해석

태어난 해의 정보를 담고 있는 연주年柱는 식물로 보면 뿌리根에 해당된다. 이 연주를 고전 명리학에서는 전생 혹은 조상으로 풀이하기도 한다. 그러나 '9차원 명리학'은 육친 관계보다는 연주가 가리키는 시간 개념에 주목해서 사주를 해석한다. 즉 연주를 사주 주인공의 출생부터 15세 정도까지의 정보를 제공하는 기둥으로 본다. 따라서 유아기와 청소년기의 성장 환경을 가늠해 볼 수 있는 코드가 연주에 새겨져 있다.

2. 월주의 해석

태어난 달은 식물의 싹^苗에 해당한다. 흙 속에서 막 고개를 내미는 어린 싹의 기운을 가진 기둥이 월주^{月柱}다. 시간적으로는 15세에서 30세 정도의 청년기 상황이 담겨 있다고 본다. 육친상으로는 부모나 형제로 보기도 한다. 사주를 해석할 때 특히 이 월주가 중요하다. 특히 지지 자리에 해당하는 월지는 더욱더 중요하다. 사주 주인공의 선천적인 성격을 알 수 있고, 사회에서 어떤 활동을 펼칠 수 있을지도 알 수 있다. 따라서 선천적인 성격뿐 아니라 후천적인 운명까지 내다볼 수 있는 자리가 바로 월지다. 이러한 월지의 중요성 때문에 명리학에서는 태어난 계절을 중시한다.

3. 일주의 해석

태어난 날이 새겨진 일주^{日柱}는 식물의 꽃^花에 해당된다. 시간적으로는 30세에서 45세 정도의 장년기에 해당한다. 육친상으로는 배우자와의 관계를 파악하는 곳이기도 하다. 특히 일주에서는 천간에 해당하는 일간이 중요하다. 그 자리를 차지하고 있는 글자가 바로 자기 자신이기 때문이다. 한마디로 자신의 타고난 기질에 대한 정보가 담겨있는 중요한 자리다. 이 글자를 통해 사주 주인공이 살아가며 뿜어낼 기운이 어떠할지 가늠해 볼 수 있다.

4. 시주의 해석

태어난 순간의 시간 정보를 담은 시주時柱는 식물의 열매實에 해당한다. 시간적으로 미래를 가리키는 시주에는 사주 당사자의 노년기 상황이 담겨있다. 육친상으로는 자손 상황을 파악하는 자리다. 앞에서 태어난 계절의 정보가 담겨있는 월지가 중요하다고 했다. 월지가 약해도 시지의 기운이 강하면 꿩 대신 닭의 역할을 해줄 수 있는 나름 중요한 자리이다.

이렇게 사주 4개의 기둥이 갖는 의미에 대해 알아보았다. 그러면 자연스럽게 이런 궁금증이 생겨날 지도 모르겠다. 4개 중에서 가장 중요한 기둥이 무얼까? 신분제도가 굳건했던 조선시대에는 네 기둥 중에서 육친상으로 조상을 상징하는 연주가 제일 중요했다. 조상의 신분이 나의 입신양명과 밀접한 관계가 있었기 때문이다. 왕의 가문에서 태어났는지, 사대부 집안 자손인지, 아니면 노비의 자식인지에 따라 평생의 삶이 좌우되었으니까 말이다. 지금도 그런 '핏줄 문화'에서 완전히 자유로운 것은 아니다. 금수저니 흙수저니 하는 말이 있지 않은가. 집안 배경이 자녀의 앞날에 큰 영향을 미치는 조건으로서 여전히 굳건하게 자리잡고 있음은 분명한 현실이다.

그러나 과거의 신분제 시대와 달리 개인의 능력과 노력에 따라 얼마든지 신분 상승이 가능한 요즘에는 연주보다 월주가 더 중요시된다. 앞서 사주 당사자의 성격과 사회성을 담고 있는 자리가 바로 월지라고 했다. 특히 월지는 진로 적성과 밀접하게 관련되어 있는 자리로 '내 아이 공부'라는 관점에서 반드시 눈여겨 봐야할 자리다.

또한 개인의 재능만으로도 인생 역전에 도전할 수 있는 시대에 일주 역시 중요한 자리다. 나 자신을 상징하는 일간에 따라 내가 무엇을 잘 할 수 있고, 나의 기운을 어떤 분야에서 뿜어내야 좋은지 추측해 볼 수 있기 때문이다.

제08강 외우면 잘 써먹는 합·충·형

수많은 변화가 일어나고 있는 우주 대자연의 질서를 떠올려보자. 맑은 하늘에 갑자기 먹구름이 몰려오며 천둥 벼락이 치고, 폭우가 거세게 쏟아진다. 그러다가 언제 그랬냐는 듯 순식간에 구름이 걷히고 무지개가 피고, 파란 물감을 풀어놓은 듯 아름다운 풍광이 하늘에 펼쳐진다. 작은 우주라고 말해지는 사람의 인생도 마찬가지다. 누구라도 빨리 감기로 되돌아보면 변화무쌍하기 그지 없는 인생일 것이다. 어느 누구도 그저 조용하고 행복하기만 한 삶을 누릴 수는 없다. 아무리 고요한 바다라 해도 파도는 있는 법 아닌가.

사주에서 이런 변화무쌍함을 일으키는 숨은 주역이 바로 '합合·충沖·형刑'이다. 합이 성실한 시민의 건전하고 생기있는 활동이라면, 충은 이것을 방해하고 괴롭히는 움직임이다. 형은 이런 합과 충의 활동을 다스리는 것으로 이해하면 된다.

태어날 때 주어진 사주 8글자는 그 자리에 가만히 앉아있지 못한다. 또 사주 밖에서 대운이나 연운과 같은 새로운 기운이 사주 안으로 계속해서 들어왔다 나간다. 이 기운들이 기존 사주 8글자와 어떻게 어울리느냐에 따라 요동치는 삶의 진폭이 달라진다. 외부에서 새로 들어온 기운이 삶에 활력과 기회를 줄 수도 있다. 반대로 평온한 삶을 곤두박질치게 만드는 불운을 가져오기도 한다. 이처럼 인생에 찾아오는 이런 저런 뜻밖의 변수라는 맥락에서 합·충·형을 들여다 볼 수 있다. 개념을 이해하기 앞서 공식처럼 짜여진 합충형 관계를 구구단 외우듯 가볍게 암기하는 것도 좋을 것같다.

1. 합

합이란 서로 마음과 뜻이 통하여 힘이 강해지고 사이가 좋아지는 관계를 말한다. 사주 안에 합이 있고 없고에 따라 살아가는 모양새가 달라진다. 또 살면서 맞닥뜨리는 사건의 전개에도 영향을 미치고 성격 형성에도 영향을 준다. 합에는 천간끼리의 합, 지지끼리의 합 두 가지가 있는데, 하나씩 살펴보자.

■ 천간합

천간합天干合은 천간 10 글자에 속해 있는 남녀가 연애하며 사이가 좋아지는 것과 같다. 남녀의 연애라고 했으니 음과 양이 만난다는 것을 쉽게 추측할 수 있다. 예를 들어 갑목甲木군이 기토己土양과 떨어져 살 수 없을 만큼 사이가 좋다. 그래서 두 청춘 남녀가 마음을 합해 만든 작품이 토土다. 이런 식으로 모두 5개의 천갑합이 있으며, 각 합마다 의미가 다르다. 그러나 의미에 크게 좌우될 일은 아니고 그저 그런 뜻이 숨어 있다는 정도만 알아두면 된다.

〈 천간합 5가지 〉

천간합	상징 코드	변화 상태
갑기합토 甲己合土	중정지합 中正之合	도량이 넓고 자기 분수를 지킨다.
을경합금 乙庚合金	인의지합 仁義之合	과감하고 용맹하여 다소 지나침이 있다.
병신합수 丙辛合水	위엄지합 威嚴之合	위세 당당하나 변덕이 심하다.
정임합목 丁壬合木	인수지합 仁壽之合	정이 많아져 자칫 판단력이 흐려질 수 있다.
무계합화 戊癸合火	무정지합 無情之合	쓸데없이 정에 끌려 일을 망칠 수 있다.

■ 지지합

지지합 地支合은 지지 12 글자에 속해 있는 남녀가 특별히 좋아하는 상대를 골라서 연애하는 것으로 생각하면 된다. 지지합도 음과 양이 만나 합을 이룬다. 예를 들어 인목 寅木군과 해수 亥水양이 만나 목 木이라는 작품을 만든 것이다. 총 12개의 지지가 짝을 만나 이룬 지지합은 총 6개이다. 그래서 고전 명리학에서는 지지합을 '육합'이라고 표현하기도 한다. 이렇게 청춘 남녀가 새로운 오행을 창조해내는 것이 지지합이지만, 그 합들이 사주 해석에 특별히 도움이 되지 않는다. 다만 사주에 합이 많고 적음에 따라 사람의 성격에 영향을 주기 때문에 6가지 합의 종류만 알고 넘어가자.

〈 지지합 6가지 〉

지지합	새로 탄생된 오행
자축토 子丑土	자수와 축토가 만나 토가 됨
인해목 寅亥木	인목과 해수가 만나 목이 됨
묘술화 卯戌火	묘목과 술토가 만나 화가 됨
진유금 辰酉金	진토와 유금이 만나 금이 됨
사신수 巳申水	사화와 신금이 만나 수가 됨
오미화 午未火	오화와 미토가 만나 화가 됨

■ 지지 삼합

지지에서 두 글자가 아닌 세 글자가 합쳐져서 새로운 오행을 탄생시키는 경우가 있다. 이를 지지 삼합^{地支 三合}이라고 한다. 마치 시멘트, 모래, 물이 융합되어 새로운 물질인 콘크리트가 만들어지듯이 말이다. 이렇게 삼합이 되면 각각의 글자들이 모여 하나의 새로운 오행을 만들어낸다.

〈 삼합의 종류 〉

삼합	생성 오행	음양	성향
해묘미 亥卯未	목국 木局	음	불굴의 의지, 도전, 고집
인오술 寅午戌	화국 火局	양	명예와 명성에 집착, 자존심
사유축 巳酉丑	금국 金局	음	냉철함, 논리적, 보수적
신자진 申子辰	수국 水局	양	학문 탐구욕, 정에 이끌림

물이 콘크리트 원료 중에서 가장 중요한 역할을 하듯이 이 삼합에도 각각 중심이 되는 글자가 있다. 그 글자가 '제왕성帝王星'이라는 별명을 갖고 있는 자오묘유子午卯酉이다.

지지 삼합을 통해 커다란 에너지가 탄생된다. 그 에너지는 세기가 강하기 때문에 '국局'이라는 단위로 표현한다. 예를 들어 해묘미가 만나 목木을 만든다. 이때는 단순한 목 기운이 아니라 '거대한 목기운'의 탄생으로 보고 그 상황을 '목국木局'이라 부른다. 국의 오행이 새롭게 생성되는 규칙은 제왕성에 해당되는 자오묘유와 음양오행이 같은 천간이 적용되는 것이다. 예를 들어 해묘미 삼합의 경우 제왕성 묘卯가 음목陰木이므로 음양오행이 같은 천간 을음목乙陰木이 탄생되는 것이다. 그냥 목이라 생각하면 곤란하다. 왜냐하면 같은 목이라도 양목陽木과 음목陰木은 큰 차이가 있기 때문이다. 다른 삼합도 마찬가지이다. 만약 아이 사주에 삼합이 있다면 이 점에 신경 써야 한다.

삼합으로 만들어진 국은 강력한 힘을 발휘한다. 사주를 불안하게 위협하던 충이나 형의 기세를 꺾어 놓거나 새로운 도약의 힘을 얻는 계기가 된다. 뒤에 나올 〈적용편〉의 활용을 위해 앞에 정리된 도표를 아예 공식처럼 외어두면 좋다. 해묘미는 을목乙木, 인오술은 병화丙火, 사유축은 신금辛金, 신자진은 임수壬水가 탄생한다는 점을 꼭 기억해야 한다.

■ 방위합

방위합方位合은 방위의 기세가 모인 것이다. 이 방위합은 위쪽이 북쪽, 오른쪽이 동쪽, 아래쪽이 남쪽, 왼쪽이 서쪽이라는 것을 알면 된다. 해자축은 북쪽에 있으니, 북쪽이면서 오행은 물水이다. 그러므로 북방수국이다. 인묘진은 오른쪽에 있으니, 동쪽이고 오행은 나무木다. 그러므로 동방목국이다. 사오미는 아래쪽에 있으니, 남쪽이고 오행은 불火이다. 그러므로 남방화국이다. 신유술은 왼쪽에 있으니, 서쪽이고 오행은 금金이다. 그러므로 서방금국이다. 알기 쉽게 그림으로 나타내면 아래와 같다.

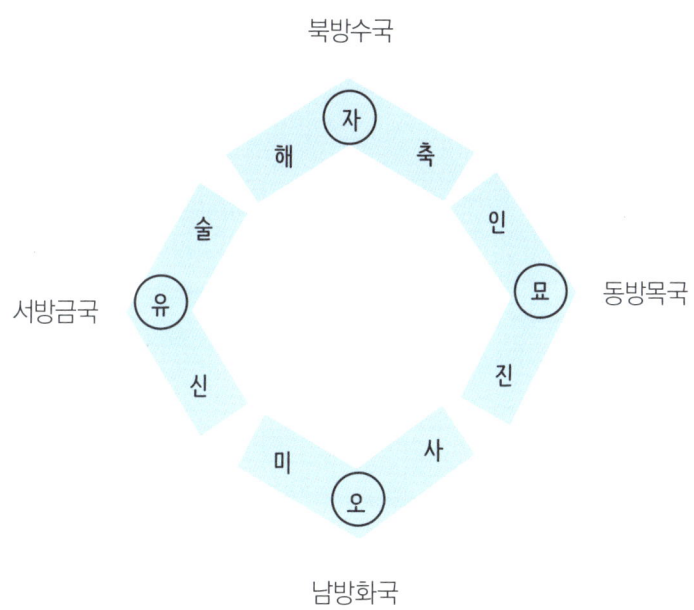

방위합^{方位合}은 방위의 기세가 모인 것이므로 삼합보다는 그 역량이 미흡하다. 앞으로 격이라는 것을 배우고 대운이라는 것을 배울 때 유용하게 쓰이는 것이므로 무엇이 모여 방위합이 되는지만 알아주기 바란다.

2. 충

충沖은 서로 다투고 싸우는 것을 의미한다. 말하자면 조용하게 흘러가는 삶을 흔들어 놓는 것이 충의 작용이다. 이런 충의 모습을 철학관에 가면 "사주가 좀 깨져 있네"라고 표현한다. 한마디로 충은 사주의 리듬을 깨고 금 간 상태로 만드는 기운이다. 따라서 금 간 그릇이 언제 와장창 깨질지 몰라 그릇의 주인은 늘 불안하다. 그러나 명리학은 해석과 적용이 항상 상대적이고 유연하다. 충이라고 모두 나쁜 것은 아니다. 예를 들어 기운이 너무 강해 매사 충돌하고 으르렁거리는 사주라면 충이 그 센 기운을 깨트리는 역할을 할 수 있다. 오히려 사주의 균형을 잡는데 도움이 되는 것이다.

■ 천간충

천간에 놓인 글자끼리의 다툼인 천간충天干沖은 같은 음양을 가진 동성 간에 다투는 극렬한 싸움이다. 천간충으로 인해 일어나는 현상은 이동, 변화, 혼란 등이다. 하늘의 기운을 뜻하는 천간의 글자가 충을 발생시키면 물리적인 변동 보다는 정신적인 충격을 받는 것으로 생각하면 된다. 천간충은 모두 10개이며 아래와 같다.

- 갑경충甲庚沖
- 갑무충甲戊沖
- 을신충乙辛沖
- 을기충乙己沖
- 병임충丙壬沖
- 병경충丙庚沖
- 정계충丁癸沖
- 정신충丁辛沖
- 무임충戊壬沖
- 기계충己癸沖

■ 지지충

전기의 양극과 양극, 음극과 음극처럼 같은 극끼리는 서로를 밀어 낸다. 같은 음양 간의 만남인 지지충地支沖도 마찬가지다. 만나면 서로를 못 밀쳐내서 안달이다. 이렇게 지지끼리 싸움을 하는 지지충은 모두 6가지로 아래와 같다.

- ◆ 자오충子午沖 ◆ 축미충丑未沖 ◆ 인신충寅申沖
- ◆ 묘유충卯酉沖 ◆ 진술충辰戌沖 ◆ 사해충巳亥沖

충마다 작용이 조금씩 다르지만 대체로 다툼, 이동, 변화 등이 일어난다고 보면 된다. 그중에서 같은 오행인 토土끼리의 충인 축미충과 진술충은 설명이 조금 필요하다. 같은 오행 간의 충을 전문 용어로 '붕충朋沖'이라고 한다. 이런 붕충은 같은 세력끼리의 힘 겨루기인 까닭에 다른 충에 비해 그 영향이 약하다.

진술축미의 경우 한가지 더 짚고 넘어가야 할 특징이 있다. 모두 토 오행으로 이뤄진 이 글자들은 사주 안에서 '창고 역할'을 한다는 점이다. 진辰은 수(물)의 창고이고, 술戌은 화(불)의 창고다. 축丑은 금(쇠붙이)의 창고요, 미未는 목(나무)의 창고다. 그래서 진술축미가 충을 받게 되면 창고 속의 재財를 끄집어내는 작용이 있음을 기억하자. 때에 따라서는 상극도 좋은 약이 되듯이, 이 충도 무조건 나쁜 것만은 아니다. 어떤 사람은 큰 부자가 되는 기회를 얻기도 하고, 출세와 성공의 길로 가는 터닝 포인트가 되기도 한다.

3. 형

형刑은 '가둔다'는 뜻을 가지고 있다. 고전 명리학에서는 이런 형이 있으면 교도소에 갇힐 수 있다 해서 살殺자를 붙여 '형살刑殺'로 부르며 나쁜 사주로 간주했다. 그러나 현대에도 이런 논리를 계속 적용하면 안된다. 오히려 이런 형살을 긍정적으로 해석해 경쟁을 두려워하지 않는 강인한 정신력의 소유자로 보기도 한다. 말하자면 자신이 감옥에 갇힐 수도 있지만, 누군가를 감옥에 보낼 수 있는 막강한 파워와 권위를 상징하는 것으로도 이해하는 것이다. 고전 명리학에서 오랫동안 인정받아 온 개념들도 시대정신과 현실 상황에 맞게 달리 해석할 수 있어야 한다.

형의 종류는 크게 4가지로 나누어 볼 수 있다. 아래 표를 보면 한 눈에 개념을 파악하는데 도움이 될 것이다.

〈형의 종류〉

종 류	상징 코드	특 징
인사신寅巳申	무은지형無恩之刑	포부가 큼, 경쟁심, 빠른 속도
축술미丑戌未	시세지형恃勢之刑	과감한 결단력, 자존심, 배짱
자묘子卯	무례지형無禮之刑	냉정함, 이기적, 배려심 부족
자형自刑	진진辰辰, 오오午午, 유유酉酉, 해해亥亥	자격지심, 고독, 감정기복

제09강 '내 아이 공부'에 꼭 필요한 핵심 단어 10개

새로운 외국어를 배우기 위해 알파벳과 기본 단어들을 먼저 익혔다. 이제는 문장 해석에 꼭 필요한 동사와 명사 등 핵심 단어를 익힐 차례다. 처음 접하는 낯선 단어인 만큼 보기만 해도 기가 죽을지도 모른다. 그러나 내 아이를 해석하는데 있어 꼭 필요한 핵심 단어이기 때문에 이 고비를 잘 넘겨야 한다.

만세력 어플에 출생 정보를 입력하면 사주 8글자가 나타난다. 그 8글자를 사이에 두고 위와 아래에 또 암호 같은 단어들이 놓여있다. 정재니 편관이니 정인이니 하는 단어들 말이다. 이 단어들이 갖고 있는 상징을 이해하는 것이 바로 내 아이 해석의 본론이다. 물론 만세력 어플창의 사주 도표에 자동 배치되기 때문에 굳이 이 글자들의 복잡한 탄생 과정을 몰라도 문제가 되지 않는다. 그러나 이런 단어들이 생겨난 배경 지식을 알게 되면 사주를 해석할 때 훨씬 더 넓게 상상력을 펼칠 수 있기에 맛보기 하는 셈 치고 접근해보자.

Part 01의 제3강에서 공부한 목·화·토·금·수 오행의 상생상극과 순환의 흐름을 다시 한번 떠올려 보자. 오행의 상생과 상극의 변화가 비교적 간단하게 느껴졌을 것이다. 왜냐하면 거기에는 음양의 법칙은 적용되지 않기 때문이다. 그러나 지금 새롭게 배우게 되는 10개의 단어는 이름도 생소하고 복잡해 보인다. 여기에는 오행의 상생상극 관계뿐 아니라, 음양까지 구분하는 두 단계의 과정을 거쳐야 하기 때문이다. 하지만 그 원리만 이해하면 그다지 어렵지 않다.

우선 나를 상징하는 일간을 기준으로 삼는다. 그 다음 일간에 상생상극과 음양의 법칙을 적용하면 전부 10가지 경우의 수와 단어가 나온다. 이 단어는 10개의 별이라는 뜻으로 '십성十星'이라 불리기도 하고, 부모 등 특수관계인과의 화합과 갈등을 나타낸다고 해서 '육친六親'이나 '육신六神' 등으로 표현되기도 한다. 그러나 9차원 명리학에서는 이 10개의 단어가 실제 가지고 있는 뜻과 해석이 십성이나 육친이라는 표현과는 잘 어울리지 않는다고 생각하여 새로운 이름을 만들어 사용하고 있다.

'통변성通變星'!

한자의 뜻을 그대로 풀이하면 '서로 소통하며 변화하는 별'쯤 된다. 뒤에 설명하겠지만 이 통변성이 사주 안과 밖에서 서로 얽히고 설키면서 한 사람의 인생에 행복과 불행을 가져다 준다. 더욱이 아이의 타고난 성격과 진로 적성을 파악하는데 반드시 필요한 개념이 바로 통변성이다. 따라서 이 대목은 좀 복잡하더라도 반드시 뛰어넘어야 할 필수 과정이다. 우선 통변성이 만들어 내는 상호작용을 담은 도표부터 눈에 익히도록 하자.

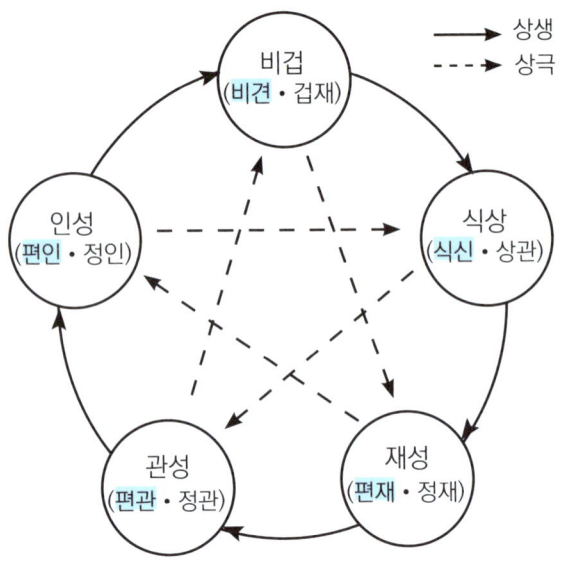

　파란 사각형(▢)안에 있는 글자들은 일간과 같은 음양을 가진 통변성을 말한다. 본격적으로 각각의 통변성을 설명하기 전에 한가지 미리 약속하고 이해할 것이 있다. 통변성은 음양의 구분이 중요하다. 음양의 차이에 따라 명칭도 달라지고 사주 안에서 일으키는 작용도 달라지기 때문이다. 양(+)이 양(+)을 도와주거나, 음(-)이 음(-)을 도와주는 관계는 100%의 작용력이 있다고 생각하자. 양(+)이 음(-)을, 혹은 음(-)이 양(+)을 도와주는 관계는 50%의 작용력이 있다고 생각하자. 극하는 경우도 같은 원리를 적용하기로 한다. 이는 명리학 입문자들이 쉽게 이해하는데 도움을 주기 위한 약속이다.

1. 비견比肩

일간과 같은 오행인데다 음양까지 일치하는 경우다. 나와 외모도 마음도 같은 일란성 쌍둥이로 보면 된다. 비견의 특징은 일단 고집이 세고 자존심이 강하다. 싸움은 서로 이기려고 할 때 벌어지기 마련이다. 양보와 타협을 모르니 자연히 분쟁이 생기게 된다.

2. 겁재劫財

일간과 같은 오행이지만 음양은 반대다. 음양이 달라도 같은 오행이 모였으니 강해지는 것은 틀림없다. 자연히 콧대가 높아지고 잘난 척하게 된다. 고집도 세고 어디 나가서도 기죽지 않는다.

통변성	상징 키워드
비견	동료·독립심·고집·배짱·추진력·진취적·적극적·자존심
겁재	경쟁자·빼앗김·활동적·옹고집·노력가 타입·반발심

3. 식신食神

일간과 오행은 다르지만 음양은 같다. 옆 페이지의 도표를 보면 일간이 생 해주는 대상이다. 일간과 음양까지 같으니까 일간은 식신을 더욱 애지중지 돌봐주게 된다. 사랑을 듬뿍 받으니 만사 둥글둥글 여유만만이다. 사랑도 받아본 사람이 베푸는 것처럼, 식신은 사랑을 잘 나누어 준다. 그러니 자연히 명랑하고 진취적일 수밖에 없다. 건강하고 머리도 총명하다.

4. 상관傷官

일간과 오행도 다르고 음양도 반대다. 식신과 마찬가지로 일간이 도와주고 생 하는 존재다. 내 자신인 일간으로부터 식신이 100% 사랑을 받는다면, 음양이 다른 상관은 50%의 사랑만 받는다. 사랑을 듬뿍 받지 못한 채 살아가려니 남다른 데가 있어야 하지 않겠는가. 자존심 강하고 지는 걸 싫어해 다방면에 노력을 많이 하다보니 박학다식하다. 또 말재주, 손재주가 뛰어나 예술이나 기술 방면에 재능이 많다. 이 외에 상관은 윗사람과 강자에게는 비판적이지만, 아랫사람이나 약자에게는 온정적이며 의협심을 발휘한다.

통변성	상징 키워드
식신	옷·밥·말·애교·호기심·붙임성·재치·유머·지혜
상관	자기표현·아이디어·자존심·임기응변·총명함·비판적

5. 편재偏財

일간과 오행이 다르지만 음양은 같다. 내 자신인 비견이 100% 극하여 탄생된 존재다. 편재란 글자의 재財는 말 그대로 돈벌이와 관련 있다. 세상 모든 일에 수완을 잘 발휘하여 돈 벌어들이는 재주가 있다. 처세술이 좋고 생활력이 강하며 한 곳에 머무르지 못하고 떠돌아다니기를 즐겨한다. 그래서 편재가 벌어들이는 돈을 '유동流動의 재財'라고 한다.

6. 정재正財

일간과는 오행도 다르고 음양도 다르다. 내 자신인 비견으로부터 50% 정도의 힘으로 극을 당한다. 편재가 일확천금의 유동 재산이라면 정재는 티끌 모아 태산을 이루는 정직과 양심의 재산이다. 편재가 떠돌이 장사라면 정재는 사무실이나 가게에 앉아 돈을 번다.

통변성	상징 키워드
편재	처세술·일확천금·긍정적·생활력·유동의 재·현금자산
정재	정직·양심·노력·책임완수·안정성·은근한 고집·합리적

7. 편관偏官

일간과 오행은 다르지만 음양은 같다. 나 자신을 100%의 힘으로 인정사정없이 괴롭히는 존재다. 힘은 장사요, 성질은 바짝 마른 나무에 불 붙듯이 조급하다. 머리가 영리하고 추진력이 있으며, 모험을 즐기고 매사 승리를 위해 과감히 투쟁한다.

8. 정관正官

일간인 나를 50%의 힘으로 극하는 존재로 오행도 다르고 음양도 반대다. 온건하고 중후함이 넘쳐 신사 중의 신사라는 말을 듣는다. 치밀하고 착실하며, 올바른 길만 걷는 고지식한 정의파로 명예를 중시한다. 신뢰감을 주어 주변 사람들의 인정을 받는다.

통변성	상징 키워드
편관	사법·억제·추진력·권력·투쟁·리더십·자존심
정관	의지력·끈기·믿음·품위 단정·고지식한 정의파·명예

9. 편인偏印

일간인 나를 도와 생 해주는 존재로 오행은 다르지만 음양은 같다. 예술이나 기술 방면에 탁월한 재주가 있어 팔방미인 소리를 듣는다. 그러나 '요령의 달인'이라는 별명이 붙어있을 만큼 게으름을 피우거나, 시작은 요란해도 마무리가 부족해 실속이 없다는 단점을 지니고 있다.

10. 정인正印

정인은 달리 '인수'라는 말로도 표현된다. 일간인 나를 생 해주는 존재로 오행도 다르고 음양도 반대다. 정인은 교육, 수양, 학문과 깊은 관계가 있다. 차분히 학문과 수양에 힘쓰니 박학다식하고, 전문가와 지식인이 많다. 성격이 온후하고 포용하는 마음 씀씀이를 지녀 종교적인 방면과도 인연이 깊다.

통변성	상징 키워드
편인	특별한 기술과 끼·부동산·계모·싫증·게으름·지략
정인	교육·수양·학문·생모·온후·독실·지식인·자격증

제10강 입체적인 성격 분석에 꼭 필요한 단어와 숙어

"걷는 놈 위에 뛰는 놈 있고, 뛰는 놈 위에 나는 놈 있다."

우리가 자주 듣는 속담이다. 한마디로 절대 강자가 없다는 말이다. 이건 우주의 섭리가 인간 삶에 심어놓은 변화와 순환의 법칙이다. 변화하지 않으면 죽은 것과 같다. 명리학의 출발도 변화의 순간을 포착하고 순응하며 살려는 시도에서 싹트지 않았을까?

앞에서 보여준 통변성의 관계를 다시 한번 떠올려보자. 내가 누군가를 생 해주는데, 다른 누군가는 나에게 극의 화살을 쏘아댄다. 어떤 이는 나를 직접 도와주고, 또 다른 어떤 이는 나를 힘들게 하는 누군가를 방해하며 간접적으로 도와준다. 야구 등 프로 스포츠에서 팀 상호간에 물고 물리는 예측불허의 순위 싸움이 벌어지는 상황과 비슷하다.

개인의 사주 안에서도 이처럼 상생과 상극이 뒤엉킨 힘겨루기가 평생 동안 반복된다. 이런 힘의 융합과 충돌이 개인의 삶에 다양한 변화를 일으키는 것이다. 이해하기 쉽게 상생관계와 상극관계로 나누어서 그 활발한 '기 싸움'의 현장을 둘러보자.

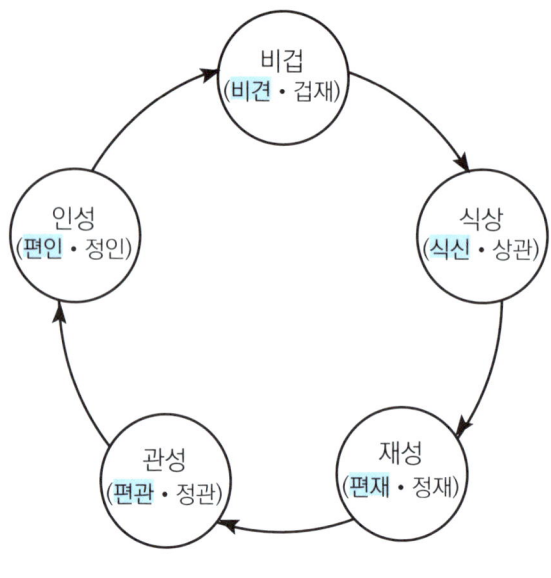

(▨ 안의 글자는 일간과 음양이 같다)

1. 비생식比生食

비겁比劫은 식상食傷을 생 해주는 후원자다. 비견이 100% 도와 생 해주는 상대는 음양이 같은 식신이다. 그래서 식신이 비견을 보면 파워가 강해진다. 비견과 음양이 다른 상관은 50%의 도움만 받게 된다. 그래서 상관의 기질은 불만이 많고 반항적이다. 겁재는 비견과 반대로 비율을 적용하면 된다. 겁재는 상관을 100% 도와주고, 식신은 반만 도와준다. 이런 상생 관계로 인해 재주 많은 식상이 사주 안이나 대운, 연운 등 사주 밖에서 비겁의 기운을 만나면 그 능력을 충분히 발휘할 수 있게 된다.

2. 식상생재 食傷生財

식상은 재성財星을 생 해주어 어떤 결과를 만들어낸다. 식신은 같은 음양인 편재만 보면 100% 도와주고자 안달이 난다. 그래서 편재가 식신을 만나면 돈이 생긴다. 요령 좋고 다재다능한 식신이 만든 물건이 편재의 장사 수완으로 현금화 되는 것이다. 한편 식신은 음양이 다른 정재를 보면 50%만 도와준다. 상관은 식신과 반대로 보면 된다. 상관은 정재를 100% 도와주고 편재는 반만 도와준다. 정리하자면 일을 도모하는 기질을 가진 것이 식상인데, 사주에 재성이 함께 있으면 식상이 하는 일이 재물까지 연결된다. 또 학업과 연관지어 보면 식상이 공부를 하면 재성은 그 공부를 학위나 자격증 등과 같은 결과로 이끌어낸다고 보면 된다.

3. 재생관 財生官

재성은 관성官星을 생 해준다. 편재는 같은 음양인 편관을 보면 가진 것 100%를 다 주어 버린다. 그러나 정관을 보면 그 반만 준다. 정재는 그 반대이다. 정재는 정관을 아주 전폭적으로 지원한다. 따라서 정재는 점잖은 신사와 같은 정관을 만나면 충실한 비서관이 된다. 그러나 정재는 편관을 보면 50%만 후원을 해준다. 간혹 깡패 기질이 있는 편관은 그만큼이라도 후원을 받게 되면 더욱 기고만장해져서 안 좋은 일을 일으킬 수도 있다. 어쨌든 여기서는 관성의 뿌리가 재성이라는 사실만 간단하게 머리 속에 염두해 두자.

4. 관인상생官印相生

관성은 인성印星을 생 해준다. 편관이 음양이 같은 편인을 보면 기분좋게 100% 도와준다. 정관도 같은 음양의 정인을 만나면 100% 생 해준다. 도와준다고 무조건 좋은 건 아니라고 했다. 도움이 지나쳐 균형이 깨진다면 인성이 지닌 단점이 더 심하게 나타날 수도 있기 때문이다. 편관이 편인을 돕다 보면 편인의 흉포함이 나올 수 있다. 이와 반대로 상생하며 원원하는 경우도 있다. 편관이 음양이 다른 정인을 50% 라도 도와주면 정인을 돕느라 힘이 빠진 편관은 흉포한 성격이 좀 부드러워진다. 관인상생의 흐름은 나중에 다루게 될 학업 운과도 많은 관계가 있기 때문에 숙어처럼 외워두면 좋다.

5. 인생비겁印生比劫

인성은 비겁을 생 해주는 후원자다. 편인이 음양이 같은 비견을 보면 100% 도움을 주고, 음양이 다른 겁재는 반만 도와준다. 정인은 겁재를 보면 어머니 같은 마음으로 100% 애지중지 돌봐준다. 반면 비견에게는 직장과 가정 생활을 병행하는 워킹맘처럼 아쉽지만 다소 부족한 사랑을 주게 된다.

이번에는 통변성의 상극관계를 살펴보자. 오행의 상극과 마찬가지로 여기서도 한 단계를 건너 뛰면서 만나는 통변성을 극한다. 그런 관계를 그림으로 나타내면 별 모양이 된다.

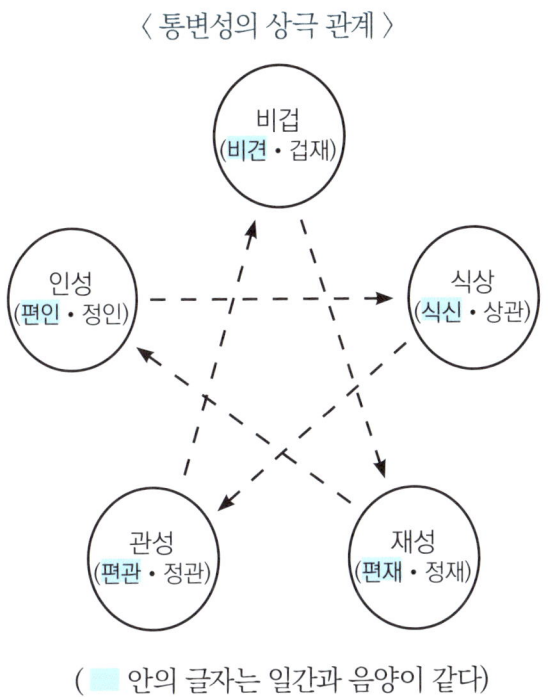

〈 통변성의 상극 관계 〉

(■ 안의 글자는 일간과 음양이 같다)

6. 군겁쟁재 群劫爭財

비겁의 힘이 강하면 재성과 다툼을 벌이게 된다는 뜻이다. 비견이 100%의 힘으로 견제하며 극하는 것이 편재다. 편재가 비견을 만나면 권투선수가 옆구리 공격을 많이 받아 발놀림이 무디어지듯이 힘겨워진다. 비견이 50% 힘으로 견제하는 상대는 정재다. 겁재의 비율은 이와 반대로 보면 된다. 군겁쟁재는 비겁이 사주 안에 많으면 나의 재물을 뺏어갈 사람이 늘어난다는 뜻이다. 달리 말하면 비겁 많은 사주는 주변에 동료보다 경쟁자가 더 많다고 보면 된다.

7. 식극관 食剋官

　식상이 관성을 억누르는 것을 말한다. 편관은 음양이 같은 식신을 보면, 뒷골목 깡패가 큰 조직의 보스를 만나 꼼짝 못하는 것처럼 극을 당한다. 편관은 상관으로부터는 50%의 극을 받는다. 상관은 식신과 반대로 정관을 때려 눕히고 편관은 반만 겁준다. 화려한 언변은 식상의 키워드 중 하나다. 관성의 키워드 중에는 명예, 직장 등이 있다. 여기에 식극관 공식을 대입해보면 말 때문에 창피 당하고 심하면 직장까지 잃을 수 있다는 해석이 나온다. 따라서 식극관의 사주는 첫째도 입 조심, 둘째도 입 조심이다. 특히 말투가 식신보다 세게 나가게 되는 상관은 더욱 말조심을 해야 한다. 모임에 나가거나 여러 사람이 함께 있을 때 자신을 감추고 말을 자제하는 연습이 필요하다.

8. 관극비겁 官剋比劫

　관성이 비겁을 괴롭히는 상황이다. 비견을 꼼짝 못하게 100% 극하는 것은 편관이고, 50% 극하는 것은 정관이다. 편관은 고집불통 비견을 100% 두들겨서 일간의 자존심과 옹고집을 조금 누그러뜨린다. 편관은 겁재를 보면 어린아이 달래듯이 50% 힘만 들어간 부드러운 손길로 다스린다. 사주에 관성이 많다는 것은 자신을 극하는 기운이 세다고 보면 된다. 따라서 그만큼 자신을 들들 볶아서 스스로 힘들게 한다. 또는 자신을 향해 태클 걸어 일이 쉽게 풀리지 않는 상황이 자주 연출되는 것도 관성이 비겁을 극할 때다.

9. 재극인財剋印

　재성은 인성을 억눌러 힘을 못 쓰게 한다. 편인이 편재를 만나면 100% 극을 받으니 매사 신중하고 착해지려 노력한다. 그러나 정재를 보면 50% 견제 받으며 눈치껏 처신한다. 어떤 때는 극이 좋은 약이 된다고 했다. 예를 들면 편재의 극을 받은 편인의 경우다. 편인 특유의 잔재주, 요령, 약삭 빠름 등이 억제되어 좋은 방향으로 다재다능함을 발휘하게 된다.

　한편 정인이 정재를 보면 100% 극을 받아 별난 집 시집살이 하는 며느리 마냥 벙어리 되고 귀머거리 된다. 정인이 편재를 보면 50% 극을 받아 시누이 눈치 보는 격이 되어 심신이 고달프다. 또 고전 명리학의 개념 중에 '탐재괴인貪財壞印'이라는 말이 있다. 직역하면 '재물을 탐하면 인성이 무너진다'쯤 된다. 인성 많은 사주가 돈 욕심을 부리면 사람과 재물을 모두 잃게된다는 의미다. 예나 지금이나 돈과 공부는 함께 가기가 쉽지 않은 듯하다.

10. 인극식印剋食

　인성이 식상을 억눌러 꼼짝 못하게 한다. 식신이 편인을 보면 100% 극을 받아 온 몸의 힘이 쫙 빠져 버린다. 이건 식신이 잘 차린 잔칫상을 편인이 나타나 냅다 걷어차서 잔치 분위기가 아수라장 되는 것과 같다. 편인은 상관이 차린 밥상을 50% 힘으로만 걷어찬다. 정인은 이와 반대로 상관을 100% 극하고 식신은 50% 극한다.

인성印星의 키워드는 공부이고 식상은 배운 걸로 재주를 부려 뭔가를 만들어 내는 힘이다. 그런데 사주에 인성은 많은데 식상이 약하면 이것 저것 배우기만 하고 실제 써먹지는 못하게 된다. 공부를 열심히 해서 자격증을 따거나 박사 학위까지 받았지만 오라는 데가 없어 놀고 있는 식이다.

복잡한 통변성의 관계망들을 살펴봤다. 그러나 정해진 큰 법칙이 있기 때문에 두 세번 읽어보면 충분히 이해가 될 것이다. 명리학의 핵심이 '자신을 둘러싼 관계들의 해석'이기 때문에 얽혀있는 관계의 법칙을 모르고는 앞으로 나아갈 수 없다. 통변성의 상생상극 관계를 충분히 이해하는 과정은 '내 아이 해석'에서 반드시 건너야 할 필수 관문임을 명심하자.

제11강 진로 적성을 알려면 12운성까지 알아두자

12운성運星에 대해서는 말도 많고 책마다 활용하는 방법도 각양각색이다. 사주명리를 처음 공부하는 사람은 이 부분에서 상당한 혼란을 겪는다. 9차원 명리학에서는 12운성을 사주의 강약을 판단하는 기준 중의 하나로만 활용하기 때문에 여기서는 개념만 간단히 설명하고 더 이상 깊게 들어가지 않으려 한다.

태 · 양 · 장생 · 목욕 · 관대 · 건록 · 제왕 · 쇠 · 병 · 사 · 묘 · 절

12운성은 불교의 윤회설과 맥을 같이 한다고 보면 된다. 태胎는 정자와 난자의 만남이고, 양養은 엄마의 배 안에서 자라는 과정이다. 장생長生은 세상으로 나오는 것이며, 목욕沐浴은 세상에 나와 깨끗한 물에 처음 몸을 씻는 것이다. 관대冠帶는 성인이 되어 사모관대를 착용하는 것이며, 건록建祿은 사회에 진출하여 생업에 종사하는 것이다. 제왕帝旺은 사회 활동이 무르익어 절정에 달하는 것이다. 쇠衰는 왕성하던 체력이 점점 쇠약해지는 것이며, 병病은 몸의 원기가 다 빠져서 아픈 것이다. 사死는 병이 깊어 죽음에 이르는 것이고, 묘墓는 무덤에 들어가는 것이며, 절絶은 시신이 썩어 흙으로 돌아가는 것이다.

이 12운성은 다시 3개의 그룹으로 나눌 수 있으며, 이것은 글자의 어감만 생각해도 쉽게 이해될 것이다. 일간의 강약을 측정하는 데 중요한 기준이 되므로 기억해 두자.

〈 12운성 분류와 강약표 〉

사왕四旺	장생 · 관대 · 건록 · 제왕	강함
사평四平	목욕 · 묘 · 태 · 양	보통
사쇠四衰	쇠 · 병 · 사 · 절	약함

한편 12운성으로 성격을 짚어보는 이론도 있다. 그러나 이것이 사주팔자에 결정적인 영향을 미치는 것은 아니므로 참고만 하자. 만세력 어플을 열어보면 자신의 12운성이 나와 있다.

〈 12운성 해설 〉

12운성	담고 있는 의미
태	· 주관이 약해 남에게 의지하려 함 · 동적인 활동보다 정적인 활동 좋아함
양	· 온건 착실하고 낙천적인 기질 · 리더십은 약간 부족함
장생	· 총명, 창조적, 개척정신이 강함 · 희망과 의욕이 넘침 · 발명가, 개척자, 학자와 인연

목욕	• 사치와 낭비에 빠지기 쉬움 • 한가지에 꽂히면 중독까지 발전할 가능성 높음 • 목욕이 월주에 있으면 끈기가 부족 • 목욕이 식상이면 연예인이 적성에 맞음
관대	• 독립심과 자존심이 있으며 불의를 배척함 • 강직한 성품의 군인, 학자, 종교인 등과 인연
건록	• 공명정대하고 책임감이 강함 • 부정과 불의에 저항 • 건록이 관성이면 고위직 공직자와 인연 • 건록이 재성이면 재물 풍족
제왕	• 고집 세고 주변의 충고를 무시하는 경향 • 지나치게 걱정 많은 것이 흠 • 법관, 의사, 군인, 요리사 등과 인연
쇠	• 온순하고 솔직하며 타협적임 • 내실을 다지는 현상 유지 성향 • 교사, 발명가, 사색가 등과 인연 • 쇠가 식신이면 활동력과 사고력이 좀 떨어짐
병	• 어려움에 부딪히면 좌절을 잘 함 • 외적 활동보다 조용히 내실을 다지는 타입 • 연구 직종이나 참모 자리에 어울림 • 교사, 철학가도 선호
사	• 성격이 담백하고 정직함 • 근면 성실 노력형이고 매사 순리를 따름
묘	• 침착하고 매사 안정을 우선시 • 실리에 밝으며 다소 인색한 면도 있음 • 금융업, 회계사 등과 인연
절	• 인정에 약하고 손해를 잘 봄 • 철학가, 교육가, 사색가 등과 인연

제12강 학업 운과 관계 있는 신살에는 무엇이 있나?

신살神殺은 음양오행학이 학문적으로 완벽하게 정립되지 않았던 시절에 길흉 판단을 위해 많이 활용하던 방법이다. 합리와 실질을 추구하는 요즘과는 맞지 않는 해석이 많으므로 신살은 크게 염두에 두지 않아도 된다. 따라서 진로 적성을 주로 살펴보는 9차원 명리학에서는 신살을 거의 무시한다. 그러나 전공이나 직업을 선택할 때 참고할 만한 신살 몇 가지가 있으니 그것만 간단하게 설명하기로 한다. 만세력 어플을 열어보면 나에게 해당되는 신살들이 화면에 나열되어 있다. 그 중에서 학업과 관련 있는 신살을 중심으로 살펴보자.

1. 문창귀인

문창귀인文昌貴人은 일주日柱에 있는 것이 좋다. 일주에 문창귀인이 있으면 인격이 높고 총명하며, 학문과 예술 계통에 뛰어난 재능을 가졌다고 이해하면 된다. 덧붙여 문창귀인이 있는 사람은 기억력과 추진력이 뛰어나 연구나 발명, 창조, 기획 등의 분야에서 능력을 발휘한다.

2. 양인살

양인(羊刃)을 한자 그대로 풀이하면 '순한 양을 잡는 칼'이다. 자기 분수를 모르고 지나치게 기운이 왕성한 상태로 겁재와 비슷하다. 한마디로 겁 없이 싸움을 걸어 여러 가지 문제를 일으키는 기운이다. 따라서 고전 명리학에서는 양인살을 자신이나 남을 상하게 하는 흉살이라고 해석하여 왔다. 그러나 전체 사주가 양호하게 구성되어 있을 때는 권력과 권위를 상징하기도 한다. 인간의 생명을 다루는 직업을 가진 사람에게는 좋은 기운을 불어넣어, 의사나 판·검사 등의 사주에 양인살이 있는 경우가 많다.

3. 괴강살

괴강살(魁罡殺)은 임진(壬辰), 경진(庚辰), 경술(庚戌), 무술(戊戌) 일 때 성립된다. 대체로 일주(日柱)에 괴강살이 놓이면 그 힘이 세게 작용한다고 본다. 사주에 괴강살이 있는 사람은 총명하고 용감하다. 그러나 고집이 세고 남에게 지배 당하는 걸 싫어하여 대인관계에서 충돌을 일으키기도 한다. 괴강살은 대중을 이끄는 통솔력이 뛰어나며, 배짱이 두둑하고 추진력도 좋다. 특히 일주가 괴강이 되고 사주 구성도 좋으면 대권까지 잡을 수 있는 기운이다. 또한 괴강살은 명예를 중시하여 자신을 믿어주면 2배의 힘을 발휘해서 좋은 결과를 내놓는다. 자신의 뜻을 마음껏 펼칠 수 있는 독립적이고 자유로운 직업이 적성에 잘 맞는다.

4. 삼형살

　삼형살三刑殺은 고전 명리학에서 기피하는 사주였다. 형무소에 갇힐 수 있다 해서 이 살이 들어 있으면 아주 나쁜 사주로 해석해 왔다. 그러나 명리학이 탄생된 지 천 년 이상이 지난 세상을 살고 있는 사람들에게 그 같은 논리를 갖다 붙이면 안된다. 현대 명리학에서는 삼형살을 경쟁이나 실패를 두려워하지 않는 진취적인 기운으로 해석하는 경향이 강하다.

　사주에 삼형살이 있으면 일단 정신력이 강해 리더로서의 기본 자질을 갖추었다고 본다. 특히 인사신寅巳申 삼형을 가진 사람은 포부가 크고 의지가 굳어서 뜻한 바를 꼭 성취하고야 만다. 인사신 삼형살을 가진 사람은 어떤 운을 만나느냐에 따라 극과 극의 삶으로 나뉠 가능성이 높다. 좋고 나쁜 운에 따라 상승과 추락의 폭이 엄청나게 차이 나는 것이 삼형살 사주다.

　또한 '시세지형恃勢之刑'이라는 별명이 붙어있는 축술미丑戌未 삼형살도 만만치 않은 기운이다. 대체로 세력 투쟁이나 불의와의 싸움에 과감하게 나서는 기운으로 풀이한다. 축술미 삼형살은 과시욕구가 있어 무슨 일이든 저돌적으로 앞장서는 기질이다. 실행력이 뛰어난 성격이라 기회를 재빨리 포착해서 일을 추진하고, 운까지 따라주면 단숨에 발복의 기회를 잡을 수 있다.

5. 현침살

갑오^{甲午}, 갑신^{甲申}, 신묘^{辛卯}가 현침살^{懸針殺}에 해당된다. 한자 모양을 딱 보면 모두 뾰족한 모양새를 갖추고 있어 현침살이라고 불린다. 이런 현침살은 일주^{日柱}나 시주^{時柱}에 있어야 좋다. 의사, 침술사, 역학자, 기술자, 정육점 등 뾰족한 도구를 갖고 일하는 직업을 가진 사람에게 좋은 살로 알려져 있다.

6. 화개살

토^土의 오행으로만 구성된 진술축미^{辰戌丑未}가 화개살^{華蓋殺}에 속한다. 화개를 한자 그대로 풀이하면 '화려함을 덮는다'는 뜻이다. 나서지 않고 조용히 머무르고자 하는 기운쯤으로 보면 된다. 따라서 화개살에는 절제와 인내의 키워드가 있다고 해석한다. 공부를 하려면 조용히 책상 앞에 눌러 앉아 있어야 한다. 또 온갖 유혹으로부터 흔들리지 않는 자기 절제와 의지가 필요하다. 이런 자질을 화개살이 갖고 있다.

화개는 절제, 인내, 고통이 수반되는 예술과 학문의 창작 분야가 적성에 맞는다. 사색과 기예에 소질과 취미가 있고, 총명하면서도 고집스럽기 때문이다. 사주에 화개가 있고 그 구성이 양호하다면 학문이나 종교, 예술, 기예 방면에서 이름을 화려하게 날릴 수 있다.

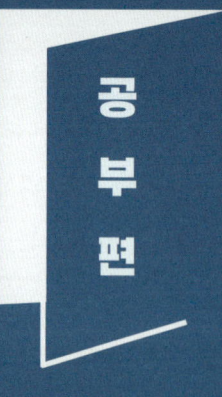

공 부 편

PART 03

심화 단계

사주의 강약을 구분해 적용하는 명리 처방

"같은 가정의 자녀들은
동일한 환경 속에서 성장한다고
흔히 착각한다.
공통점이 많을 테지만,
아이의 정신적인 상황은
저마다 다르므로
아이들이 느끼는
상황도 모두 다르다."

- 심리학자 알프레드 아들러 -

제13강 강한 아이 약한 아이 판별법 1

강한 사주인지 약한 사주인지 알아보는 것은 단순히 건강상의 문제를 파악하는 차원이 아니다. 사주 주인공의 정신적 의지가 강한지 약한지 판단해 보는 것이다. 어떤 일을 밀고 나가는 추진력의 강약이라고 이해하면 된다. 살다가 갑작스런 불행과 맞닥뜨렸을 때 '까짓 거 한번 붙어보자!'라는 자세로 맞장 뜨는 사람이 있다. 반면에 작은 시련에도 쉽게 주저앉아 일어서지 못하는 사람도 있다. 이건 정신력의 차이에서 나온다. 명리학에서는 태어날 때 이미 강·중·약 중 어느 한가지 기운을 갖고 나온다고 본다.

강한 사주는 어떤 어려움에도 물러서지 않는 투지와 끈기를 발휘한다. 중간 사주는 기운이 어느 한쪽으로 치우치지 않고 적절히 조화되어 있는 중도 노선에 서있다고 보면 된다. 이런 사주는 매사 중용지도中庸之道의 길을 걸어가 큰 고비 없는 무난한 삶을 살아갈 수 있다. 그런데 약한 사주는 매사 소극적인 태도를 보이고 어려움에 부딪히면 쉽게 좌절하는 경우가 많다. 이런 강·중·약 사주를 명리학 책에서는 신강 사주, 조화 사주, 신약 사주라는 표현을 쓴다. 명리학은 변화를 다루는 학문이다. 따라서 성격은 고정되어 있지 않고 후천적으로 만나는 운에 따라 강약이 바뀔 수 있다고 본다.

사주의 강약을 알아보는 방법은 여러 가지가 있다. 우선 사주 안에 놓인 8글자 중에서 자신을 나타내는 일간日干에 주목해 보자. 그 일간 오행이 주변의 오행과 주고받는 상생상극 법칙에 따라 강약을 측정하는 방법이다. 일간 오행이 갖는 힘의 세기를 5가지로 구분하고 있는데, 그 내용을 정리한 도표를 먼저 눈에 익히자.

〈오행의 왕·상·휴·수·사〉

강약 오행	왕旺	상相	휴休	수囚	사死
목(갑·을)	봄(목)	겨울(수)	여름(화)	사계절(토)	가을(금)
화(병·정)	여름	봄	사계절	가을	겨울
토(무·기)	사계절	여름	가을	겨울	봄
금(경·신)	가을	사계절	겨울	봄	여름
수(임·계)	겨울	가을	봄	여름	사계절
통변성	비견·겁재	편인·정인	식신·상관	편재·정재	편관·정관

이렇게 일간 오행의 강약은 5가지로 나뉘는데, 그것을 판단하는 출발점은 월지月支다. 다시 말해 월지에 놓인 오행의 성분이 무엇이냐에 따라 일간의 강약이 좌우된다. 일간의 입장에서 월지는 자신이 태어난 계절이다. 명리학은 절기학을 바탕으로 하기 때문에 어느 계절에 태어났는 지가 매우 중요하다.

국가를 지배하는 왕의 권력처럼 가장 강한 기운을 뜻하는 '왕旺'은 일간과 월지가 같은 오행일 때를 말한다. 즉 '나의 계절'에 태어난 사주가 가장 강한 사주다. 이를 전문 용어로는 '월령月令을 얻었다'라고 한다. 그렇다면 내 사주에서 월지가 어떤 글자일 때 '나의 계절'에 해당되는가? 우선 지지地支 글자들이 가리키는 계절을 이해해야 한다. 이 부분을 정리해 보면 아래 도표와 같다.

〈 지지에 해당하는 계절 〉

지지	인·묘·진	사·오·미	신·유·술	해·자·축
계절	봄	여름	가을	겨울
오행	목	화	금	수

위 도표를 조금 응용하면 어렵지 않게 판단할 수 있다. 가령 일간이 목木 오행인 사주에서 월지에 인묘진寅卯辰이 놓였다고 치자. 위 도표에서 인묘진은 오행으로는 목이면서 계절은 봄을 가리킨다. 사주의 주인공은 글자 그대로 '봄의 나무'라는 모습을 갖고 태어난 셈이다. 목 일간인 사람이 자기의 계절인 인묘진 월에 태어나면 월령을 얻은 셈이므로 강한 사주다. 이를 통변성의 관점에서도 확인할 수 있다. 목일생이 목의 계절에 태어난 경우 월지의 통변성은 비겁이 된다. 일간이 월지에서 동료를 만났으니 힘이 왕성해지는 것은 당연하다. 이런 사주를 한마디로 '신왕 사주'라고 한다.

〈 신왕 사주 〉

일 간	• 목일생이 월지에 목을 만났을 때 • 화일생이 월지에 화를 만났을 때 • 토일생이 월지에 토를 만났을 때 • 금일생이 월지에 금을 만났을 때 • 수일생이 월지에 수를 만났을 때
통 변 성	• 월지에 비견·겁재가 놓였을 때

'상相'은 왕은 아니지만 큰 권력을 행사하는 고관대신으로 생각하면 된다. 월지가 일간을 도와줄 정도의 힘을 가졌을 때가 '상'의 기운이다. 다시 말해 월지가 일간을 생生해 주면 일간은 그만큼 힘을 얻는다. 예를 들어 봄을 상징하는 목일생이 물과 겨울을 상징하는 해자축亥子丑 월에 태어났다고 보자. 오행상으로 월지의 수水가 일간 목木을 수생목水生木으로 도와준다. 일간의 배터리에 어느 정도의 에너지가 더 채워지는 셈이다. 이때는 100%는 아니지만 50% 정도 월령을 얻은 것으로 본다. 고전 명리학에서는 이 경우를 '신강하다'라고 표현한다. 통변성으로 보면 월지에 편인이나 정인의 글자가 있는 경우에 해당한다.

〈 신강 사주 〉

일 간	• 목일생이 월지에 수를 만났을 때 • 화일생이 월지에 목을 만났을 때 • 토일생이 월지에 화를 만났을 때 • 금일생이 월지에 토를 만났을 때 • 수일생이 월지에 금을 만났을 때
통 변 성	• 월지에 편인·정인이 놓였을 때

'휴休'는 나의 기운이 빠져나가는 경우로 일간이 월지를 도와줘야 하는 상황이다. 일간이 월지를 생生하기 위해 비축해 두었던 힘을 소진해야 하는 것이다. 예를 들면 봄의 목일생이 여름인 사오미巳午未 월에 태어난 경우다. 일간 목이 월지 화를 목생화木生火 하느라 에너지를 빼앗기게 되는 셈이다. 이를 전문 용어로 '설기泄氣'라고 한다. 일간이 다른 사람 돕는데 신경을 쓰느라 피곤한 상태가 된 것이다.

'수囚'는 일간인 내가 가서 극剋하는 경우다. 누군가와 신경전을 벌이거나 말다툼을 하면 정신적 에너지가 소진되기 마련이다. 상대방을 극해야 하는 '수'의 상황은 '휴'와 마찬가지로 에너지를 설기하게 된다. 누군가를 극하느라 힘을 빼내 써야 하기 때문에 나는 힘들어진다. 예를 들어 목일생이 토에 해당하는 진술축미辰戌丑未 월에 태어난 경우다. 일간 목이 월지 토를 목극토木剋土 하느라 피곤하고 그만큼 나의 에너지도 많이 방출된다.

〈 내 힘이 빠지는 사주 〉

일 간	• 목일생이 월지에 화·토를 만났을 때 • 화일생이 월지에 토·금을 만났을 때 • 토일생이 월지에 금·수를 만났을 때 • 금일생이 월지에 수·목을 만났을 때 • 수일생이 월지에 목·화를 만났을 때
통 변 성	• 월지에 식신·상관 또는 편재·정재가 놓였을 때

'사死'는 말 그대로 죽음이다. 월지가 나를 사정없이 극剋하는 경우이다. 예를 들면 목일생이 가을에 태어났다고 보자. 가을을 상징하는 오행은 금金인데, 이 기운이 금극목金剋木으로 일간을 사정없이 공격한다. 그러니 일간은 꼼짝없이 죽게 되어 '사'인 것이다. 이 경우를 '신약하다'라고 표현한다.

〈 신약 사주 〉

일 간	• 목일생이 월지에 금을 만났을 때 • 화일생이 월지에 수를 만났을 때 • 토일생이 월지에 목을 만났을 때 • 금일생이 월지에 화를 만났을 때 • 수일생이 월지에 토를 만났을 때
통변성	• 월지에 편관·정관이 놓였을 때

모든 문법에 예외가 있듯이 여기서도 짚고 넘어갈 예외가 있다. 앞에서 12지지의 글자들이 상징하는 계절을 설명한 바 있다. 인묘진은 봄, 사오미는 여름, 신유술은 가을, 해자축은 겨울이라는 것을 기억할 것이다. 그런데 여기서 한가지 의문이 생긴다. 분명히 토 오행은 어느 한 계절이 아니라 사계절을 뜻한다고 했다. 그런데 일간의 강약을 따질 때는 월지에 놓인 진술축미 4개의 토 오행이 왜 봄 여름 가을 겨울 중 어느 한 계절에 속하게 분류했을까?

이에 대해서는 어떤 고전 명리학 책에도 명확한 설명이 없다. 그래서 9차원 명리학에서 다음과 같이 정리했다. 일간이 무戊나 기己에 해당하는 토일생인 사람의 월지가 진술축미 중 어느 하나이면 이것은 분명한 토의 계절로 본다. 그 외 다른 일간의 사주는 예외가 적용된다. 월지가 진辰이면 봄, 미未이면 여름, 술戌이면 가을, 축丑이면 겨울로 본다. 이 원칙은 여러 이론을 검토하고 임상을 해본 결과를 토대로 세운 것이다. 예외가 적용되는 실제 임상 사례 한가지를 보자.

庚	丙 (日干)	癸	乙
子	戌	未 (月支)	巳

위의 사주에서 일간은 병화丙火이고 월지가 미토未土다. 오행만 보면 일간이 화생토火生土로 월지를 도와주는 관계다. 강약을 따질 때 위 사주는 얼핏 내 힘이 빠지는 '휴'로 볼 수 있지만, 월지 사오미는 여름인 화에 해당된다. 따라서 미토未土월에 태어난 병화일생은 자신의 계절에 태어났기 때문에 월령月令을 얻었다고 봐야한다. 따라서 이 사주는 '신왕 사주'로 보는 것이 정확하다.

제14강 강한 아이 약한 아이 판별법 2

변화의 속도가 빠른 21세기를 살아가는 우리에게 속도를 따라잡는 것보다 더 중요한 문제가 있다. 바로 방향성이다. 어디로 가야 할까? 목적지에 무사히 도착하려면 지금 무얼 준비해야 할까? 서핑을 예로 들어보자. 내가 타게될 파도는 어디서 시작되었고 어디쯤에서 강한 힘을 갖게될까? 나에게 도착할 때쯤엔 타고 넘기 적당한 규모의 파도일까? 이렇게 파도의 크기와 세기를 미리 예측할 수 있다면 상황에 맞는 대비가 가능하다. 만약 목숨이 위태로운 거친 파도라고 판단되면 아예 서핑에 나서지 않을 수도 있다. 사주의 강약을 알아보는 이유도 이와 비슷하다.

사주의 강약을 좀더 포괄적으로 알아보는 간단한 공식이 있다. 제13강에서 설명한 강약 판단법은 일간 오행과 월지 오행의 관계만 따져보는 평면적인 것이었다. 그러나 이번에는 좀더 입체적인 방법으로 따져 보자. 사람의 성격을 딱 한가지로 정의 내릴 수 있는 건 아니지 않은가. '내 속엔 내가 너무도 많아~'라는 노래 가사처럼 한 사람 안에 여러 가지 성격이 들어있다. 또 겉으로 보여지는 성격이 있는 반면에, 속으로 꽁꽁 숨겨져 있는 성격도 있다. 따라서 선천적 성격을 파악할 때도 상하좌우, 위 아래를 입체적으로 훑어봐야 한다.

〈 사주의 강약을 판단하는 공식 〉

구분	질문	강약 판단
기준 1	월령을 얻었는가?	• 3개 기준 충족 : 최강 • 2개 기준 충족 : 중강 • 1개 기준 충족 : 중약 • 0개 기준 충족 : 최약
기준 2	비견, 겁재, 편인 정인, 양인이 최소 2개 이상 있는가?	
기준 3	12운성 중 강함이 3개 이상 있는가?	

첫 번째 기준인 월령月令 여부는 바로 앞 제13강 설명을 참고하면 된다. 두 번째 기준도 어렵지 않다. 통변성이 지닌 상징으로 보면 비견과 겁재는 자기 자신이면서 동료이고, 편인과 정인은 자신을 도와주는 글자다. 이런 글자들이 내 주위에 많으면 자연히 강해지는 것 아닌가. 또한 12운성을 활용하는 세 번째 기준도 간단하다. 12운성은 내 뿌리가 튼튼한지 부실한지 알아보는 이론이다. 앞서 제11강에서 설명한 〈12운성 강약표〉를 참고하면 쉽게 판별할 수 있다.

훌륭한 운동선수가 되기 위해서는 체력, 정신력, 테크닉 이 3가지를 고루 갖추어야 한다. 마찬가지로 강한 사주에도 3박자가 필요하다. 우선 '나의 계절'에 태어나고, 주위에 내 지원군이 든든하게 포진해 있고, 마지막으로 나의 뿌리가 튼튼해야 한다. 이 3박자가 운 좋게 딱 들어맞으면 최강 사주이고, 2개만 충족되면 중강 사주라고 보면 된다.

약한 사주도 역시 2가지로 나누어 볼 수 있다. 어느 한가지 조건도 갖추지 못하면 최약 사주, 한 개의 조건이라도 건지면 중약 사주에 해당된다. 예를 들어 월령은 얻었으나 12운성의 기가 약하거나 나를 힘들게 하는 정관, 편관, 편재, 정재 등이 주변에 많으면 중약 사주다. 3박자 중 하나는 강해도 나머지 2개가 약한 경우이다. 보기만 해도 눈물이 날 듯한 최약 사주는 3박자를 모두 갖추지 못한 케이스다. 사례를 가지고 일간의 강약을 계량해보는 연습을 해보자.

■ 몸풀기 연습 1

상관	나	편재	편관
甲	癸	丁	己
子	酉	丑	巳
비견	편인	편관	정재
건록	병	관대	태

▶ 풀이

① 월령月令을 얻었다 (축토丑土는 계절상 겨울에 해당하며 오행은 수水이다)
② 12운성이 월주(관대)와 시주(건록)에 강하게 자리 잡았고, 연주의 태 역시 보통의 힘을 갖고 있다.
③ 주변을 보면 나와 같은 오행인 비견이 1개 있다. 일지의 편인도 후원자인데 1개가 있다. 그런데 눈을 더 크게 뜨고 찾아보니 연지, 월지, 일지가 사유축巳酉丑 삼합으로 신금辛金의 거대한 편

인국偏印局이 형성되어 있다. 그러므로 후원자가 총 3개인 것이다. 그 외에 내 힘을 빼는 것(상관) 1개, 내가 극하는 것(편재) 1개, 나를 극하는 것(편관) 1개로 구성되어 있다.
④ 총평은 중강 사주 이상이다.

■ 몸풀기 연습 2

편재	나	편재	**겁재**
丁	癸	丁	壬
巳	卯	未	戌
정재	식신	편관	정관
태	장생	묘	쇠

🔷 풀이

① 월령月令을 얻지 못했다 (일간 오행이 수水이며 겨울인데 월지 미토未土는 계절상 여름인 화火에 해당한다)
② 12운성은 일주에 있는 장생 1개만 강하다.
③ 주변을 보면 나와 같은 오행인 겁재는 1개 보이지만, 다른 후원자는 보이지 않으며, 도리어 내 힘을 빼는 식신 1개, 내가 극하는 재성 3개, 나를 극하는 관성 2개만 있다.
④ 이 사주는 최약 사주이거나 잘 보아야 중약 사주이다.

지금까지 일간이 강한지 약한지 따져 보았다. 일간이 강하다고 해서 다 좋은 건 아니다. 또 약하다고 해서 무조건 나쁜 것도 아니다.

예를 들어 공부를 한창 해야할 학창 시절에는 오히려 신약한 사주가 책상에 앉아 공부만 하기에 적합할 수도 있다. 또 일간이 강한 사주는 자기 힘만 믿고 나서다가 배터리가 조기 방전되는 사태가 생기기도 한다. 소위 '번아웃 증후군' 말이다.

선천적인 기질도 살아가면서 흐르는 운에 따라 얼마든지 바뀔 수 있다. 아무리 신강한 사주라도 다가오는 운이 나쁘다면 바람에 풀이 눕듯 바짝 엎드려야 한다. 또 신약한 사주라 할 지라도 언젠가는 도약의 시기가 오기 마련이다. 모든 사람의 사주는 하나의 큰 흐름을 공통적으로 갖고 있다. 불운의 시기와 행운의 시기가 밀물과 썰물처럼 들어왔다 나간다는 점이다. 불운이 계속되지도, 행운이 계속되지도 않는 법이다. 따라서 강한 사주든 약한 사주든 평소에 자신을 성찰하면서 꾸준히 인내심과 실력을 쌓아 정신력을 강화해 놓으며 기회를 기다려야 한다.

이제부터는 강하든 약하든 타고난 사주에 맞게 운을 활용하는 노하우를 공부할 것이다. 그러다보니 용신이라든가 희신이라는 낯선 단어들이 또 등장하게 된다. 천여 년 역사의 고전 명리학에서 사용되어 온 고유명사이니 낯설어도 그대로 받아들이기로 하자. 일간의 강약을 계량해 본 이유도 이 용신이나 희신을 잘 활용하기 위해서다. 여기서부터 좀 더 어려워진다. 이 고비를 잘 넘기자.

제15강 용신법, 이보다 쉬울 수 없다!

명리학 용어 중에서 용신用神만큼 이론이 각양각색인 것이 없다. 그래서 명리학 입문자들이 크게 혼란을 겪는 대목이다. 9차원 명리학이 다른 이론들과 큰 차이점을 보이는 분야도 바로 이 용신법이다. 9차원 명리학은 오랜 연구와 많은 임상 경험을 바탕으로 쉽고 정확하게 용신에 다가가는 길을 찾아 이론을 정리했다.

용신을 달리 격格 또는 국局이라고 하는데, 보통 격과 국을 합하여 '격국格局'이라고 한다. 국은 앞에서 배운 삼합三合을 떠올리면 된다. 세 가지 오행이 만나 하나의 큰 힘으로 뭉쳐진 것이 삼합 아닌가. 삼합이 만들어낸 '거대한 힘'을 국으로 이해하면 된다. 따라서 국을 이룬 성격은 격에 비해 세 배쯤이나 강한 특징을 나타내게 된다. 예를 들어 편관격이면 좀 고집스럽고 급한 성격인데, 편관국이 되면 고집이 지나쳐 독불장군처럼 흉포함을 드러내기 십상이다.

이 격국은 타고난 성격 파악에 유용하기 때문에 다소 어렵더라도 반드시 이해하고 넘어가야 한다. 아무리 바빠도 실을 바늘 허리에 묶어 바느질 할 수 없지 않은가. 시선을 바늘 귀에 집중하고 찬찬히 실을 끼운 다음 옷을 꿰매는 자세로 용신법 공부를 시작하자.

9차원 명리학은 용신과 격국을 같은 개념으로 보고 용신 활용법을 만들었다. 다른 명리학 서적의 용신법은 이론이 어렵고 앞뒤가 안 맞아 해석하기 어려운 경우가 많았다. 이런 문제를 해결하고 젊은 세대도 쉽게 이해할 수 있는 방법을 찾아 '신新용신론'을 정립했다.

우선 용신이라는 것이 도대체 무엇인지 그 개념부터 알아보자. 쉽게 말해 일간日干은 몸이고 용신用神은 정신이다. 사주 8글자 중에서 몸을 의미하는 일간을 다른 말로 '체體'라 하고, 일간의 영혼에 해당하는 용신을 간단하게 '용用'이라고 한다. 또 일간이 나 자신이라면 용신은 쓰임새 좋는 비서관으로 봐도 된다. 한 기업으로 비유하면 일간은 사장이고 용신은 임원이나 공장장이다. 스포츠에서는 스카우트 해온 외국인 선수를 용병이라고 한다. 팀 전력 강화를 위해 특별히 데려온 그 용병을 용신 개념으로 이해할 수도 있다.

앞에서 일간의 강약 여부를 판별하는 방법을 배웠다. 이제는 나와 생사고락을 함께 할 파트너인 용신을 찾아야 한다. 그런데 어디 가서 찾아야 하는가? 또 어떻게 데리고 와야 하는가? 잘못 데려왔다가는 도와주기는 커녕 빈둥빈둥 놀면서 주인 행세나 하려고 덤빌 지도 모르기 때문에 주의해야 한다. 그래서 용신 찾기가 '내 아이 해석하기'의 중요한 과제가 되었다. 어디서 스카우트 해야 할까? 그 용신이 어느 분야에 소질이 있는가? 역량은 어느 수준인가? 이런 것들을 종합적으로 분석하고 활용하는 것이 용신법이다.

Part 02에서 상생상극의 법칙에 따라 만들어진 10개의 통변성에 대해 설명하였다. 그 통변성 하나 하나가 바로 용신의 자격을 갖추고 있다. 9차원 명리학은 용신과 격국이란 용어를 같은 개념으로 본다고 했으므로 이후로는 용신 이름 뒤에 '격格'자를 붙여 부르겠다. '성격' 혹은 '자격'이라는 의미로 이해하면 좋을 듯하다.

식신격, 상관격, 편재격, 정재격, 편관격, 정관격, 편인격, 정인격

나를 도와주는 비서관을 용신이라고 했으니, 나 자신이 용신이 될 수는 없다. 그래서 비견격과 겁재격은 용신에서 제외된다. 다만 미리 말해둘 것이 있다. 비록 비견과 겁재가 용신이 될 수는 없지만, 사주에 있는 비견과 겁재의 특성은 진로 적성을 해석할 때 반드시 반영하여야 한다. 이때는 그 명칭이 달라진다. 비견과 비슷한 것이 12운성의 건록이어서 비견의 성격을 '건록격建祿格'이라 한다. 또 겁재와 비슷한 것이 신살의 하나인 양인이어서 겁재의 성격을 '양인격羊刃格'이라 부른다. 나중에 진로 적성 찾기에서 다시 한번 공부하기로 하겠다.

한가지 더 보충 설명을 하자면 고전 명리학은 용신을 크게 내격과 외격으로 나눈다. 내격은 위의 설명처럼 10개 통변성에 격을 붙여 부른다. 외격은 강왕격, 종격, 화기격 등 종류가 무려 80여 개가 넘고 매우 복잡하다. 그런데 아이의 성격과 진로 적성 분석은 내격만으로도 충분하기 때문에 여기서는 내격만 다루기로 한다.

용신 찾는 과정은 크게 3단계로 나눌 수 있다.

〈 용신 찾는 순서 〉

1. 월지^{月支} → 2. 시간^{時干} → 3. 연간^{年干} → 4. 월간^{月干}

■ 1 단계

용신을 찾을 때 첫 번째로 눈을 돌려야 할 곳은 월지다. 월지에서 격을 잡게 되면 '진용신^{眞用神}'이라 한다. 제자리에서 용신을 잡았다는 얘기다. 비유하자면 프로야구 해당 구단의 연고지에 있는 선수를 스카우트 한 것이다. 그러나 월지에 비견이나 겁재가 있으면 이들은 나 자신인 일간과 같으므로 용신으로 쓸 수 없다고 앞에서 설명했다.

■ 2 단계

첫 단계에서 월지가 비견이나 겁재라면 용신으로 쓸 수 없다. 부득이 다른 곳으로 눈을 돌려야 한다. 이때 용신을 찾는 순서는 '시간 - 연간 - 월간' 순이다. 시간^{時干}에 없으면 연간^{年干}으로 가고, 연간도 마땅치 않으면 월간^{月干}으로 가야한다. 이렇게 해서 잡은 용신을 '가용신^{假用神}'이라 한다. 프로야구에서 다른 구단에서 트레이드 해오거나 해외에서 용병을 데려오는 것과 비슷하다고 보면 된다.

■ 3 단계

두 번째 단계를 거쳤는데도 용신이 보이지 않으면 내격이 아니고 외격外格에 해당된다. 외격의 내용은 매우 복잡하고 어렵다. 그런데 임상 결과 대부분 1~2 단계에서 용신을 잡을 수 있는 것으로 확인되고 있다. 따라서 외격에 대한 설명은 생략하기로 한다.

이제 몸풀기 연습으로 용신 찾기 실전에 대비해 보자.

■ 몸풀기 연습 1

편재	나	편재	겁재
丁	癸	丁	壬
巳	卯	未	戌
정재	식신	**편관**	정관

풀이

월지가 편관으로 편관격이다.

■ 몸풀기 연습 2

정관	나	비견	정재
庚	乙	乙	戊
辰	丑	卯	午
정재	편재	**비견**	식신

풀이

월지가 비견으로 2단계 시간時干으로 가니 정관이 있다. 정관격.

■ 몸풀기 연습 3

상관	나	편재	편관
甲	癸	丁	己
子	酉	丑	巳
비견	편인	편관	정재

풀이

이 사주는 특별한 주의가 필요하다. 월지가 편관이기 때문에 편관격으로 볼 수 있다. 그러나 자세히 살펴보면 연지·월지·일지가 사유축^{巳酉丑} 삼합이 되어있다. 앞에서 합·형·충 공부할 때 삼합도 함께 배웠다. 사유축이 만나면 거대한 금국^{金局}으로 바뀐다는 사실도 기억날 것이다. 그리고 바뀌는 금이 그냥 금이 아니라 삼합중 가운데 글자인 유금^{酉金}과 음양오행이 같은 천간 신금^{辛金}으로 변한다는 사실에 주목해야 한다. 그래서 이 사주의 용신은 신금에 해당하는 통변성인 편인이 된다. 이처럼 삼합이 되면 거대한 국^局을 형성하므로 이런 사주의 용신은 편인격이 아니라 편인국이라 불러야 한다. 세 개가 모여 거대한 힘을 만들었으니 이 편인의 성격은 보통 편인보다 훨씬 강하게 뿜어져 나온다.

제16강 내 용신의 역량을 심사해 보자

　용신을 찾았으면 그 용신이 얼마나 나를 보좌해줄 수 있는지 역량을 심사해야 한다. 몇 가지 심사 기준이 있는데 여기에 생소한 용어들이 또 등장한다. 아이의 성격 해석에만 국한한다면 이 부분은 건너뛰어도 상관없다. 그러나 이것을 아는 것과 모르는 것은 나무를 보느냐 숲을 보느냐와 같은 차이를 낳는다. 전체적인 숲을 조망하듯이 아이를 해석하기 위해서는 어렵더라도 공부하고 넘어가길 권장한다. 알아두면 언젠가 활용할 기회가 온다. 배워서 남 주는 것 아니니까 말이다.

1. 길신이냐 흉신이냐

　용신이 어디 소속인지에 따라 그 역량을 심사하는 방법이 있다. 이건 고전 명리학에서 천여 년 동안 내려온 이론으로서 그냥 용신에 해당하는 통변성에 따라 정해진 것으로 생각하면 된다. 용신의 통변성은 각각 '4길신四吉神'과 '4흉신四凶神'으로 분류된다. 길신이니 흉신이니 하는 단어는 천여 년 전에 만들어진 고전 명리학에 등장하는 고유명사이므로 묻지도 따지지도 말고 그냥 머리 속에 집어넣자.

〈 길신과 흉신 분류 〉

4길신	식신 · 재성(편재와 정재) · 정관 · 정인
4흉신	상관 · 편관 · 편인 · 양인

4흉신에 소속된 양인羊刃은 외격의 일종이지만 겁재와 비슷한 기질이 있어 여기에 포함된 것이다.

사주 8자 중 어디에라도 4길신이 있으면 좋고, 4흉신이 있으면 나쁘다고 하는 이론이 있다. 그러나 이런 단순 논리는 위험한 생각이다. 4길신과 4흉신은 이름만 그렇게 붙어있을 뿐이지 그 해석의 원리는 오행의 상생상극에 있기 때문이다.

상생상극의 법칙에서 과도한 상생은 상극보다 못하다는 점을 다시 한번 떠올려 보자. 예를 들어 용신이 편관이면 흉신이라고 슬퍼할 사람이 있을 것이다. 또 정인이 용신이면 길신을 가졌다면서 좋아할 사람도 있을 것이다. 그러나 전혀 그럴 이유가 없다. 여기의 길 · 흉신 구분은 일간의 강약, 운의 흐름 등 주변 상황을 전혀 고려하지 않은 단순히 이름만으로 분류한 것이기 때문이다. 상황에 따라 길신이라도 흉凶이 될 수 있고, 흉신이라도 길吉이 될 수 있다. 다만 여기서 길신과 흉신을 언급하는 이유는 다음 제17강에서 다루게 될 희신喜神을 찾는데 중요한 기준이 되기 때문이다. 길신이니 흉신이니 하는 명칭이 주는 뉘앙스에 좌우되지 말고, 그냥 용신이 어디 소속인지 파악하는 선에서 그치면 된다.

2. 용신의 청탁 심사

사주 8자 중 일간과 용신을 제외하고 나머지 6글자의 구성이 맑은지 탁한지 여부도 알아봐야 한다. 사주 안에 흉신과 길신이 섞여 있는 상황이면 혼탁한 사주로 본다. 예를 들어 정관과 편관이 함께 있든가, 식신과 상관이 함께 있는 경우다. 정·편인도 마찬가지다. 이러한 혼잡 없이 길신만 있든지 흉신만 있으면 그 사주는 맑다고 본다.

한편 용신이 다른 통변성과 충沖이나 형刑을 이룰 때도 탁하다고 본다. 일간이 강해도 용신이 충·형을 이루면 힘차게 뻗어나갈 수가 없다. 그러나 이러한 청탁淸濁도 고정불변은 아니다. 운세의 흐름에 따라 청한 것이 탁해질 수도 있고, 탁한 것이 청해질 수도 있다. 사주의 기운은 늘 변화의 흐름을 탄다는 사실을 항상 기억해야 한다.

3. 용신의 합

앞에서 합合은 연애하는 것과 같다고 했다. 용신이 합을 하게 되면 용신의 역량에 여러 가지 변화가 일어난다. 이 변화에도 상생상극의 법칙과 중용의 도가 적용되기는 마찬가지다. 용신이 길신인데 사주 안팎의 다른 통변성과 합을 이루면서 길 작용을 망각하는 수도 있다. 예를 들어 착실한 우등생이 연애에 빠지면서 학생 본연의 자세를 잊어버리고 정신줄을 놓아버리는 것과 비슷하다. 반대로 용신이 흉신이지만 합을 하게 되면서 예기치 않은 길한 상황이 발생하기도 한다. 예를 들어 부모에게 못된 짓만 하던 말썽쟁이가 모범생과 사랑에 빠진 후 착한 자녀의 모습으로 돌아오는 경우이다. 이처럼 길신, 흉신에 관계 없이 용신은 합의 기운에 따라 그 역량이 강화되기도 하고 나빠지기도 한다.

용신의 역량을 심사해보니 내 용신이 별 볼일 없는 '한심한 용신'이라 해서 기죽을 필요가 없다. 무슨 직업을 택할 것인지, 배우자를 누구로 선택할 것인지, 어떤 친구를 사귈지에 따라 인생이 바뀔 수 있기 때문이다. 직업이든 사람이든 내 모자란 곳을 채워줄 인연을 만날 수 있다면 그 얼마나 큰 행운인가. 그것 또한 용신의 역량을 키우는 방법이나 마찬가지다.

제17강 내 사주의 희신과 기신 찾기

용신을 잡았다면 그 다음은 일간과 용신에게 좋은 운을 가져올 희신喜神 찾기에 나서야 한다. 이와 함께 나쁜 운을 가져올 기신忌神의 정체도 파악해야 한다. 한마디로 희신은 일간이나 용신에 길 작용하는 통변성을 말하고, 기신은 흉 작용하는 통변성을 말한다.

희신 찾기에도 일종의 공식이 있다. 제16강에서 길신과 흉신에 속하는 통변성을 알아보았다. 식신·재성·정관·정인 등 용신이 4길신吉神인 경우에 그 길신을 생生 해주는 것이 바로 희신喜神이다. 기신忌神 찾기는 반대로 생각해 보면 된다. 용신이 4길신일 때 그 용신을 극剋하는 것이 기신이다

한편 상관·편관·편인·양인 등 용신이 4흉신凶神인 경우는 4길신과 반대로 생각하면 된다. 용신이 4흉신이면 그를 극剋하던지 설기洩氣하여 힘을 빼주는 것이 희신喜神이다. 반대로 4흉신을 생生해주는 것은 기신忌神이 된다.

용신은 일간의 강약에 상관 없이 월지에서 찾는다. 그러나 희신을 찾을 때는 먼저 일간의 강약을 따져 보아야 한다. 예를 들어 나

를 공격하는 관성과 내 힘을 빼가는 식상이 많아 일간이 신약한 경우를 보자. 게다가 용신마저 편관격이라면 이 사주의 희신은 외관상 편관을 극하는 식신이 된다. 편관은 4흉신 소속이므로 이를 극해주는게 희신이기 때문이다. 그러나 가뜩이나 신약한 일간의 힘을 빼가는 식신이 희신이 되면 안된다. 이럴 때는 사주 전체를 조망하는 입체적인 통찰력이 요구된다. 이를 테면 이 사주의 경우 일간에 힘을 실어주는 인성과 비겁을 희신으로 보는 융통성이 필요한 것이다.

다른 명리학 책에서는 일간을 도와주는 것이 용신이고, 그런 용신을 도와주는 것을 희신으로 본다. 그런데 이 이론을 적용하면 몇 가지 해석의 오류가 생기게 된다. 예를 들어 어떤 사람의 용신을 알아보니 일간을 도와주는 건 맞지만, 그 용신을 도와주는 희신이 관성이라면? 관성은 일간을 극하는 존재 아닌가! 이런 오류가 생길 수 있는 것이다.

9차원 명리학은 다른 명리학 이론들이 제시하는 용·희신 적용법에 다소 오류가 있음을 찾아낸 후, 더 깊게 연구하고 수많은 임상 사례를 분석했다. 그 결과 다른 명리학 책에서 용신이라 부르는 개념을 9차원 명리학에서는 희신이라고 재정의했다. 쉽게 말해 용신이 항상 곁에서 나를 돕는 보좌관이라면, 희신은 인생의 힘든 고비마다 찾아오는 도우미로 보면 된다. 용신을 한 사람의 타고난 성격을 알아보는 지표로 활용하자는 것이 9차원 명리학의 입장이다.

다양한 사례를 통해 희신과 기신 찾기에 도전해 보자.

■ 몸풀기 실습 1

편재	나	비견	편재
戊	甲	甲	戊
午	午	子	申
상관	상관	정인	정관

▶ 풀이

용신은 정인격이다. 정인은 길신이고 그 길신을 생 해주는 정관이 희신이다. 정인이 월지에 하나밖에 없어 좀 약한데 마침 연지에 정관이 있어 정인을 도와주니 정관이 희신이다. 기신은 정인을 극하는 재성인데, 시간^{時干} 편재가 기신 역할을 할 것으로 보인다.

■ 몸풀기 실습 2

정인	나	겁재	정재
乙	丙	丁	辛
丑	子	卯	卯
상관	정관	정인	정인

▶ 풀이

정인격이다. 월지 정인은 길신. 그러나 연지와 시간에도 정인이 있어 태과하다(3개 이상은 태과로 본다). 정인을 생 해주는 희신은 관인상생官印相生의 법칙에 의해 정관이다. 그런데 일지 정관은 이미 태과한 정인에 에너지를 더하여 오히려 사주에 악영향을 끼친다. 따라서 희신이 될 수 없다. 이 경우 정관은 길신이라 불리지만 길이 되지 못하고 흉이 되는 것이다.

■ 몸풀기 실습 3

겁재	나	비견	**식신**
己	戊	戊	庚
亥	子	寅	午
편재	정재	**편관**	**정인**

풀이

편관격이다. 여기서 편관은 재생관財生官 작용을 하는 정재의 도움을 받아 어느 정도 힘이 강한 편이다. 편관은 나를 괴롭히는 깡패와도 같으니 길을 잘 들여야 한다. 이 편관을 다스리는 것이 식신이다. 식상이 관성을 극하는 식극관食剋官 작용을 떠올리면 된다. 그러므로 연간에 있는 식신은 희신이 된다. 마지막으로 한번 둘러보니 또 눈에 띄는 게 있다. 관인상생官印相生 작용을 하느라 편관의 힘을 빼내주는 연지의 정인도 희신으로 볼 수 있다.

【 핵심만 쏙쏙! 】

〈 강한 사주 알아보는 간단 Tip 〉

---
1. 월지에 비견 · 겁재 · 편인 · 정인이 있을 때
2. 일간을 제외하고 사주에 비겁과 인성이 3개 이상일 때

〈 일간의 강약으로 희신·기신 찾는 공식 〉

일간의 강약	희신	기신
비겁 많은 신왕 사주	관성 〉 식상 〉 재성	비겁 〉 인성
인성 많은 신강 사주	재성 〉 관성 〉 식상	인성 〉 비겁
식상 많은 신약 사주	인성 〉 비겁	관성 〉 재성 〉 식상
재성 많은 신약 사주	비겁 〉 인성	재성 〉 식상
관성 많은 신약 사주	인성 〉 비겁 〉 식상	관성 〉 재성

4장

적용편

PART 04

응용 단계

운명을 만드는 성격 탐구와
진로 적성 판단법

"생각이 말을 만들고,
말이 행동을 만들고,
행동이 습관을 만들고,
습관이 성격을 만들고,
성격이 운명을 만든다."

- 정치가 마거릿 대처 -

적용 01 선천적 성격 해석하기 1

부모는 자기 아이를 다 안다고 생각하지만 그건 어릴 때 뿐이다. 아이 머리가 굵어지면 진짜 자신만의 성격이 나온다. 어릴 때처럼 부모 말을 잘 받아들이는 순한 아이가 있는가 하면, 전혀 다른 모습을 보이는 아이도 있다. 그때 부모는 겉만 낳았지 속까지 낳은 게 아니라는 사실을 깨닫고 적잖이 당황한다. 사실 보여지는 성격은 열두 번도 더 바뀔 수 있다. 아이가 자라는 동안 가족과 선생님, 친구 등과의 관계가 어떠한가에 따라서 달라진다. 또 사춘기를 어떻게 보내느냐에 따라 바뀌기도 하고, 운이라는 기氣의 변화에 따라서 달라지기도 한다. 그 외에 정신 수양이나 자기 계발에 의해서도 변하는 경우도 있다. 그래서 9차원 명리학은 보여지는 성격이 아니라 태어날 때 아이의 몸에 새겨진 '선천적인 성격과 기질'에 관심을 갖고 있는 것이다.

명리학에서 타고난 성격을 해석하는 방법에는 몇 가지가 있다. 첫째, 자신이 태어난 날에 해당하는 일간日干의 오행을 보고 판단하는 방법이 있다. 일간 오행이 어느 정도의 힘을 가지고 있는지 계량한 다음, 그에 맞게 성격을 해석하는 방식이다.

일간 오행의 '에너지 등급'은 강·중·약 세가지로 나눌 수 있다. 명리학에서는 치우침 없는 중용을 중시하므로 에너지 등급이 '중'일 때를 가장 좋다고 본다. '중' 등급을 얻으려면 사주 안에서 일간과 같은 오행이 1~2개 정도 더 있어야 한다. 특히 월지에 있으면 좋다. 월령月令을 얻어야 자기 기운을 제대로 발휘하는 것으로 보기 때문이다. 만약 일간과 동일한 오행이 월지에는 없고, 연간 등 다른 자리에만 있을 경우에는 모두 합해 3개가 되어도 무방하다. 이러하면 일간의 에너지 수급 상태가 적절하다고 보며, 이 상태를 전문 용어로 '왕상旺相'이라고 부른다.

이번에는 힘의 균형이 한쪽으로 치우친 '강'과 '약'의 상태를 살펴보자. 에너지 등급이 '강'인 경우는 일간과 같은 오행이 월지를 포함해서 3개 이상으로 너무 많을 때이며, '태과太過'라고 불린다. 이와 반대로 일간과 같은 오행이 1개 있거나 아예 없는 경우 에너지 등급은 '약'이 되고, '불급不及'이라는 표현을 쓴다. 이렇게 일간의 에너지 상태를 먼저 파악한 다음, 일간 오행의 기질을 살펴봐야 한다. 오행은 일간이 갑을甲乙이면 목木일생, 병정丙丁이면 화火일생, 무기戊己이면 토土일생, 경신庚辛이면 금金일생, 임계壬癸이면 수水일생이다. 이 목·화·토·금·수 오행이 지닌 성향을 근거로 아이의 타고난 성격을 해석해볼 수 있다.

스마트폰 어플을 열어 출생 정보를 입력한 후, 사주 8글자를 먼저 확인한다. 우선 일간 오행이 무엇인지 보고, 같은 오행이 몇 개 더 있는지 세어본다. 그 다음 에너지 등급(왕상·태과·불급)을 판별한다. 그리고 성격의 특성을 오행 별로 정리한 아래 표를 보면서 아이의 선천적 성격을 해석하면 된다.

■ 갑을 목일생

왕 상	태 과	불 급
• 어질고 온순하다. • 정직하다. • 적응력이 좋다. • 자신감이 있다. • 명예욕이 크다. • 의협심이 있다. • 목표 지향적이다. • 긍정적이다. • 포기할 줄 모른다. • 대인관계가 좋다.	• 편협되고 집요하며, 질투심 많다. • 쉽게 좌절 한다. • 자신감이 과하다. • 안하무인 격이다. • 끈기가 없다. • 마무리가 안좋다. • 독립적이다. • 자유롭다.	• 의지가 약하다. • 마음이 여리다. • 인색하다. • 질투심이 많다. • 의욕이 부족하다. • 계획성이 없다. • 즉흥적이다. • 목적의식이 없다.

■ 병정 화일생

왕 상	태 과	불 급
• 겸손하다. • 예의 바르다. • 순박하다. • 활동적이고 적극적이다. • 자신감이 넘친다. • 실천력이 좋다. • 양보심이 있다. • 행동이 반듯하다.	• 성질이 불같다. • 활동적이다. • 화려하다. • 돌파력 있다. • 끝맺음이 부족하다. • 자존심을 다치면 욱한다. • 분별력이 다소 부족하다.	• 질투심 많다. • 궤변론자이다. • 인내와 끈기가 부족하다. • 애정 결핍에 주의해야 한다. • 잔꾀를 부린다. • 나태하다. • 결정 장애자다.

■ 무기 토일생

왕 상	태 과	불 급
• 책임감이 강하다. • 성실, 겸손하다. • 도량이 넓다. • 믿음직스럽다. • 신용을 중시한다. • 나서지 않고 묵묵히 일 처리한다. • 말과 행동을 조심한다. • 중용을 지킨다.	• 게으르다. • 의리가 없다. • 고집이 세다. • 쉽게 화내고 쉽게 풀어진다. • 타협하지 않는다. • 남과 잘 어울리지 못한다. • 자기가 최고라고 생각한다.	• 신용이 없다. • 인색하다. • 마음이 독하다. • 행동이 가볍다. • 불만이 많다. • 조바심이 많다. • 괜히 불안해한다.

■ 경신 금일생

왕 상	태 과	불 급
• 결단력 있다. • 추진력이 강하다. • 마무리가 좋다. • 물욕이 없다. • 겸손하다. • 의협심 강하다. • 수치를 안다. • 손익에 민감하다. • 봉사심이 강하다.	• 무계획적이다. • 불의를 보면 못 참는다. • 말투가 날카롭다. • 비판 의식이 높다. • 원칙주의자다. • 독불장군형이다. • 자비심이 부족하고, 욕심이 많다.	• 결단력이 없다. • 인색하다. • 끊고 맺음이 없다. • 놀기 좋아한다. • 성질이 날카롭다. • 추진력이 약하다. • 실속이 없다. • 거절을 잘 못한다.

■ 임계 수일생

왕 상	태 과	불 급
• 지혜롭다. • 마음이 넓다. • 자비롭다. • 총명하다. • 두뇌 회전이 빠르다. • 감수성이 좋다. • 사교적이다. • 배우길 좋아한다. • 옳고 그름에 대한 판단이 좋다.	• 반성하지 않는다. • 소심하다. • 의지가 약하다. • 거짓말을 잘 한다. • 잔재주가 많다. • 지략이 좋고, 권모가 뛰어나다. • 의심이 많다. • 자존심 강하고 지는 것을 싫어한다. • 처세술에 능하다.	• 내성적이다. • 온후하나 변덕이 심하고 예민하다. • 대인관계가 부족하다. • 적응력이 약하다. • 용기가 없다. • 계획성이 없고 무모하다. • 아는 척을 한다.

적용 02 선천적 성격 해석하기 2

∑ 용신의 통변성 해석

　타고난 성격을 풀이하는 두 번째 방법은 용신에 해당하는 통변성을 해석하는 것이다. 타고난 성격의 70% 정도는 일간과 월지에 놓인 글자를 통해 파악할 수 있다. 특히 일간과 월지 중 한가지만 고르라면 아무래도 월지의 비중이 크다. 왜냐하면 태어난 계절이 그만큼 중요하기 때문이다. 그래서 용신을 잡는 첫 번째 단계도 월지에서 출발하지 않았는가.

　9차원 명리학은 '용신 = 격국' 원칙을 적용하기 때문에 이제부터 시작할 성격 해석에서는 용신에 '격'자를 붙여 'OO격'이라는 단어를 사용할 테니까 헷갈리지 말기 바란다. 그리고 Part 03에서 비견과 겁재는 자기 자신에 해당되므로 용신이 될 수 없다고 했다. 그래서 월지에 비견과 겁재가 놓여 있으면 시간, 연간, 월간 순서로 용신을 구해야 한다는 내용도 기억날 것이다.

　그러나 선천적 성격을 해석할 때는 월지에 놓인 비견과 겁재를 무시하면 안 된다. 그 사주 당사자는 비견 혹은 겁재의 성격을 분명히 가지고 있기 때문이다. 그래서 여기서는 비견과 겁재를 다른 용어로 바꾸어 설명할 것이다. 비견은 '건록격建祿格'으로, 겁재는 '양인격羊刃格'이라는 단어로 대체된다. Part 02에서 12운성을 설명할 때 언급되었던 건록은 비견과 거의 비슷한 성격을 갖고 있다. 그리고 양인 역시 겁재와 많이 닮아 있는데, 신살을 얘기할 때 등장한 양인살을 떠올리면 된다. 그 양인살이 여기서는 양인격으로 불린다.

각 격들이 가지고 있는 장점과 단점을 표로 정리해 놓았다. 성격에는 좋고 나쁨이 없다. 고유한 개성이 있을 뿐이다. 다만 맞닥뜨리는 상황에 따라 성격의 긍정적인 면이 나오기도 하고 부정적인 면이 나오기도 한다. 또 타고난 성격 정보를 담고 있는 용신이 길작용을 하는지 흉작용을 하는 지에 따라 다른 성격을 보이기도 한다.

먼저 할 일은 아이의 용신을 찾는 일이다. 그 다음, 성격이 정리된 표에서 용신에 해당하는 격의 장·단점을 읽어보면 아이의 선천적 성격을 알 수 있다. 특히 지금 우리 아이가 장점을 많이 보이는지, 단점을 더 많이 드러내는지도 확인이 가능하다. 그런데 아이가 용신의 성격 중 부정적인 면을 더 많이 보이고 있다면 어떻게 해야 할까? 이때는 아이의 환경을 유심히 살펴보아야 한다. 부모가 미처 알지 못하는 스트레스 상황에 처해 있을 지 모른다. 부모는 스트레스 원인이 뭔지 알아내려는 세심한 노력을 기울여야 한다. 그래서 문제의 원인을 제거하고 아이 주변 환경을 개선해 주면, 어느 순간부터 장점을 더 많이 나타내는 개성있는 아이로 변할 것이다. 이 사실을 염두에 두고 아래 표를 차근차근 읽어보자.

■ 건록격(비견)

장 점	단 점
• 의지가 강하다. • 자존심이 세다. • 독립정신이 강하다. • 의존하기를 싫어한다. • 온건하고 평화적이다. • 도전의식이 강하다. • 대인관계가 원만하다.	• 반항심이 강하다. • 체면 때문에 손해를 본다. • 독선적이다. • 남의 말을 잘 듣지 않는다. • 사교적이지 못하다. • 고집이 세다. • 양보심이 부족하다.

■ 양인격(겁재)

장 점	단 점
• 솔직 담백하다. • 거짓말을 할 줄 모른다. • 의리가 있다. • 신용을 중시한다. • 강자에게 할 말을 한다. • 약자에게 온정적이다. • 성취욕구가 강하다. • 용감하고 의협심 있다. • 추진력이 좋다.	• 고집이 세다. • 이기적이다. • 재물 욕심 많다. • 지배 욕구가 강하다. • 주변과 다툼이 많다. • 투기와 요행을 바란다. • 거짓말을 잘한다. • 위선적이다. • 가끔 난폭한 행동을 한다.

■ 식신격

장 점	단 점
• 온후하다. • 공경심이 많다. • 명랑하고 담백하다. • 배려심 많다. • 봉사정신이 뛰어나다. • 애정이 많고 부드럽다. • 정직하다. • 낙천적이다.	• 고집 세고 인색하다. • 매사 이론적이다. • 말이 많다. • 독립심이 떨어진다. • 열심히 노력하지 않는다. • 게으르다. • 적극성이 부족하다. • 우유부단하다.

■ 상관격

장 점	단 점
• 총명하고 영리하다. • 박학다식하다. • 다재다능하다. • 선견지명이 있다. • 의협심이 있다. • 강자에게 기죽지 않는다. • 약자를 잘 돌봐 준다. • 동작이 민첩하다. • 자존심이 강하다. • 명예를 중시한다.	• 허영심이 많다. • 허세를 부린다. • 비밀을 간직하지 못한다. • 남에게 톡 쏘는 말을 잘 한다. • 오만하여 남을 깔본다. • 이기적이고 계산적이다. • 자기 주장이 강하다. • 거만하고 저돌적이다. • 편법을 잘 쓴다.

■ 편재격

장 점	단 점
• 배려심 많고 솔선수범한다. • 감정을 드러내지 않는다. • 빈틈이 없고 기교가 있다. • 남의 일을 잘 돌봐 준다. • 적응력이 뛰어나다. • 유머감각 있다. • 다재다능하다. • 협상력이 좋다. • 매사 처리가 시원하다.	• 낭비벽 있다. • 즉흥적이다. • 너무 성급하게 판단을 내린다. • 거짓말을 잘 한다. • 일확천금을 꿈꾼다. • 작은 돈을 우습게 본다. • 허풍과 허세가 심하다. • 이해타산적이다.

■ 정재격

장 점	단 점
• 정직하고 성실하다. • 책임감 강하다. • 세밀하고 검약하다. • 계획적이고 보수적이다. • 냉철하고 이성적이다. • 현실적이다. • 무모한 모험을 하지 않는다. • 지구력과 인내심이 강하다.	• 인색하다. • 구두쇠 기질이 있다. • 조급하다. • 배짱이 부족하다. • 소심하다. • 고지식하다. • 사람을 신뢰하지 않는다. • 대인관계가 좁다.

■ 편관격

장 점	단 점
· 명예와 명분을 중시한다. · 대인관계가 원만하다. · 배짱과 의협심이 좋다. · 적극적이고 모험심이 있다. · 특이한 기획을 잘한다. · 영리하다. · 과감한 결단력이 있다. · 순간 판단력과 재치가 있다. · 목표의식이 뚜렷하다.	· 오만하다. · 반드시 이기려고 한다. · 고집이 세다. · 남과 비교 당하기 싫어한다. · 자기 과시욕이 있다. · 질서를 무시한다. · 거친 행동을 한다. · 성격이 불같다.

■ 정관격

장 점	단 점
· 정직하며 온순하다. · 지성적이다. · 인자하고 관대하다. · 평화를 좋아한다. · 총명하다. · 이해심 많다. · 법과 질서를 존중한다. · 예의 바르다.	· 고지식하다. · 융통성이 부족하다. · 수동적이다. · 변화를 싫어한다. · 정면승부를 회피한다. · 미리 걱정부터 앞선다.

■ 편인격

장 점	단 점
• 명랑하다. • 다재다능하다. • 임기응변에 능하다. • 자비롭다. • 포용력 있다. • 명예를 중시한다. • 학문과 예술을 좋아한다.	• 게으르다. • 기회주의적이다. • 허세를 부린다. • 불평불만이 많다. • 의심이 많다. • 인색하다. • 시작은 좋으나 결과가 미흡하다.

■ 정인격

장 점	단 점
• 총명하며 지혜가 많다. • 학문을 좋아한다. • 박식하다. • 인자하고 예의 바르다. • 자비심이 많다. • 모성본능이 강하다. • 배려심 많다. • 인격이 고상하다.	• 소심하고 내성적이다. • 이기적이다. • 재물에 인색하다. • 행동력이 약하고 게으르다. • 외골수다. • 때로는 극단적이다. • 자기 중심적이다. • 스트레스를 많이 받는다.

적용 03 선천적 성격 해석하기 3

∑ 외격에 의한 판단

격에는 크게 내격과 외격이 있다. 내격은 앞서 설명한 통변성 10개 중에서 자신에 해당하는 비견과 겁재를 제외한 팔격이다. 즉 식신격, 상관격, 편재격, 정재격, 편관격, 정관격, 편인격, 정인격 8가지. 그러나 외격은 그 종류가 무척이나 많다. 강왕격, 종격, 암신격, 화기격, 기특격… 등 80여가지가 있다. 이중에서 성격 파악과 진로 적성을 알아보는데 참고할 만한 외격을 정리해본다.

■ 강왕격 強旺格

사주 구성에 있어 일간이 강하게 되는 것만으로 구성된 경우다. 즉 월령을 얻고, 12운이 강하고. 주위의 통변성이 모두 인성이나 비견, 겁재만으로 구성된 사주를 말한다. 이런 강왕격은 부귀를 상징하는 사주로 보지만, 대운이나 세운 등에서 들어오는 운에 따라 극과 극의 현상을 보여주기도 한다. 비견과 겁재만으로 된 강왕격은 인성, 비견, 겁재, 식신, 상관운이 길운이고, 그 외의 운은 모두 흉운이다. 또 비견, 겁재 외에도 이들을 도와주는 인성까지 함께 가세한 강왕격은 인성, 비견, 겁재, 관성운이 길운이다.

■ 곡직격 曲直格

일간 오행이 목인 갑일생이나 을일생의 경우 지지에 해묘미 삼합 목국이나 인묘진 동방합이 있고, 사주에 금金이 없는 경우다. 천성이 인자하고 교육사업, 사회사업 분야로 진출하면 크게 명성을 얻을 수 있다.

(예1)

O	갑甲	O	O
O	미未	묘卯	해亥

☞ 해묘미 목국

(예2)

O	을乙	O	O
O	묘卯	인寅	진辰

☞ 인묘진 동방합

■ 염상격 炎上格

병丙 또는 정丁일생으로서 지지에 삼합 화火국이 있거나 남방합이 있고, 수水의 극이 없는 사주 구성이다. 성격이 급한 편이면서도 예의가 바르다. 정신, 문화, 법무 계통 등에서 일하면 크게 명성을 얻을 수 있다.

(예1)

기己	정丁	신辛	갑甲
미未	묘卯	사巳	오午

☞ 사오미 남방합

(예2)

신辛	병丙	갑甲	무戊
유酉	술戌	오午	인寅

➡ 인오술 삼합화국

■ 가색격 稼穡格

무戊 또는 기己일생으로서 지지에 진술축미 辰戌丑未 중 최소한 3개 이상 있고, 이중 하나는 반드시 월지에 있어야 한다. 목木의 극이 없으면 좋다. 이 격은 아주 무게 있는 행동을 한다. 종교인, 부동산 중개인, 법학자 등으로 명성을 얻을 수 있다.

(예1)

계癸	기己	경庚	갑甲
미未	축丑	술戌	진辰

(예2)

기己	무戊	병丙	임壬
미未	오午	진辰	술戌

■ 종혁격 從革格

경庚 또는 신辛일생으로서 지지에 삼합 금金국이 있거나 서방합이 있는 경우다. 거기에 더해 화火의 극이 없는 사주이다. 이 사주는 통이 크고 의리를 중요하게 여긴다. 검찰, 법관, 군인 계통과 적성이 맞고, 금金과 관계되는 사업 등으로 명성을 얻을 수 있다.

(예 1)

경庚	신辛	갑甲	기己
술戌	유酉	신申	해亥

→ 신유술 서방합

(예 2)

기己	경庚	을乙	계癸
축丑	술戌	유酉	사巳

→ 사유축 삼합금국

■ 윤하격潤下格

임壬 또는 계癸일생으로 지지에 삼합 수水국이 있거나, 북방합이 있고, 토土의 극이 없는 사주다. 지혜 있고 영리하다. 사회 봉사에 적극적으로 나서며, 수水와 관계되는 사업, 농림 수산업 계통으로 진출하면 크게 성공할 수 있다.

(예)

병丙	계癸	임壬	경庚
진辰	해亥	자子	신申

→ 신자진 삼합수국

적용 04 　선천적 성격 해석하기 4

　　지금까지는 외국어의 알파벳과 기본 단어, 기초 문법 등을 익히는 과정이었다. 이제는 본격적으로 문장 해석에 들어가는 문 앞에 서 있다. 외국어를 읽을 때는 단어가 주는 뉘앙스뿐만 아니라 그 나라의 문화 특성에 대해서도 주의를 기울이며 해석하여야 한다. 사주 해석도 마찬가지다. 예리한 추리력과 풍부한 상상력을 총 동원하여 분석하고 해석하여야 한다. 전체 상황을 유연하게 살피는 융통성은 물론이다. 이런 요소들을 활용하고 통합하여 숨은 뜻을 찾아내는 것이 사주 풀이의 기본이다. 특히 아이의 성격을 해석할 때는 이런 자세를 반드시 유지해야 한다.

　　앞에서 타고난 성격의 70% 정도는 사주 8글자 중 일간日干과 월지月支에 담겨있다고 말했다. 그렇다면 30%에 해당하는 나머지 성격은 어디서 찾아야 하는가? 우선 산 위에서 아래를 조망하듯이 사주 전체의 구성을 한 눈에 바라보는 자세가 필요하다. 나무 한그루를 보는 것이 아니라 숲 전체를 관망하는 것이다. 사주 안에서는 여러 기운들이 생生과 극剋, 또는 합合·충沖·형刑을 이루며 서로 힘겨루기를 하고 있다. 그 모습을 한 눈에 내려다 보면서 어떤 기운이 센지, 뒤로 물러나는 기운은 무엇인지, 합의 작용으로 변화된 기운은 또 어떻게 움직이는지 종합적으로 살펴봐야 한다.

명리학에서 말하는 사주의 강약은 육체가 아니라 정신 에너지의 강약이다. 타고난 정신력의 크기는 성격 형성에 커다란 영향을 준다. 사주에 동일한 오행이 많고 적음을 기준으로 살펴본 앞의 성격 해석법은 비교적 간단했다. 오행의 기운만으로 성격을 진단하는 평면적 관찰이었다. 숲이 아니라 나무 한그루만을 살펴본 셈이다. 그러나 나머지 30% 성격을 알아보는 단계는 좀더 복잡하다. 숲 전체를 입체적으로 관찰해야만 한다. 따라서 훨씬 폭넓은 추리력과 상상력이 요구된다. 일간의 강약을 따져보는 것은 물론이고, 사주 8글자가 주고 받는 힘의 관계도 살펴야 한다. 상생상극과 합·충·형의 변화무쌍한 흐름을 놓치지 않아야 성격을 정확히 파악할 수 있다.

중화 사주는 옳고 그름이 분명히 하고 실천력 짱!

다각도의 입체적 분석을 통해 세 부류로 성격을 나누어 볼 수 있다. 신강 사주와 중화 사주, 신약 사주다. 우선 명리학적으로 가장 좋다는 중화 사주를 보자. 오행이 한쪽으로 치우지지 않고, 지원하고 견제하는 힘이 적절하게 배치된 경우다. 이런 사주는 대체로 도량이 넓고 천성이 담백하다. 일을 순리대로 처리할 뿐만 아니라, 베풀기도 좋아하고 다정다감하다. 게다가 새로운 일을 두려워하지 않아 실천력도 좋다. 어딜 가나 인정받고 대인관계도 원만하다.

신약 사주 아이는 귀가 얇고 교우관계가 부족하다

이번에는 사주에 지원 세력이 거의 없는 신약 사주를 한번 보자. 신약 사주는 비바람 치는 벌판에 맨몸으로 홀로 서 있는 듯한 모습이다. 일단 주관이 약하다. 귀가 얇아 남의 말에 잘 흔들리고 교우관계도 넓지 않다. 게다가 시작해도 마무리가 흐지부지 시원찮다. 이러한 신약 사주는 약한 마음을 떨쳐내기 위해 몸부림쳐야 한다. 언제든 조언해줄 수 있는 경험 많은 멘토를 찾아내서 옆에 두고 늘 도움을 구해야 한다. 중요한 결정을 내릴 때는 멘토의 의견을 충분히 듣고 최종 선택하는 습관을 들여야 한다. 신약 사주는 머뭇거리는 천성 탓으로 추진력이 부족하다. 따라서 신중하게 선택지를 골랐으면 주위에서 뭐라고 하건 죽기 살기로 끝장을 보려는 자세를 유지해야 한다.

주위에 우호 세력이 많은 신강 사주는 힘이 넘쳐 탈이다. 꺾어질지언정 구부러지지 않겠다는 자세로 덤빈다. 그러다 한순간에 부러질 위험성이 있는 사주가 바로 신강 사주다. 이런 사주는 투쟁에 능하고 어디에 얽매이는 것을 싫어한다. 또 자제력이 부족해서 사사건건 충돌을 일으켜 인간관계에 어려움을 겪는다. 신강 사주의 아이는 기를 눌러 꺾으려 하지 말고 부드럽게 다독이며 교육해야 한다. 아이가 앞뒤 생각 없이 몸부터 앞서 움직이려 할 때 부모는 "워워~~ 잠깐 스톱!"이라며 아이 팔을 잡아주어야 한다. 행동하기 전에 한번 더 생각해도 늦지 않다는 조언을 아이에게 자주 해줘야 한다.

합이 많으면 토론을 잘 하고, 충이 많으면 비사교적이다

한편 사람의 성격이나 삶을 천변만화하게 만들어주는 작용을 하는 것으로 합合·충沖·형刑 도 있다. 이를 통해 사주에 새로운 힘의 역학 관계가 생기고 성격이 바뀐다. 우선 사주 안에 합이 2개 이상이면 사교적이고 토론을 잘 하는 성격이라고 본다. 합이 많으면 대화와 타협을 잘하는 장점도 있지만, 사소한 정에 얽매여 공사公私를 구분하지 못하는 단점도 있다. 반대로 사주에 형·충이 2개 이상이면 사사건건 충돌을 일으키는 비사교적인 성격으로 해석된다.

매년, 매달, 매 순간 새로운 변화의 기운이 삶 안으로 흘러 들어온다. 대운, 연운, 월운 등이 사주 안의 기운과 만나게 되면 삶에 변화의 계기가 생기는 것이다. 그 변화의 흐름을 잘 해석해서 좋은 운은 더욱 좋게 맞아 들이고, 나쁜 운은 피해 가면 풍성한 삶의 열매를 수확하는 운 좋은 사람이 된다. 반면에 자신에게 다가오는 변화의 흐름을 눈치채지 못하거나 무시한 사람은 결국 운 나쁜 사람이 되어 버리는 것이다. 이처럼 외부에서 사주 안으로 흘러 들어온 변화의 리듬이 성격을 바꾸는 계기도 되고, 인생의 성패를 가르는 중요한 모티브가 된다는 사실을 꼭 염두에 두어야 한다.

우리 아이 진로 적성 찾기 1

Σ 용신 통변성으로 진로 탐색

첫째, 사주에서 일간과 용신의 균형이 잡혔을 때는 용신을 기준으로 진로 적성을 판단한다. 말하자면 용신에 해당하는 통변성으로 아이의 진로 적성을 찾아보는 것이다. 앞에서 사주를 해석할 때, 비견이나 겁재는 용신이 될 수 없다고 했다. 그러나 아이의 진로 적성을 알아보는 단계에서는 월지에 놓여 있는 비견이나 겁재의 특성을 반드시 참작하여야 한다. 이제 용신에 해당하는 통변성을 기준으로 아이의 진로 적성을 구체적으로 살펴보자.

1. 비견일 때
- 비견이 많으면 자존심이 강하고 남 밑에서 일하기 힘들다.
- 구멍가게를 하더라도 독립적으로 해야 한다.
- 대운이나 연운에서 들어오는 간지干支와 용신 비견이 지지합地支合이나 삼합三合을 이루면 공동 사업이 좋다.
- 비견 용신의 직장 생활은 공무원이나 국영기업이 맞는다.
- 월지가 비견이고 12운성이 건록이면 국가 고위직 공무원이 될 가능성이 높다.

2. 겁재일 때
- 비견보다 추진력이 강하고 성취 욕구가 높아 수사기관이나 기자, 운동 선수 등이 적성에 맞다.
- 일간이 약하고 충·형이 되면 희신에 해당되는 오행상의 직종에서 월급을 받으며 회사를 다니는 것이 무난하다.

〈 비겁의 키워드 〉

구분	상 징	특수관계인	학습 코드	성 향
비견	· 자신감 · 자존 · 고집 · 독립심	· 친구 · 선후배 · 동업자 · 형제 자매	· 자기주도 학습 · 경쟁보다 협업	· 독립적 · 강한 주체성 · 의리 있는 리더
겁재	· 배짱 · 추진력 · 무모함 · 투쟁력	· 경쟁자 · 친구 · 선후배 · 시댁식구 · 보증인	· 경쟁에서 두각을 나타냄	· 강한 경쟁심 · 빼앗는 성질 · 명령 거부

3. 식신일 때
- 의식주에 관한 모든 진로가 적성에 맞다고 할 수 있다.
- 정관이나 편관과 같이 있으면 의약 계통이 좋다.
- 만약 편인, 정인, 상관 등이 섞여 있으면 배우, 가수, 무용가, 작곡가 등 연예계 진로가 맞다.
- 신종 미래 직업군에 도전하면 좋다.

4. 상관일 때

- 변호사, 종교인, 교육자, 중개인, 보육인 등 말을 많이 하는 직업이 맞다.
- 엔지니어, 발명가, 학자 등도 적성에 맞다.
- 발명가 중에는 상관격이 많다.
- 일간도 강하고 상관도 강하면 정치인도 괜찮다.
- 식신이 같이 있으면 연예 계통도 적성에 맞다.
- 상관격이 정재나 편재를 보면 기술 관련 사업이 좋다.

〈 식상의 키워드 〉

구분	상징	특수관계인	학습 코드	성향
식신	・음식 ・언어 ・눈썰미 ・지혜 ・수명 장수 ・제자 ・전문기술 ・행동	・남자(장모· 할머니·제자) ・여자(자식· 제자)	・이해력 ・응용력 ・몰입 ・탐구심	・기획력 ・분석력 ・연구 ・외골수 ・친화력
상관	・음식 ・언어 ・육체 ・자기 표현 ・프라이버시 ・자존심 ・일거리	・남자(장모· 할머니·제자) ・여자(자식· 제자)	・사리분별력 ・창의력 ・독창적 ・미적 감각	・투쟁적 ・창의적 ・반항심 ・불평불만 ・서두름

5. 편재일 때

- ◆ 세계를 무대로 뛰는 영업, 외교 업무 등이 좋다.
- ◆ 통신, 교통 등에 관계되는 서비스업도 맞다.
- ◆ 부동산이나 증권 등 변동성 많은 투자사업도 좋다.
- ◆ 흘러가는 운이 좋으면 신흥 재벌의 탄생도 기대할 수 있다.

6. 정재일 때

- ◆ 성실, 신용을 기본으로 하는 사업이나 직장 생활이 좋다.
- ◆ 금융기관, 재무 담당 직장인이 맞다.

〈 재성의 키워드 〉

구분	상징	특수관계인	학습 코드	성향
편재	· 변동 수입 · 뭉칫돈 · 결과 · 목표 · 현실 욕구	· 남자(여자·부인·아버지) · 여자(아버지·시어머니)	· 공간, 수리 개념 우수 · 요약 정리 · 암기력	· 놀이 욕구 · 신속한 판단력
정재	· 고정 수입 · 절약 · 검소 · 현실적	· 남자(여자·부인·아버지) · 여자(아버지·시어머니)	· 수리 개념 발달 · 노트 정리 · 암기력	· 책임 완수 · 공사 구분 · 안정성 · 현실적 · 치밀한 관리력

7. 편관일 때

- 경찰, 군인, 검찰 등 무관 계통의 진로가 맞다.
- 사주의 강약이 조화롭고 정인이 있으면 법관이나 국회의원 등의 고위직이 가능하다.
- 인성이 함께 있으면 정부기관 공무원이 맞다.
- 기술 방면에도 남다른 재능이 있다.
- 예술 분야도 나쁘지 않다.
- 편관격인데 식신과 상관이 함께 있으면 연예인으로서 빛을 본다.

8. 정관일 때

- 하급직부터 고위직 공무원까지 문관 계통이 맞다.
- 정재와 정관의 균형이 맞으면 재무 관료 분야가 좋다.
- 정인과 정관의 조화가 적절하면 정치인도 좋다.
- 식신, 정인, 정관이 서로 길 작용하면 학계의 명성을 얻는다.
- 기업의 기획실 근무가 어울린다.
- 군이나 경찰 계통은 기획이나 참모 분야가 좋다.
- 목木 정관은 행정기관, 사법기관 분야의 공무원이 맞다.
- 화火 정관은 문화, 교육, 예술 분야의 공무원이 맞다.
- 토土 정관은 농림, 토목 계통의 공무원이 맞다.
- 금金 정관은 재정, 경제 분야의 공무원이 맞다.
- 수水 정관은 수산업 분야의 공무원이 맞다.

〈 관성의 키워드 〉

구분	상징	특수관계인	학습 코드	성향
편관	• 직장 • 명예 • 자유 • 법과 • 원칙 • 감투	• 남자(자식·직장 상사) • 여자(남자·애인·시댁 식구)	• 기억력 • 끈기 • 임기응변	• 복종심 • 도덕심 • 인내심
정관	• 직장 • 명예 • 법과 원칙 • 젠틀맨 • 감투	• 남자(자식·직장 상사) • 여자(남자·애인·시형제)	• 객관적 • 모범적 • 기획력 • 자기관리	• 절제력 • 복종심 • 신중함 • 윤리 • 변화 회피

9. 편인일 때

◆ 의료 계통이 좋다.

◆ 상담 업무도 적성에 맞다.

◆ 운동 선수나 감독, 코치, 해설자 등 체육 계통도 맞다.

◆ 연예인, 화가, 음악가 등 일반 예술 계통 모두 적합하다.

◆ 기자, PD, 아나운서, 방송작가 등 언론 계통이 잘 맞는다.

◆ 출퇴근이 자유롭고 활동에 구애받지 않는 프리랜서 직업이 잘 어울린다.

◆ 편인격에 편재가 적절하게 섞여 있으면 의학이나 기술 계통 사업을 하면 큰 돈을 벌 수 있다.

◆ 편인격은 두 가지 이상의 직업을 갖는 경우가 많다.

10. 정인일 때

- 편인과 비슷하나 좀 더 지적인 것이 어울린다.
- 문화, 학술, 예술 계통이 양호하다.
- 종교인도 잘 어울린다.
- 정인격에 정관이 있고, 체와 용의 균형이 맞으면 명망 높은 대학자가 될 수 있다.

〈 인성의 키워드 〉

구분	상 징	특수관계인	학습 코드	성향
편인	• 특별 재능 • 기술 • 문서 • 부동산 • 도장 • 실용 학문 • 자격증 • 휴식	• 계모 • 이모 • 할아버지 • 외손녀	• 벼락치기 • 재치, 순발력 • 호기심 • 직관력 • 요령의 달인 • 상상력	• 이과 성향 • 고독 • 겸손함 • 철학 • 명상 • 노심초사 • 완벽추구 • 눈치 봄
정인	• 문서 • 도장 • 공부 • 이론 탐구 • 자격증 • 사랑	• 생모 • 이모 • 할아버지 • 외손녀	• 수용성 • 상황판단 빠름 • 흡수력 • 끈질김	• 문과 성향 • 조절력 • 포용력 • 남을 잘 믿음

적용 06 우리 아이 진로 적성 찾기 2

∑ 희신으로 진로 코칭

둘째는 일간과 용신의 균형이 깨졌을 경우 적용하는 방법이다. 이때는 희신喜神에 해당하는 오행으로 진로 적성을 알아본다. 쉽게 말해 신약 사주 또는 신강 사주일 때 사용하는 판단법이다. 한쪽으로 치우친 사주의 균형을 잡아주는 오행은 희신에 해당한다. 예를 들어 일간 오행이 목木이고, 용신 오행이 금金이라고 하자. 상극관계에서 보면 금극목金剋木으로 용신이 일간을 극해서 균형이 맞지 않아 기우뚱거린다. 그러므로 일간인 목을 강하게 해주면 균형이 맞아지고 그 사람의 운은 좋은 방향으로 흘러가게 된다. 일간인 목을 살리는 오행으로는 수생목水生木해주는 수水, 혹은 일간과 같은 목木이 하나 더 생기면 좋다. 그러므로 이 사람은 물이나 나무와 관계 있는 직업을 선택해야 한다. 다른 오행들도 마찬가지다. 상상력과 추리력을 잘 발휘해야 내 아이의 진로 방향을 제대로 찾을 수 있다.

〈 희신 오행에 따른 진로 코칭 〉

구 분	진 로 선 택
목	농림업, 목재, 가구, 사회사업, 교육, 언론, 정치
화	석유화학, 제철, 전기통신, 서비스, 연예, 자동차, 보험
토	농업, 원예, 종교, 여행, 관광, 변호사, 스포츠, 예술가

금	금속, 기계 제작, 차량 정비, 군인, 병원, 통신
수	수산업, 소방, 외교, 발명, 법조

사주를 분석한 후 진로 적성을 파악하는 단계에 이르면 보다 차원 높은 응용력과 추리력이 필요하다. 진로 적성을 통해 어떤 직업을 선택하면 좋을지 살펴보는 일은 그 사람 인생 전체를 꿰뚫어봐야 하는 어려운 일이기 때문이다. 한 두가지 기준을 진로 선택의 잣대로 삼는 일은 피해야 한다. 왜냐하면 고전 명리학이 만들어질 당시의 직업은 사농공상土農工商으로 단순했지만 지금은 완전 딴 세상이기 때문이다. 4차 산업 혁명기에 들어서며 분야별 노하우와 직업군이 더욱 다양해지는 엄청난 변혁이 이루어지고 있는 시대임을 감안해야 한다.

부모 세대가 살아온 방식대로 아이를 교육하고 진로 코칭을 해서는 안된다. 미래 사회의 부적응자가 될 위험성이 있기 때문이다. 미래의 우리 아이들은 완전한 인공지능 시대를 살아가게 될 것이다. 부모 세대에서는 각광 받았지만 아이들 시대에는 흔적조차 찾기 어려운 직업도 많이 있을 것이다. 반대로 새로 등장할 듣보잡 직업도 엄청나게 많을 것이라 예상된다. 빅데이터 전문가, AI 전문가, 로봇 카운슬러, 원격 의료인...신규 산업 분야에 수많은 직업이 새로 생겨날 지라도 걱정하지 않아도 된다. 왜냐하면 그 직업과 연관된 오행의 뿌리만 찾을 수 있으면 타고난 적성에 맞는 직업의 탐색과 선택은 얼마든지 가능하기 때문이다

【 참고하세요 】

〈 AI 시대 각광 받을 테마별 신종 직업군 〉

로 봇	바이오	네트워크
· 로봇 인식기술 연구원 · 로봇 카운슬러 · 자율 주행 자동차 제작 · 드론 조종사 · 로봇 윤리학자	· 유전자 디자이너 · 바이오 의약품 개발 전문가 · 인체 삽입 바이오 장기 전문가 · 생체 인식 전문가	· 데이터 거래 중개인 · 빅데이터 플랫폼 개발자 · 머신러닝 엔지니어 · 가상훈련 시스템 전문가

안 전	에너지	놀 이
· 자율 주행 애널리스트 · 데이터 사이언티스트 · 블록체인 전문가 · 스마트 재난 관리 전문가	· 생태 복원가 · 기후 변화 대응 전문가 · 정밀 농업 기사 · 인공 광합성 전문가	· AI게임, 콘텐츠 개발자 · 디지털 큐레이터 · 기업 문화 전문가 · 사회공헌 기획가 · 무인 항공 촬영감독

건 강	의식주	디자인
• 원격 외과 의사 • 치매 케어 매니저 • 영적 돌봄 전문가 • 원격 진료 코디네이터	• 스마트 공장 코디네이터 • 스마트 팜 개발자 • 화장품 MD • 스마트 도시전문가	• 로봇 디자이너 • 폐기물 디자이너 • 가상공간 디자이너 • 4D프린팅 디자이너

적
용
편

PART 05

실전 활용 가이드

아이 사주에 맞는
양육과 공부법 코칭

"사람들은 저마다 성격 유형에 따라
자신의 운명을 활짝 펼치는 필살기와
자신의 인생을 위기에 몰아넣는
아킬레스건이 다르다"

- 정신의학자 칼 구스타프 융 -

 사주에 맞는 내 아이 공부 스타일

어떤 사람이 철학관에 가서 집이 언제쯤 팔릴 것인가, 혹은 아이의 사춘기가 언제쯤 끝날 것인가 물어본다고 가정해 보자. 사주 해석을 통해 어느 정도 그 시점을 예상할 수 있다. 그러나 실제로는 집이 팔리지 않을 수도 있고, 또 아이가 성인이 되어서도 사춘기가 계속 이어질 수 있다. 이론과 현실에는 분명히 차이가 있다. 각자의 현실에는 이론이 따라잡지 못하는 '특별한 변수'들이 숨어있기 때문이다. 현실의 삶은 사방에서 밀어닥치는 에너지의 흐름에 의해 시시각각 변화하며 움직인다. 따라서 사주 해석을 통해 미래 운세를 정확하게 예측하거나, 궁금한 문제에 대한 답을 시원하게 콕 집어내는 데에는 한계가 있다.

아이의 진로 적성을 알아볼 때도 마찬가지다. 사주를 통해 아이의 에너지가 어느 정도 크기인지, 어떤 분야에서 두각을 나타낼 건지 파악해 볼 수는 있다. 사주에는 선천적인 욕구와 사회성이 담겨져 있기 때문이다. 따라서 이것을 잘 해석하면 아이에게 맞는 진로 적성을 파악할 수 있다. 그러나 아이가 타고난 필살기를 제대로 펼치려면 그에 맞는 현실 환경이 뒷받침되어야 한다. 아이의 타고난 재능을 찾아내 이끌어주는 엄마, 뒤에서 묵묵히 밀어주는 아빠를 둔 경우라면 '든든한 현실'을 만난 셈이다. 시중에 나도는 우스개 소리처럼 조부모의 넉넉한 경제적 지원까지 갖춰진다면 더할 나위 없는 금상첨화 아니겠는가.

이제부터 타고난 성격과 그에 맞는 진로 적성을 찾아보는 공부를 시작할 것이다. 앞서 명리학 이론 설명에 나왔던 용어와 그 의미를 다시 한번 되새겨보길 바란다. 암기할 수 있다면 더욱 좋다. 그 다음 일러준 내용과 순서대로 따라하면 첫 단계인 타고난 성격 해석은 초보자라도 어렵지 않게 해낼 수 있다. 그러나 둘째 단계인 진로 적성 파악은 좀더 복잡하고 어렵다. 우선 기본 이론과 공식에만 얽매이는 편협한 사고에서 벗어나야 한다. 인공지능 시대를 살아갈 아이들의 미래 직업을 탐색하는 작업인 만큼 간단하지 않다. 유연한 사고력과 예리한 추리력을 발휘해야 한다. 용신 하나만 보고 섣불리 판단할 문제가 아니라는 것이다. 아이의 사주를 휘감아 도는 여러 기운의 소통 관계를 두루 따져봐야만 한다.

타고난 성격은 대체로 일간日干과 월지月支의 글자 속에 담겨 있다고 했다. 용신用神, 즉 격국格局이라고 불리는 월지 통변성에 따라 진로 적성이 다르고 공부 스타일도 다르다. 몇 시간이고 꼼짝 없이 책상에 앉아있는 '엉덩이 머리'가 있는가 하면, 30분 간격으로 과목을 바꿔가며 정신 없이 공부하는 스타일도 있다. 죽어라 책상 앞에 붙어 있는데 성적은 오르지 않는 아이를 지켜보는 부모의 심정은 오죽 답답할까. 그러나 엉덩이로 공부하는 아이에게 빠른 성과를 닦달하면 안 된다. 또 책상에 묶어 두면 오히려 집중력만 떨어지는 아이에게 2~3시간 몰입을 강요하면 공부에 관심만 멀어지고 만다. 용신의 통변성을 보면 내 아이에 맞는 공부 스타일을 추론해 볼 수 있다. 공부 습관은 아이의 성격과 관련성이 높기 때문이다.

1. 비견격(건록격) 아이

비견比肩이 상징하는 키워드는 친구, 선후배, 형제, 자존심, 고집, 자기 영역 확보 등이다. 한마디로 비견격 아이는 자존심 때문에 공부한다. 기죽기 싫어서, 친구보다 못한다는 소리가 듣기 싫어서 공부한다. 일간이 신강한 비견격 아이는 살짝 공주병, 왕자병 기질도 있다. 그래서 남보다 점수가 잘 나오는 과목을 집중적으로 공략하기도 한다. 한 과목에서라도 주목을 받고 싶기 때문이다. 심한 경우 안 되는 과목은 포기하고 점수가 제일 잘 나올 만한 과목만 죽어라 파는 성향의 아이도 있다. 수학 포기한 수포자, 영어 포기한 영포자처럼 말이다. 이러다 보면 평균 성적이 높을 수가 없으니 부모는 불만이 쌓이고 자연히 잔소리가 나오게 된다. 그러나 비견격 아이에게 부모가 해서는 안 되는 것이 잔소리다. 비견격 아이는 주체성이 강해서 다른 사람의 조언을 잘 받아 들이지 않는다. '나는 나의 길을 간다!'라는 스타일이라서 이런 아이와 부딪히면 잔소리 하는 부모만 상처받기 쉽다.

비견격은 겁재격에 비해 경쟁심이 다소 약하다. 그래서 학원에 보낼 때 아이 실력보다 수준이 높은 상급반에 무리하게 넣어서 기죽이는 잘못을 저지르지 말아야 한다. 실력보다 살짝 낮은 레벨의 클래스에 등록시켜 아이의 기를 살리면서 공부에 흥미를 불어넣는 편이 낫다. 이외에도 쉬운 것을 반복시켜 자신감을 회복시켜주는 방법도 좋다. 예습보다 복습을 강조하고 이를 실천하게 하는 것이 중요하다.

조언

비견격 아이에게 좋은 약은 칭찬과 인정이다. 칭찬을 들으면 기대 이상의 능력을 발휘한다. 그리고 친구들과의 관계를 중요시 하기 때문에 대형 학원보다는 아이가 좋아하고 도움이 될 만한 친구들로 엄선해서 팀 과외를 짜주는 방법도 좋다. 대나무밭에 가면 쑥도 곧게 자란다고 하지 않은가. 또 비견격 아이는 주변을 의식하는 경향이 있다. 따라서 조금만 잘해도 칭찬하며 노력의 결과를 인정해주는 테크닉이 필요하다. 그러다 보면 점수가 안 나와 밀쳐두었던 다른 과목에도 슬며시 손을 내민다.

2. 겁재격(양인격) 아이

겁재격劫財格은 비견격보다 자존심이 훨씬 강하고 경쟁적이다. 한마디로 전투력이 좋다. 욕심 많고 체력도 좋아서 겁재격 아이들 중에는 뛰어난 운동 선수가 많다. 또 부모와 친구, 혹은 선생님에게 비춰지는 자신의 이미지에 매우 민감하다. 이들이 열심히 공부하는 이유 중의 하나이기도 하며, 이에 따라 자신이 칭찬받을 수 있는 과목이나 활동에만 치중하는 경향을 보이기도 한다. 이런 성향은 한 분야를 깊게 연구하는 전문가가 대접받는 요즘 시대에 오히려 장점으로 부각될 수 있다.

조언

겁재격은 비견격보다 좀더 경쟁적이고 투쟁적인 기질이다. 그래서 학원에 보낼 때, 아이 실력보다 조금 높은 수준의 반에 등록시켜서 경쟁심을 부추기는 것도 괜찮다. 팀 과외를 구성할 때는 공부 잘하는 친구를 슬쩍 끼워 넣으면 경쟁심이 발동하여 공부에 열중한다. '친구 따라 강남 간다'는 말이 딱 들어맞는 부류가 겁재격 아이다. 부모는 아이의 친구 관계가 어떤지 항상 관심을 기울여야 한다. 친구들에 대한 험담이나 무시하는 발언을 아이 앞에서 하지 말아야 한다. 또 부모는 친구뿐 아니라 선생님이나 다른 주변 관계에 대해서도 세심하게 살펴봐야 한다. 아이가 의기소침할 때는 그 관계 속에서 뭔가 문제가 발생했을 가능성이 높기 때문이다.

3. 식신격 아이

식신의 학습 키워드는 사리 분별력, 눈썰미, 말재주, 손재주 … 등이다. 식신격은 무언가를 궁리하고 연구하고 만들어내는 전문성을 상징한다. 만약 식신격의 운동 선수라면 늘 새로운 기술을 익히고 개발해 필드에 적용할 것이다. 한마디로 식신격은 미래에 관심이 많고 새로운 것을 배우는데 적극적인 부류다.

식신격 아이는 호기심이 많아 관심사가 자주 바뀌고 새로운 것에 몰입하는 과정이 되풀이될 수 있다. 그러다가 관심이 어디 한군데 꽂히면 싫증이 날 때까지 끝장을 봐야 비로소 다른 쪽을 쳐다보는 스타일이기도 하다. 이런 아이의 성향을 이해하지 못하면 부모는 한숨부터 내쉰다. 진득하지 못해 고학년에 올라가서 어떻게 어려운 수능 공부를 하겠냐며 아이를 닦달하게 된다. 그러나 이런 잡다한 호기심이 나중에 학습과 직업으로 연결되는 것이 식신격 아이의 특징이다. 그러니 아이의 타고난 기질을 부모가 무시하면 절대 안 된다.

한편 식신격 아이는 재미가 있어야 공부하는 스타일이다. 그래서 아이가 흥미를 보이는 분야는 가능하면 그냥 밀어주는 것이 현명한 부모의 태도다. 하고 싶은 것을 못하게 하면 식신격 아이는 심하게 반항한다. 이러다 보니 학창시절에 부모나 선생님과 자주 부딪혀서 소위 문제아로 찍히는 경우가 많다.

조언

식신격 아이는 엉덩이로 공부하지 않는다. 또 환경의 영향을 많이 받기 때문에 공부방 분위기도 자주 바꿔 지루하지 않게 해주면 좋다. 독서실이나 도서관 등 공부 장소도 아이가 선택하게 한다. 학원도 아이가 원하는 대로 옮겨주는 것도 나쁘지 않다. 선생님이 바뀔 때마다 새로운 자극을 받을 수 있기 때문이다. 식신격 아이는 뭐든 자기식대로 하려는 성향이 강해 하기 싫은 것은 죽어도 안 하는 타입이다. 그런 아이에게 부모 뜻대로 따르라고 지나치게 강요하는 것은 치명적인 독이 된다. 부모는 아이의 흥미와 적성을 인정하고 그걸 밀어주어야 한다. 아이를 믿고 기다려주는 것도 부모의 역할이다.

4. 상관격 아이

상관은 식상食傷이라는 말로 식신과 같은 테두리에 묶이지만 식신과 좀 다른 성향을 띤다. 식신에 비해 활동적이고, 말솜씨와 표현력도 더 좋다. 그래서 상관격 중에 외교관이나 변호사가 많다. 또 식신보다 훨씬 더 반항적이고 개방적이다. 어떤 틀에 갇히는 걸 싫어하고 늘 새로운 환경에서 자극받는 스타일이다. 따라서 상관격 아이를 하루 종일 책상에 붙들어 두거나 주구장창 암기 과목만 시켜서는 안 된다. 2시간 공부하면 30분 정도는 하고 싶은 걸 하게 해줘야 한다. 또 하루 종일 학교와 학원, 독서실을 맴돌게 하는 스케줄을 던져주면 상관격 아이는 금세 지쳐 공부에 손을 놓게 된다.

상관격 아이는 개성 만점이고, 반짝이는 아이디어가 샘솟는다. 그래서 어릴 때는 영재처럼 보이다가 커갈수록 강한 개성 때문에 문제아처럼 보이기 쉽다. 그러나 사회에서 가장 주목 받는 성격이 상관격이다. 창조와 혁신이 상관격 머리에서 많이 나오기 때문이다.

조언

상관격은 창의력이 좋고 아이디어가 샘 솟는 유형이다. 그래서 어릴 때 과학 실험실이나 발명 교실에 데려가면 정신 없이 몰입한다. 직접 체험하는 교육환경은 아이의 옷에 날개를 달아주는 격이다. 그런데 상관격 아이의 사주에 재성이 없어 식상생재食傷生財가 이뤄

지지 않으면 늘 끝 마무리가 잘 안 된다. 그런 아이라면 정한 목표를 다 마무리 할 때까지 눈을 떼지 말아야 한다. 또 부모가 아이에게 항상 책임 완수의 중요성을 강조하고 평소에 모범을 보여야 한다.

5. 편재격 아이

편재와 정재가 속한 그룹인 재성의 키워드 중에는 놀이, 물욕, 자유 등이 있다. 재성의 이런 성향은 공부하는 학생에게는 아무래도 걸림돌이 된다. 또 상극 관계에서 재성은 인성을 극하는 관계다. 인성의 학습 키워드가 공부, 이론, 인내심 등이다. 재성이 이런 인성을 극하기 때문에 재성격들은 원론적이거나 이론적인 공부를 별로 좋아하지 않는다. 그러나 재성격은 공간구조에 남다른 감각과 능력이 있어 수학을 좋아하고 잘한다.

특히 편재격은 통이 크고 행동이 자유로워 부모나 선생님의 말에 크게 휘둘리지 않는다. 아무리 닦달해도 본인이 공부할 기분이 내키지 않으면 꿈쩍도 않는다. 그래서 편재의 키워드 중 하나인 현실적 물욕에 주목해 볼 필요가 있다. 편재격은 단지 공부를 위한 공부를 하라고 하면 콧방귀만 뀐다. 뭔가 구체적인 목표가 있어야 하고, 현실적인 보상이 뒤따라야 한다. 어느 수준까지 등수나 점수가 향상되면 용돈을 올려주거나 스마트 폰, 게임기 등을 사준다는 식의 조건을 내거는 것이 좋다. 편재격 아이는 금전적 보상으로 밀당을 하면 효과가 크다는 사실을 기억하자.

> 조언

편재격 아이를 책상에 붙들어 매려면 왜 공부해야 하는지 깨닫게 해주는 것이 우선이다. 그 이유가 지극히 현실적인 것이면 더 좋다. 성적이 떨어졌다고 논리 없이 혼내면 남아있는 일말의 흥미마저 던져버릴 수 있으니 조심해야 한다. 적정 공부량을 정해주고 끝낸 다음에는 반드시 보상을 해줘라. 그리고 애매모호한 사유를 달며 학원을 등록하거나 학습 계획을 짜서는 안된다. 구체적이고 객관적인 이유를 말해 주어야 한다. 편재격 아이는 분명한 걸 좋아한다. 또 일단 목표를 정하면 열심히 배우고 노력하는 성실한 성격이 편재격이다. 편재격이 세우는 목표는 터무니 없는 것이 아니라 실용적이고 현실적인 편이다. 아이가 목표를 잡고 달려나가면 부모는 그저 지켜본 후 적당한 보상을 해주면 된다. 은근히 자존심이 센 편이기 때문에 깎아 내리는 듯한 말실수를 하지 않도록 조심해야 한다.

6. 정재격 아이

정재격도 편재격처럼 현실적인 욕구에 더 잘 반응한다. 정재격 아이 중에는 자기 절제력이 있는 모범생이 많다. 정재격은 정확하고 세심한 성격으로 노트 필기를 꼼꼼하게 잘 한다. 맘만 먹으면 포기하지 않고 계획한 대로 우직하게 공부한다. 또한 변화를 싫어하는 보수적 성향이라서 성적이 잘 나오지 않아도 원래의 공부 방식을 고집한다. 주변 환경에 흔들리지 않고 묵묵히 공부하는 스타일이기도 한 정재격 아이는 학년이 올라갈 수록 성적이 점점 향상된다. 정재격의 성실성 또한 뛰어난 머리 못지 않은 훌륭한 재능이다. 그러나 정재격 아이는 단기간에 성과를 내야 하는 벼락치기 공부에는 취약하다. 그래서 시험 준비는 다른 친구들보다 일찍 시작하고, 많이 해야 한다.

정재격 역시 공부의 목적을 현실적인 이유에서 찾는다. 돈을 벌어 집안을 일으켜 세운다든가, 이성 친구에게 매력적으로 보인다든가 하는 목표가 있으면 죽자고 덤벼든다. 또한 과정보다 결과를 중요하게 생각한다. 그래서 목표 달성을 위해 열심히 공부를 했지만 좋지 않은 결과가 예상될 때는 중도에 갑자기 포기해 버리기도 한다. 그럴 때는 곧바로 친구나 게임 등 다른 곳으로 관심을 돌려 버린다는 점도 염두에 두고 아이를 지켜봐야 한다.

조언

변화를 싫어하는 정재격 아이는 빈번하게 학원을 옮기거나 과외 선생님을 바꾸면 거부감을 나타낸다. 바꿔야 하는 이유에 대해 분명하게 설명 듣고 수긍이 되어야 비로소 받아들인다. 정재격의 장점은 꾸준함이다. 그래서 어릴 때부터 좋은 공부 습관을 들이는 것이 중요하다. 요즘 다양한 공부법을 소개하는 온라인과 오프라인 강의도 많고 관련된 책들도 다양하게 나와 있다. 부모가 이러한 공부법 중에서 아이에게 맞은 방법을 찾아 제시해 주면 잘 받아 들인다. 또한 정재격 아이는 침착하여 서두르질 않는다. 빨리 하라고 다그치는 대신 시간 관리의 중요성을 논리적으로 설명하고, 부모가 실생활에서 모범을 보이는 것이 중요하다.

7. 편관격 아이

명예욕이 크고 고집도 센 편관격 아이는 도전 대상이 생기면 의욕에 불탄다. 또 자신이 정한 목표는 어떻게든 이루려는 책임감도 강하다. 따라서 공부량이나 목표 등수를 최대한 높게 정해 주어 도전 의식을 자극하는 것도 나쁘지 않다. 자신이 정한 목표 달성을 위해 스스로 과감하게 밀고 나가는 스타일이기 때문이다. 특히 편관격 아이는 믿고 맡겨 주었을 때 기대 이상의 성과를 낸다는 점도 염두에 두어야 한다.

편관격 아이는 책임감이 큰 만큼 스트레스도 많이 받는 타입이라는 점을 꼭 명심해야 한다. 목표를 달성하지 못해 자책하며 괴로워하는 아이에게 부모의 잔소리까지 얹어서는 안 된다. 오히려 격려와 칭찬으로 풀 죽은 아이의 기를 살려줘야 한다.

한편 편관격 아이는 정해진 규범이나 규칙을 잘 지킨다. 그래서 어릴 때부터 좋은 습관을 들여 놓는 것이 중요하다. 예를 들면 오답 노트 작성이나 요약 정리 등 유익한 습관을 길러주는 것이다. 요즘 인터넷만 검색해도 공부법과 관련된 유익한 콘텐츠를 많이 찾아볼 수 있다. 그중에서 아이에게 맞는 방법을 찾아 몸에 습관이 배이도록 관리하고 신경 써야 한다. 그러면 편관격 아이는 학년이 올라가서도 그 습관이 유지되어 전교권 성적의 학생이 될 수 있다.

> 조언

규칙을 칼같이 지키는 편관격 아이는 일단 습관이 몸에 배이면 할 일을 미루지 않는다. 따라서 부모는 효과적인 공부법이나 스케줄 관리 노하우 등을 찾아서 아이에게 건네주기만 하면 된다. 또 편관격 아이는 비교 당하기 싫어하고, 대외 이미지와 명예를 중요하게 생각한다. 다그치는 것보다 칭찬과 격려가 좋은 약이다. "너라면 할 수 있어!" "진짜 해냈네!" "대단하다!" 등의 칭찬을 들으면 의욕이 두 배로 솟구치는 스타일이다. 그러나 책임 완수에 대한 부담과 걱정으로 마음 속에서 불안감이 늘 떠나지 않는 것도 편관격의 특징이다. 부모가 수시로 칭찬하며 자신감을 불어넣어 이런 불안에서 벗어나게 해주어야 한다. 아이의 단점 때문에 장점을 보지 못하는 잘못을 저지르면 안 된다. 부모의 역할 중 하나는 아이의 장점을 찾아서 확인시켜주는 일이다. 계속 단점만 지적받고 자란 아이는 스스로 주눅들게 되어 자신이 가진 장점을 깨닫지도 못한 채 잃어버리게 된다. 부모가 아이의 '자존감 도둑'이 되어선 안 된다.

8. 정관격 아이

정관격 아이는 원리원칙과 규범에 충실한 타입이다. 또한 책임감이 강하고 인내심도 많다. 특히 정관격 아이는 비상 시국에 훨씬 더 능력을 발휘하는 타입이다. 이런 정관격 아이는 시험을 앞두고 목표 점수나 등수를 조금 높게 잡아줘도 기죽지 않고 목표 달성을 위해 달려든다. 공부 스케줄은 디테일하게 잡는 것이 좋다. 예를 들어 문제집 한 권을 하루에 몇 페이지씩 2주 안에 끝낸다는 식으로 일정을 촘촘하게 짜야 한다. 어쨌든 자신이 세운 계획을 완수하겠다는 책임감으로 공부하는 스타일이기 때문에 처음부터 세밀하게 플랜을 세우는 습관을 들여야 한다.

조언

모범생에 가까운 정관격 아이는 일단 윗사람 말을 잘 듣는다. 따라서 부모가 어릴 때부터 공부 습관이나 시간관리 원칙에 대해 가르치면 아이는 부모 말을 잘 따르려고 노력한다. 예를 들어 복습하고 예습하기, 학습일기 작성, 취침과 기상 시간 등을 부모가 먼저 제시해 주면 아이는 그걸 원칙 삼아 이행한다. 그리고 그것이 일단 습관이 되면 끝까지 지키는 유형이 정관격이다. 만약 부모 자신이 구체적인 방법을 잘 모르겠다면 "나는 이렇게 공부했어요" 류의 공신들 자서전을 사다가 읽히게 하는 것도 도움이 된다. 정관격 아이는 정한 원칙대로 완벽하게 해내려다 책임감과 긴장감 때문에 힘들어하는 타입이다. 따라서 정관격 아이가 저지른 실수는 가능하면 지적하지 않고 넘어가는 것이 좋다.

9. 편인격 아이

편인이란 단어를 직역하면 '치우친 도장'이란 뜻이다. 편인격 중에는 뭔가 치우친, 말하자면 독특한 재능을 가진 아이가 많다. 남다른 재능으로 승부하는 예체능이나 전문 기술을 갖고 일하는 의료계 등이 적성에 맞다. 그래서 의사, 변호사 등 소위 사자 직업군에 편인격이 많은 편이다. 이런 편인격 아이는 두뇌 회전이 빠르고 눈치가 좋아 벼락치기 공부에 강하다. 또 상황 대처 능력이 뛰어나 공무원 시험, 자격 취득 시험 등을 효율적으로 잘 준비한다. 그러나 눈여겨볼 단점도 있다. 편인격은 게으름을 피우거나 요령을 잘 부린다. 쪽지 시험이나 벼락치기 공부에서는 순간적인 잔꾀가 필요할 수도 있다. 그러나 길게 보고 가야하는 입시에서는 그런 잔꾀는 도움이 되지 않는다.

조언

편인격은 평범한 것보다 독특한 것에 마음이 끌린다. 그래서 남들과 똑같이 하라는 충고는 금물이다. 또 편인격은 호기심이 많고 상상력이 풍부하다. 공부도 자신만의 방법으로 하려고 한다. 그것이 부모 눈에 부질없는 행동으로 비춰질 수도 있지만, 아이의 의견과 선호를 무시해서는 안 된다. 편인격 아이는 독특한 끼와 재주를 가지고 있어 학원도 그에 맞는 전문 학원을 택하면 좋을 것이다. 아이방 인테리어도 무난한 것보다는 독특하게 튀는 분위기가 공부 의욕을 불러 일으킬 수 있다.

10. 정인격 아이

정인격의 학습 키워드는 이론, 교육, 연구 등이다. 정인격 아이는 근본 원리나 이치를 탐구하는데 관심이 많다. 그래서 요리사라도 정인격 요리사는 이론을 갖춘 셰프이고, 배우라면 연기를 학문적으로 접근하는 학구파 연기자이다. 정인격은 한번 시작하면 계속 밀고 나가는 꾸준함이 있다. 시험공부도 남들보다 먼저 시작하고 반복 학습으로 완전히 이해해야 안심하는 타입이다. 그런 성격 때문에 한 가지 교재를 정하면 그것만 수십 번 공부해서 머리 속에 싹 다 집어 넣어야 직성이 풀린다. 또 주어진 틀 안에서 답을 구하는 객관식보다 자기 주장을 논리적으로 풀어가는 주관식에 강하다. 한마디로 논술에 능한 스타일이라고 보면 된다.

그러나 정인격 아이는 뭔가 부족하다고 느껴지면 불안, 초조감이 커진다. 평소 공부를 잘 했는데 막상 시험 성적이 신통치 않은 경우는 둘 중 하나다. 덜렁대서 틀리든가, 울렁증으로 틀리든가. 정인격은 울렁증 때문에 실수하게 되는 경우가 많다. 시험 전에는 자신감을 불어넣는 칭찬과 격려로 아이가 실력을 제대로 발휘할 수 있는 분위기를 조성해 주면 좋다.

조언

정인격은 칭찬에 민감하고 비판에 쉽게 상처를 받는다. 부모는 아이와 대화할 때 말 한마디 한마디에 조심해야 한다. 무심코 던진 말이 아이에게 큰 상처를 줄 수 있기 때문이다. 또 정인격은 행동이 좀 느린 편이다. 그래서 성격 급한 식상격 부모라면 정인격 자녀를 보며 느려 터졌다고 답답해 한다. 그래서 자꾸 빨리 하라고 다그치게 되고 늘 못미더운 눈길을 보낼 수 있다. 겁이 많은 정인격의 특성상 다그치면 더 움츠려 든다는 사실을 잊지 말아야 한다.

또 정인격 아이는 싹다 머리 속에 집어 넣어야 안심이 되는 스타일이다. 그래서 시험 준비에 많은 시간이 걸리는 것을 부모는 이해해야 한다. 엉덩이로 공부하는 스타일이라는 것을 인정하면 아이와 부모 모두에게 도움이 된다.

교육에 정답은 없지만, 내 아이에게 맞는 방법을 찾아주는 것이 부모의 책임 아니겠는가. 엉덩이 머리로 IQ 좋은 아이 이기기가 쉬운 일은 아니지만, 타고난 적성에 책임감과 자존감, 성실함과 인내심으로 무장하면 IQ 정도는 얼마든지 뛰어넘을 수 있다. 자신에게 맞는 스타일을 찾아 꾸준히 노력하는 아이는 시간이 좀 걸릴 뿐, 언젠가는 세상에 자신의 목소리를 크게 내게 되어있다.

 좋은 운과 불리한 운 읽는 법

 타고난 사주팔자 그대로 죽을 때까지 정해진 틀에만 갇혀 산다면 얼마나 답답한 일인가. 그런데 참으로 다행인 것은 사주팔자가 고정되어 있지 않다는 점이다. 들어오고 나가는 운의 흐름은 변화무쌍하다. 이런 변화의 물결을 읽어내는 것이 사주명리의 핵심이며, 명리학을 공부해야 하는 이유이다. 우리 자신이 직접 항해에 나선 배의 조타수가 되어 바람을 이겨내고 파도를 넘어야 한다. 모진 폭풍우가 탁월한 선장을 만든다고 한다. 배우고 익히면 언젠가는 뱃머리에 서서 바다를 바라보기만 해도 물때를 알아내는 노련한 선장이 될 수 있을 것이다.

 앞서 공부한 내용을 다시 돌아보자. 사주에 놓인 8글자가 주고받는 다양한 관계 분석은 선천적인 능력을 알아보는 단계였다. 지금부터 시작하는 대운과 연운 등에 관한 공부는 후천적인 운의 뒷받침이 인생 항로에서 어떻게 작용하는지 파악하는 단계이다. 사주에서 중요한 것은 지금 서 있는 지점이 아니라 나아갈 방향이다. 자기 앞에 어떤 길이 펼쳐져 있는지 아는 사람과 모르는 사람의 인생 운영 방식은 천지 차이다. 사주를 아주 좋게 타고난 사람에게도 앞으로 나아가는 방향에 큼지막한 장애물이 놓여있을 수 있다. 그러면 그것에 가로막혀 오도가도 못하는 힘든 삶을 살게 된다. 반면 보잘 것 없는 사주를 타고 났지만 뜻밖에도 가는 방향에 막힘 없는 고속도로가 펼쳐진 경우도 있다. 힘들어 죽을 것 같아 이대로 주저앉을까 수백 번 고민하는 삶이 이어지다가, 어느 순간 예기치 않은 탄탄대로의 삶이 펼쳐지니 이 얼마나 신나고 재미있는가!

인생은 시험 삼아 끝까지 가본 후, 맘에 안든다고 해서 다시 되돌아올 수 없다. 그래서 답답하다. 그런데 가볼 수는 없지만 '알아 볼' 수는 있다. 명리학은 우주과학이자 수리과학이다. 우주 대자연의 섭리를 인수분해 하면 사주 8글자가 나온다. 그 8글자를 통해 우주가 개인의 삶에 뭘 새겨 두었는지 알 수 있는 것이다. 뭐가 새겨졌는지 미리 알 수 있다면 우리는 삶의 리듬을 바꿀 수 있다. 여기가 바로 명리학의 절정이다.

삶의 흐름을 바꾸는 변화의 리듬이 우리에게 주기적으로 찾아온다. 그 리듬에는 10년 주기로 찾아오는 대운大運과 매년 바뀌는 연운年運이 있다. 또 매달 바뀌는 월운月運과 매일 들어오는 일운日運도 있다. 그뿐 아니라 실제 우리 삶에 시시각각 새로운 기운이 끊임없이 들어오고 나간다. 그렇다면 이런 흐름들을 어떻게 해석해야 하나? 만세력 어플창에 출생 정보를 입력하면 자신의 타고난 기운을 일러주는 사주팔자표가 맨 먼저 나타난다. 그 아래에는 십 년 단위의 대운표, 일 년 단위의 연운표, 한 달 단위의 월운표가 일목요연하게 정리되어 있다. 이런 대운과 연운 등이 바로 후천적인 운을 나타내는 바로미터다. 각 표 안에 담긴 숫자와 천간 지지를 통해 자신의 후천적인 운이 어느 정도인지 가늠해 볼 수 있다. 내가 가야 할 앞 날이 진흙탕 길인지, 시원하게 뚫린 고속도로인지 말이다.

그렇다면 몇 가지 궁금증이 생긴다. 어떤 운을 가장 중요하게 살펴봐야 할까? 대운일까? 연운일까? 또 표 안의 암호 같은 단어들 중에서 우리는 무엇을 어떻게 해석해야 하는 것일까? 게다가 새롭게 사주 안으로 들어오는 이 글자들은 나의 삶에 어떤 영향을 미칠까? 이제부터 외부에서 들어오는 운의 흐름과 사주 8글자가 주고받게 될 소통 관계를 살펴볼 것이다. 그리고 그것이 우리 삶을 어떻게 휘저어 놓는지, 그 소용돌이를 해석해야 한다. 운의 흐름과 영향을 해석하기에 앞서 그 작용력의 크기는 대운, 연운, 월운 순임을 미리 일러둔다.

1. 대운 보는 법

사람들은 자신에게 정기적으로 들어오는 운의 흐름에 영향을 받으며 살아간다. 10년 단위로 묶어진 대운은 앞으로 가야하는 길이 내리막길인지 오르막길인지 큰 흐름을 알려준다. 경우에 따라서는 대운의 흐름이 사주팔자보다 더 중요할 수 있다. 대운이 사주에 좋은 작용을 하면 그 10년 동안은 노력에 비해 더 풍성한 결과를 내며 살 수 있기 때문이다. 반대로 대운이 내 사주와 리듬이 맞지 않으면 그 10년은 노력에 관계 없이 잘 안 풀리는 삶이 될 수도 있다.

이번 대운이 좋은 운인지 나쁜 운인지를 구별하는 방법은 비교적 간단하다. 대운에서 들어오는 천간과 지지의 통변성 글자에 주목하면 된다. Part 03으로 돌아가 보자. 일간의 강약을 계량하는 방법을 설명하면서 각 개인마다 희신과 기신을 찾는 방법을 공식처럼 정리해 두었다. 대운에 들어오는 통변성 글자가 희신이면 그 기간은 운이 좋은 시기에 해당된다. 반대로 기신이라면 불리한 시기를 맞는 것이다. 대운을 볼 때 희신과 기신의 통변성이 무엇인지 미리 알아야 두어야 한다. 거듭 말하지만 좋은 운은 '조화로울 때'라고 했다. 비겁으로 신강한 사주는 힘을 살짝 빼주는 관성이나 식상, 재성 등이 좋은 운이다. 자신을 더 강하게 만드는 비겁이나 인성은 나쁜 운이 들어오는 거니까, 그때는 바짝 엎드린 낮은 자세로 자신을 갈고 닦으며 자중해야 한다.

단, 주의할 점이 있다. 대운을 볼 때는 지지地支에 가장 큰 비중을 두어야 한다. 그 다음으로 천간과 지지 간의 상생상극 관계를 둘러봐야 한다. 대운에서 들어오는 글자가 사주에 있는 글자와 합·충·형을 이루게 되면 그 대운 기간에 여러 가지 변화가 일어난다. 대운과 사주 8글자가 합을 할 때는 새로 만들어진 글자의 오행이 무엇인지, 합으로 바뀐 통변성이 무엇인지에 따라 운의 해석이 달라지기도 한다.

2. 연운 보는 법

연운도 대운 보는 법과 거의 비슷하다. 다른 점은 대운은 지지에 큰 비중을 두는 반면에 연운은 천간을 더 중요시한다는 점이다. 수험생의 경우 연운이 중요하다. 대학 입시 혹은 특목고 등의 고교 입시를 치러야하는 아이는 시험 시점의 운이 어떻게 작용하는 지를 봐야 한다. 대학 입시는 수능의 비중이 크기 때문에 수능 시험을 치루는 해의 연운을 사주에 대입해 입시 운을 본다.

대운이 나빠도 연운에 따라 조금 나아지는 해가 있을 수 있다. 그러나 대운이 나쁘면 연운이 아무리 좋아도 완전히 만족하는 해가 되기는 어렵다. 또 어떤 해는 연운마저 나쁘게 들어와 아주 죽을 쑤기도 한다. 반대로 대운이 좋으면 연운에 크게 개의치 않아도 된다. 좋지 않은 일도 '좋은 대운'이라는 방패막 덕분에 손실 폭을 줄일 수 있기 때문이다. 여름철에 이상 저온으로 기온이 조금 내려간다고 해도 당장 두꺼운 겨울옷으로 갈아입을 정도의 추위가 아닌 것과 같다.

3. 월운 보는 법

월운도 연운과 마찬가지로 천간天干을 더 중요시 한다. 대운이나 연운이 좀 나쁘더라도 월운에 따라서 조금은 나아질 수 있다. 그러나 대운도 안 좋고 연운도 나쁘면 월운이 아무리 좋아도 크게 영향을 주지 못한다. 월운 역시 대운이나 연운처럼 합·충·형을 이루는 글자가 어떤 성격을 가졌는지 살펴보는 것이 중요하다.

4. 일운 보는 법

흔히 '오늘 일진이 어떻다' '오늘 재수가 어떻다'라고 표현되는 일운이 사주 전체에 미치는 영향은 크지 않다. 일운은 일간인 체體와 보좌관 용用의 균형이 완전히 깨어진 경우에는 참고할 필요가 있지만, 그렇지 않다면 무시해도 된다.

종합하면, 무엇보다 대운과 연운의 흐름을 살펴보는 것이 중요하다. 사주 밖에서 들어오는 운은 타고난 사주팔자에 흥망성쇠의 기운을 불어넣는다. 이런 후천적인 운의 흐름을 분석할 때는 사주 명리학의 모든 법칙을 총 동원하여 해석해야 한다. 상생상극 등 기본 공식를 대입해 보고, 뒤집어 보고, 거꾸로 세워도 보는 등 반드시 입체적 추론을 해야 한다. 그래야만 다가올 앞날에 대비해 어떤 준비가 필요한 지 알 수 있다.

지금까지 살펴본 것처럼 대운이나 연운 등 앞으로 다가오는 운이 어떤지 아는 것이 정말 중요하다. 다가오는 운의 파도를 잘 타고 넘어가면 한동안 그 사람의 인생은 순풍에 돛 단 식으로 순조롭게 풀리기 때문이다. 이런 운의 흐름을 잘 파악해서 실제 삶에 적용하는 것이 명리학의 종착지다.

그렇다면 운의 흐름을 어떻게 실생활에 적용해야 하나? 예를 들어 나쁜 운을 뜻하는 기신이 들어오는 불리한 시기가 예상되는 사람이 있다고 하자. 그 사람의 선천적인 사주를 보니 꽁꽁 얼어붙은 추운 땅인 데다가 다가오는 운의 계절도 추운 겨울이라면 어떻게 해야 하나? 그냥 얼어죽는 수밖에 없는 걸까? 인생에 추운 시기가 온다는 것을 미리 알 수 있다면 그에 맞게 대비를 잘 하면 된다. 꽁꽁 얼어붙은 땅에 씨앗 뿌리고 나무 심는 것은 헛수고에 불과하다. 남다른 지혜를 찾으려고 노력해야 한다. 겨울이 오기 전에 미리 비닐하우스를 설치하면 어떨까? 그러면 아무리 추운 겨울이 닥쳐도 수박도 심고 꽃도 키울 수 있어 수확물을 시장에 좋은 조건으로 내다 팔 수 있다. 대비를 철저하게 했기 때문에 추운 겨울을 따뜻하게 보낼 수 있게된 것이다. 이런 상황을 생각했던 걸까? 미국의 심리학자 토니 로빈슨은 이렇게 말했다.

"당신 삶에도 겨울이 찾아올 수 있다. 하지만 어떤 사람은 얼어죽고, 어떤 사람은 스키를 탄다!"

 들어오는 운에 따라 아이는 변한다

　외부에서 사주 안으로 들어오고 나가는 에너지의 흐름에 따라 사주 주인공의 삶이 달라진다. 만세력 어플을 열어서 대운과 연운 등 운의 흐름이 정리된 표를 보면 새롭게 다가오는 에너지의 크기와 그것이 미칠 영향을 미리 가늠해볼 수 있다. 이 에너지는 운運을 일으키는 힘이다. 앞으로 닥칠 운이 좋은 흐름인지, 나쁜 흐름인지 미리 안다는 건 얼마나 중요한 정보인가. 내일 비가 온다는 뉴스를 듣고 오늘 우산을 준비하는 것과 같다. 또 농부가 이번 겨울에 혹한과 폭설이 찾아온다는 예보에 귀기울인 후, 돈이 좀 더 들더라도 비닐하우스와 난방장치를 보강해야겠다는 생각을 하는 것과 같다. 실제로 그 생각을 실천에 옮기고 말고 여부는 운의 크기에 달려 있다.

　이렇게 들어오고 나가는 운에 따라 아이의 성격이나 행동도 달라진다. 그래서 '어떤 운이 다가오는지 알아볼 필요가 있다. 그러기 위해서는 자기 자신을 아는 것이 우선 과제다. 그 방법은 Part 03에서 다뤘다. 일간의 강약 계량법, 용신 찾는 법, 희신과 기신 찾기 부분으로 돌아가 다시 한번 읽기 바란다. 그러고나서 다음 도표를 보면 도움이 될 것이다.

1. 비견 운이 들어올 때

희신인 경우	기신인 경우
• 인정받고 싶은 욕구가 커진다. • 형제·친구의 도움으로 어려움이 해결된다. • 자립심이 강해진다. • 대인관계가 원만해진다. • 선거에 당선될 확률이 높다. • 추진력이 강해진다.	• 공연한 자존심으로 인해 손해 본다. • 형제·친구 문제로 고생한다. • 아버지와 갈등이 생긴다. • 공주병이나 왕자병이 생긴다. • 손재수와 중상모략을 당할 수 있다.

조언

자녀를 인정하고 칭찬한다. 그러면 아이는 능력을 최대한 발휘한다. 성격이 예민해지고 자존심도 강해지므로 주변 친구나 형제와의 비교는 금물이다.

2. 겁재 운이 들어올 때

희신인 경우	기신인 경우
• 추진력이 강해진다. • 사람들의 관심과 칭찬에 민감해진다. • 주변에 자신의 존재를 알리고 싶어한다. • 인기가 많아지고 선거에 나가면 당선된다.	• 작은 이익을 보고 큰 손해를 본다. • 친구와 선후배, 형제와 다툼이 일어난다. • 아버지와 갈등 생긴다. • 쓸데없는 고집을 부려 주변을 힘들게 한다.

조언

지속적인 관심과 칭찬으로 인정 욕구를 채워준다. 친구의 영향력이 커지므로 어떤 친구랑 어울리는지 잘 살펴야 한다. '친구 같은 부모'가 되려고 노력하는 것도 도움이 된다.

3. 식신 운이 들어올 때

희신인 경우	기신인 경우
• 연구·발명 등에서 성과를 거둔다. • 기억력이 좋아진다. • 성적이 오른다. • 호기심이 강해진다. • 학습 의욕이 생긴다. • 언어 능력이 발달한다. • 재물이 불어난다.	• 좋은 일 하고도 욕 먹는다. • 구설수가 일어난다. • 감정 기복이 예민해진다. • 과대 포장하고 허세를 부린다. • 고집이 강해진다. • 자만심이 넘친다. • 상대에게 자기 생각을 주입시키려 한다.

조언

호기심이 커지는 시기이기 때문에 부모가 뒷받침을 잘 해주면 그 호기심이 학습 욕구로 연결된다. 또 평소 말이 없는 아이도 갑자기 말문이 터지게 된다. 연설이나 웅변대회 등에 내보면 좋은 결과를 얻을 수 있다. 그러나 식신격 아이에게 또 식신 운이 들어와 그 기운이 지나치면 행동보다 말이 앞서 구설수가 일어날 수 있다. 신중한 언행을 하도록 말조심을 가르쳐야 한다.

4. 상관 운이 들어올 때

희신인 경우	기신인 경우
• 재능과 능력을 인정받는다. • 예체능, 발명, 발표 대회에 나가면 상 받는다. • 논문이나 저술 등 학술 언론 방면에서 이름을 날린다. • 표현력이 좋아진다. • 아이디어가 풍부해진다. • 미적 감각이 생겨난다. • 사교성이 늘어나 명랑 쾌활해진다.	• 행동보다 말이 앞선다. • 일 마무리가 약하다. • 자기 고집만 부린다. • 자만심이 강해진다. • 생색을 많이 낸다. • 말실수로 명예가 떨어진다. • 자존심을 다치면 인간관계를 끊어 버린다.

조언

상관 운이 들어오면 말주변 없는 아이라도 말솜씨가 늘고 말이 많아진다. 그래서 친구들 사이의 비밀 유지와 프라이버시 존중의 중요성을 가르치고, 늘 말실수 하지 않도록 지도해야 한다. 한편 스피치나 창의력 대회 등에 대한 정보를 찾아 참가 기회를 제공하여 아이가 재능을 발휘할 장을 마련해 주는 것도 좋다.

만약 상관격 아이에게 또 상관 운이 또 들어온다면 괜한 허세와 자만심을 부리다가 망신을 당할 수 있다. 이때 부모는 튀어나가려는 아이의 옷을 붙잡아야 한다. 처음 보는 사람들이나 교류가 많지 않은 친구들 앞에서는 자신을 낮추거나 감추는 연습을 시켜야 한다.

5. 편재 운이 들어올 때

희신인 경우	기신인 경우
• 아르바이트, 용돈, 상금 등으로 수입이 늘어난다. • (남) 여자에게 인기 많아진다. • 새로운 것에 대한 탐구심이 생긴다. • 활동적인 기질이 생겨난다. • 사람들과 적극적으로 어울린다. • 명예와 인기가 올라간다.	• (남) 이성 친구에 관심을 갖게 되어 공부에 소홀해진다. • (여) 멋내기에 관심을 쏟는다. • 모험을 무릅쓰다가 크고 작은 사고를 친다. • 사기를 당할 수도 있다. • 배짱과 추진력이 약해진다. • 투기 성향이 나타난다.

조언

한창 공부해야 할 시기에 편재 운이 들어오면 아이의 관심사가 공부 아닌 돈이나 이성 등으로 향할 수 있다. 상장과 함께 상금이나 선물을 주는 각종 대회에 나가도록 은근슬쩍 부추기는 방법을 권한다. 아니면 부모가 별도의 포상을 걸어도 좋다. 예를 들어 성취의 대가로 용돈 인상 등 금전적 보상을 제안하는 방법도 나쁘지 않다.

또한 이 시기에는 명예나 인기에 대한 욕심으로 갑자기 연예인이 되겠다고 각종 오디션을 보러 다니기도 한다. 이때 부모는 무조건 반대만 해서는 안 된다. 대화를 통해 아이의 재능과 의지 등을 거듭 확인해 보는 것이 좋다. 아이가 연예인의 꿈을 진지하게 꾸고 있다면 부모는 일단 밀어주는 것이 상책이다.

6. 정재 운이 들어올 때

희신인 경우	기신인 경우
• 근검절약하고 성실해진다. • 친구, 형제로부터 경제적인 도움을 받는다. • 수험생은 시험에 합격한다. • 학업이나 교우관계에서 착실한 성장을 한다.	• 친구나 형제와 돈 문제로 다툰다. • 남자는 이성 친구, 여자는 멋내기 등에 빠져 성적이 떨어진다. • 돈 낭비가 커진다.

조언

편재 운과 비슷하게 대응하면 된다. 아이에게 끼와 의지가 있다면 일찍부터 그 방면의 재능을 살리는 연예계 진출을 권해도 좋다.

7. 편관 운이 들어올 때

희신인 경우	기신인 경우
• 리더나 주인공이 되려는 기질이 나타난다. • 적극성과 배짱이 커진다. • 명예욕이 발동해 인정받고자 열심히 한다. • 선거에 나가면 유리하다. • 독립하려는 욕망이 강해진다.	• 친구·형제·선후배를 무시한다. • 남과 비교 당하면 극심한 스트레스 받는다. • 사소한 일에 예민해진다. • 긴장감, 스트레스가 커진다. • 노력 만큼 성적이 안 오른다.

조언

편관 운이 오면 남에게 인정받길 원하는 욕구가 강해진다. 리더가 되고 싶은 욕심도 생기므로 아이가 학교 선거나 각종 대회에 나가길 원하면 적극적으로 밀어주는 것이 좋다. 또 자존심이나 명예에 손상을 받으면 난폭해질 수 있어 남과 비교하면 안된다. 아이 다루듯 대하지 말고 어른 대접을 해주며 책임감을 키운다.

8. 정관 운이 들어올 때

희신인 경우	기신인 경우
• 리더가 되려고 노력한다. • 행동이 바른 모범생이 된다. • 명예가 따르고 잘 성취된다. • 자격, 입학, 취직 등 각종 시험에 무난히 합격한다. • 상을 받고 언론에 알려진다. • 주변의 도움으로 바라는 일을 이룬다.	• 작은 일이 소송까지 번진다. • 귀찮은 일에 말려 손해를 본다. • 자신감이 지나쳐 교우관계에서 따돌림을 당할 수 있다. • 강도, 소매치기 등을 당한다. • 수험생은 시험에 떨어진다. • 자존심을 지키려고 다툼을 자주 일으킨다. • 조직에 잘 적응하지 못한다.

조언

편관 운처럼 적극적으로 격려와 칭찬을 해주어야 한다. 자존심 상하는 일에 예민해지는 시기이다. 아이 취급 대신 어른 대접을 해주면 착실하고 모범적인 학생이 된다. 남과 비교 당할 때 극심한 스트레스를 받는 유형임을 잊지 말자.

9. 편인 운이 들어올 때

희신인 경우	기신인 경우
• 부모, 선후배 등 윗사람의 도움을 받는다. • 표창장을 받는다. • 각종 시험에 합격한다. • 학문, 예술, 기술 등 새로운 분야에서 관심이 생기고 큰 성과를 얻는다. • 오락이나 취미 활동 등을 통해 이익을 얻는다. • 여러 계약이 쉽게 성사된다.	• 각종 시험 성적이 부진하다. • 정신적으로 방황하게 된다. • 억울한 누명을 쓸 수도 있다. • 의도치 않게 명예에 손상을 입는다. • 학업 면에서 슬럼프가 와서 진로에 갈등을 겪는다. • 주위 도움 받으려다 사기 당할 수 있다

조언

편인의 키워드 중 '특별한 공부'라는 것이 있다. 편인 운이 오면 새로운 분야나 지식에 대한 관심이 높아지고 적극적으로 배우려고 한다. 그래서 공부만 하던 아이가 전혀 뜻밖의 예술이나 기술 분야에 관심을 보이며 부모를 애타게 할 수 있다. 이때 일방적으로 무시하면 안되고, 진지하게 대화를 나누며 함께 진로를 모색해 보기를 권한다. 해당 전문가를 찾아서 아이와 연결해줄 수 있으면 더 좋다.

또 편인 운 시기에는 배움에 대한 열의와 호기심이 생기므로 다양한 분야의 체험 환경을 만들어주는 것도 중요하다. 그리고 편인 운이 오면 귀가 얇아진다. 되도록 SNS 등을 멀리하게 해서 불필요한 정보에 휘둘리지 않도록 관리해야 한다.

10. 정인 운이 들어올 때

희신인 경우	기신인 경우
• 계약 등 각종 문서와 관계되는 일이 체결된다. • 부모, 선생님 등 윗사람으로부터 물심양면 도움 받는다. • 장래성이 유망한 특기를 찾아내서 새로 시작한다. • 명예가 높아지고 이름을 알린다. • 학업 성적이 올라 학교 생활이 즐겁다.	• 각종 문서와 관계된 일이 불리하게 돌아간다. • 수험생은 시험에 합격하기 어렵다. • 어머니 관련 걱정거리가 생긴다. • 다른 사람의 감정에 매우 민감해진다. • 마마보이, 마마걸의 성향이 나타난다.

조언

정인의 키워드 중에 '학문'이나 '연구' 등을 떠올려보자. 정인 운이 들어오면 자신의 지적 욕구를 채우고 싶어한다. 즉 이 시기에는 차분하게 공부하고자 하는 마음이 생긴다. 따라서 옆에서 조금만 더 신경을 써서 지원해 주면 아이의 학습 능력이 크게 개선되고 성적도 향상된다.

한편 정인 운에는 명예심도 발동된다. 공부 안하던 아이가 갑자기 열심히 한다면 그 출발점은 명예욕이다. 따라서 자존심을 상하게 하는 말을 하면 안된다. "지금도 충분히 잘 하고 있어. 화이팅!"이란 말처럼 응원과 지지로 자존감과 명예심을 지켜주는 것이 부모의 역할이다.

적용 10 '예외적인 사주'를 가진 아이 교육법

우리 주변엔 오행을 두루 갖춘 무난한 사주도 있지만, 오행이 한쪽으로 쏠리거나 한 두가지 오행은 아예 없는 '치우친 사주'도 많이 있다. 결론부터 말하자면 오행을 두루 갖춘 사주는 좋고, 한쪽으로 치우친 사주는 나쁘다고 말할 수 없는 것이다. 사주에는 좋고 나쁨이 없고 각자 자신만의 '특별함'이 있을 뿐이다. 고전 명리학이 출발한 천여 년 전의 세상과 현재를 같은 잣대로 재면 안 된다. 4차 산업혁명기인 지금은 완전히 딴 세상이다. 따라서 사주 해석도 새로운 시각으로 바라봐야 한다.

명리학에서 가장 좋은 상태는 중용을 이룬 모습이라고 했다. 그래서 사주 안에 목·화·토·금·수 오행을 모두 갖춘 사주를 '양호한 사주'로 본다. 또 통변성이 막힘 없이 순환하는 사주도 양호하다고 본다. 예를 들어 비겁은 식상을 낳고, 식상은 재성을 낳고, 재성은 관성을 낳고, 인성은 비겁을 낳는 식으로 순환상생하는 사주 구성일 때다. 이런 사주는 큰 사건 사고 없이 무난하게 살아 갈 수 있다. 그러나 별다른 곡절 없는 그저 무난한 삶과, 성공과 실패의 롤러코스트 드라마를 연출하는 치열한 삶 중에서 한가지를 선택하라고 한다면 '드라마 같은 삶'을 선택하는 사람도 적지 않을 것이다.

'무난한 사주'는 안정적이지만 눈길을 사로잡는 개성미가 빠져 역동적이지 않다. 그래서 한쪽으로 치우친 '삐딱한 사주'가 기회 포착만 잘 하면 자신의 삐딱함을 무기로 한 방을 터뜨릴 가능성이 더 높다. 요즘은 다양한 1인 SNS 활동으로 단숨에 인기와 부를 거머쥐는 사람이 많이 등장하고 있다. 직장 생활을 하지 않고 집에서 컴퓨터 한 대 가지고도 전 세계를 무대로 사업을 펼칠 수 있는 세상이기도 하다. 자신이 잘할 수 있는 전문 기술 한 가지만 있어도 얼마든지 성공할 수 있다.

이처럼 남다른(?) 사주 구성을 가진 아이는 생각과 행동이 아무래도 또래와 다를 수 있다. 부모가 이런 아이를 일반적인 틀에 가두려고 하면 갈등이 커진다. 아이의 성격이나 행동이 유별나서 내 자식 같지 않아 고민이라면, 더욱이 내 아이를 제대로 해석해 보려는 노력을 해야 한다. 그래야 자기 아이의 성격에 어울리는 '맞춤 양육'을 할 수 있기 때문이다. '우리 집안의 돌연변이' ', 도대체 말이 안 통하는 골통' … 이런 말을 듣는 아이들의 사주 구성은 어떠할까? 또 그런 아이들은 어떻게 키워야 할까? 이런 고민을 가진 부모들이 알아두면 도움이 되는 사주를 하나씩 알아보기로 하자.

1. 비겁 과다 사주

비겁은 육친으로 보면 자기 자신이거나 동료 같은 존재다. 비겁 과다는 자신에게 쏠리는 힘이 넘쳐 흐르는 사주다. 한마디로 자신의 힘을 믿고 덤비는 유형으로 하고 싶은 대로 해야 직성이 풀리는 스타일이다. 때로는 고집 불통에다 사소한 일에도 팔 걷어 부치고 싸우려고 한다. 자존심도 엄청 강하다. 꺾일 망정 구부러지지는 않겠다는 자존심 때문에 자칫하면 한 방에 무너질 수 있는 타입이다. 이 때문에 부모와의 마찰이 심할 수 있다. 부모뿐 아니라 친구나 선생님과의 관계에서도 사사건건 말썽을 일으킨다. 자기 생각을 접지 못하는 성격 탓이다. 또한 비겁 과다 사주는 마음 속 포부는 큰 데 현실 여건이 따라주질 않으면 불평 불만주의자가 되고 만다. 싫고 좋음이 뚜렷하고, 직설적으로 자기 생각을 쏘아 붙이는 성격이다. 공평하지 못한 상황을 보면 그냥 넘어가지 않으니 주변과의 마찰은 불을 보듯 뻔하다.

조언

이런 아이는 분명한 것을 좋아하기 때문에 대화할 때 돌려 말하는 화법을 쓰면 안 된다. 솔직하고 단도직입적으로 이야기하는 것이 좋다. 사소한 일에 화를 잘 내는 기질이므로 분노 조절법을 가르쳐야 한다. "지는 게 이기는 거야"라는 말로 한 발 물러나게 하는 태도를 기르고, 부모부터 스스로 모범을 보여라. 또 비겁 과다 아이는 공부하는 틈틈이 운동을 시켜 넘치는 에너지를 배출시켜야 관계를 원만히 유지할 수 있다.

2. 무비겁 사주

비겁 과다와 정 반대로 사주에 일간 말고는 비겁이 없는 경우다. 이 사주의 큰 특징은 사람들과 함께 으쌰으쌰 하기 보다는 혼자서 독립적으로 일하고 싶어한다는 점이다. 조직에서 팀을 이루며 일하는 것에 서툴다. 이를테면 홀로 자신의 관심 분야만 파고드는 탐구적인 성향이다. 사람들과 어울려 작업하는 것을 버거워하기 때문에 진로를 정할 때도 프리랜서나 연구원 쪽으로 방향을 잡으면 좋다. 또 요즘 각광받는 모바일 쇼핑몰이나 1인 미디어와 같은 직업군에도 잘 어울린다.

조언

많은 친구와 어울리기보다 한 두 명과 깊게 사귀는 스타일이다. 부모 입장에서는 사회성이 떨어진다고 걱정할 수 있다. 다소 소심한 성격이라 성적이나 실수 등을 가지고 잔소리하거나 다그치면 깊게 상처를 받는다. 아이 성격에 맞게 혼자만의 시간과 공간을 주는 것이 필요하다. 학습 공간도 조용하고 차분한 분위기가 좋다.

3. 식상 과다 사주

통변성 중에서 가장 재주가 많고 다양한 능력을 가지고 있는 것이 식상이다. 식상이 사주에 있으면 언어 능력이 뛰어나 말문이 일찍 트인다. 호기심도 강해 어릴 때는 부모가 이것저것 다 시켜도 눈을 반짝이며 잘 해낸다. 그런데 이런 기운이 지나친 식상 과다 아이는 천방지축 행동 과잉이 된다. 한마디로 어디로 튈지 모르는 럭비공 같은 타입이다. 하고 싶은 것이 많아서 이랬다 저랬다 변덕도 심하다. 게다가 반항심도 세서 일반 규율을 잘 따르지 않아 사춘기에 부모를 가장 힘들게 할 유형으로 마음의 각오를 해두어야 한다. 그런데 지나침은 모자람만 못하다는 명리학 금언을 떠올려보자. 의외로 식상 과다에는 극도로 내성적인 성격의 아이도 많이 있다. 어릴 때는 활발하다가 사춘기에 들어서면 입을 꾹 다물고 방문 걸어 잠그는 아이는 식상 과다일 가능성이 높다. 그러나 대운이 바뀌면 다시 입이 열린다.

조언

식상이 과다한 아이는 하고 싶은 것이 많아 한가지에 집중하지 못한다. 게다가 끈기가 부족해 모든 일이 용두사미로 흐른다. 또 말 많은 식상의 특성상 말실수 때문에 주변과 갈등을 일으키기 쉬우니 항상 말조심을 시켜야 한다. 다만 아이의 타고난 호기심을 억누르기 보다는 살려주는 쪽으로 키우길 권한다. 아이의 호기심에서 식상의 기발한 아이디어가 나오기 때문이다. 따라서 다소 엉뚱한 아이의 생각을 허황된 것으로 무시하지 않고 관심을 가져주는 부모의 태도가 바람직하다.

4. 무식상 사주

통변성의 상극관계에서 보면 식상은 관성을 극한다. 관성은 자기만의 원칙, 신념 등을 상징한다. 그런데 사주에 식상이 없으면 관성이 극을 받지 않아 일반 통념과는 동떨어진 자신만의 신념대로 행동한다. 때로는 이와는 정반대로 자신만의 생각이나 원칙이 없는 것처럼 행동을 하기도 한다. 그래서 '4차원 같다'는 소리를 들을 수 있다. 무식상 아이는 자기 생각을 논리적으로 표현하는 것에 서툴다. 웬만하고 묻어가고 따라가는 성향이 이 무식상 사주이다. 그러다가 한번 고집을 부리면 끝까지 버텨 주변 사람을 당황시키기도 한다. 평소에는 조용하다가 한번씩 대폭발하는 아이 때문에 고민하는 부모는 무식상 사주를 연구해볼 필요가 있다.

조언

무식상 아이는 말이건 행동이건 표현하는 일에 서툴다. 그래서 생각이나 감정을 솔직하게 표현하는 법을 가르치는 것이 부모의 숙제다. 부모는 항상 "네 생각을 한번 말해 볼래?" "왜 그런 생각을 하게 되었니?"라며 아이의 생각을 듣기 위해 노력해야 한다. 또 무식상 아이는 행동력이 떨어진다. 몸을 쓰지 않으려 하기 때문에 다른 사람 눈에는 게을러 보인다. 억지로라도 운동을 시키는 것이 좋다. 그리고 남에게 베푸는 일에 서툴다. 사랑은 서로 주고 받는 것임을 아이에게 가르치자. 먼저 베풀어야 나중에 돌려받는다는 교훈을 부모가 솔선하여 모범을 보여야 한다. 인색한 아이가 되지 않도록 신경 써야 아이의 대인관계에 문제가 생기지 않는다.

5. 재성 과다 사주

재성의 키워드 중의 하나가 '목표 지향적'이다. 그런데 재성이 과다한 사주라면 어떨까? 목표를 정하면 누구보다 열심히 노력하는 성실한 성격이지만 재성 과다는 그것이 지나쳐서 문제다. 의욕이 너무 앞서 실수를 자주 하게 된다. 그래서 노력한 만큼 결과가 잘 나오지 않는다. 또 재성 과다 사주는 목표를 이루지 못하면 심하게 좌절하고 무기력해진다. 남의 이목을 지나치게 의식해 허세를 부리다가 미움을 받기도 한다. 또한 재물 욕심은 많지만, 관리를 못해 씀씀이가 헤프고 돈을 모으지 못한다.

조언

의욕이 앞서고 결과에 대한 집착이 큰 재성 과다 아이는 공부에서도 욕심만 부리다가 원하는 만큼 성과를 내지 못하는 타입이다. 부모는 아이가 지닌 높은 포부는 칭찬해 주어야 하지만, 실현 가능한 목표와 구체적인 실현 방안이 포함된 현실적인 가이드 라인을 제시해 줄 수 있어야 한다.

6. 무재성 사주

돈, 목표, 결과물 등 재성의 키워드 중에는 우리의 현실적인 삶을 지배하는 것들이 많다. 그런데 이런 재성이 없는 아이는 일상적 현실과 거리가 먼 몽상가가 되기 쉽다. 또 통변성의 관계에서 볼 때 재성은 인성을 극한다. 인성의 키워드는 지식이나 생각 등이다. 재성이 없어 인성을 극하지 못하는 무재성 사주는 자신의 생각을 컨트롤 하는 힘이 없다고 이해하면 된다. 그래서 자기 생각에만 집착하는 고집쟁이가 되기 십상이다. 또 자신이 꿈꾸는 몽상만을 고집해 외골수가 될 우려도 있다.

조언

무재성 아이는 뭔가 독특하고 신비스러운 분야에 매료되어 푹 빠지기 쉽다. 이때 부모가 뜬구름 잡지 말라는 식의 냉정한 말을 하며 아이를 무시하면 안 된다. 세상에 자기를 이해해 주는 사람이 아무도 없다는 생각에 우울증에 빠질 수 있기 때문이다. 아이가 관심을 쏟는 분야에 부모가 함께 하며, 아이를 이해하려고 해야 한다.

7. 관성 과다 사주

관성은 어떤 틀 안에 자신을 가두고자 한다. 그런데 이게 너무 지나친 관성 과다 사주는 자신이 틀 밖으로 튕겨나갈까봐 늘 전전긍긍이다. 자신을 스스로 들들 볶게 되니 언제 폭발할 지 모를 스트레스가 차곡차곡 쌓인다. 관성의 완벽주의자 성향은 선뜻 일을 시작하지 못하게 한다. 완벽하게 해내지 못할까봐 겁부터 먹고 주저하는 것이다. 세심함이 지나쳐서 전체를 못보고, 사소한 거 하나하나 체크하다가 미리 진이 빠지는 스타일이다. 그 불안 심리 때문에 시험볼 때 아는 것도 반복해서 틀리는 실수를 하게 되는 것이다.

조언

　이런 성향의 아이는 성적이 떨어지거나 실수를 했을 때 누구보다 자신이 먼저 스트레스를 받는다. 여기에 부모가 혼까지 내면 아이는 폭발한다. 부모는 오히려 아이의 스트레스를 풀어 주는데 더 신경을 쓰고, 아이가 담대한 마음을 갖도록 도와주어야 한다. 평소에 불평 불만을 쉽게 이야기 할 수 있는 분위기를 만들어 준다.

　8. 무관성 사주

　원칙, 신념, 명예, 복종… 이런 것이 관성의 키워드에 해당한다. 그런데 이런 것이 없다면? 한마디로 자유로운 영혼이다. 규율을 싫어하고 어딘가에 얽매이면 괴로워 한다. 하고 싶은 건 해야만 직성이 풀리고, 하기 싫은 건 죽어도 안 한다. 무관성 아이가 가장 듣기 싫은 말이 "안돼!" "그건 해야돼!"라는 말이다. 따라서 금지어와 명령어를 가급적 줄이는 것이 좋다. 시험 볼 때 몰라서 틀리기 보다는 덜렁대다가 아는 문제도 실수하는 것이 무관성 아이다.

조언

　무조건 행동을 제지하면 안돼며 신중한 대화법을 사용해야 한다. 이해할 수 있도록 근거를 들어가며 차근차근 말해 준다. 훈계성 말투는 아이의 반항심만 부추긴다. 무관성 아이는 공부해야 하는 이유도 여러 사례를 제시하며 설명해 주어야 한다. 그런 논리에 공감하는 순간부터 무섭게 공부에 올인할 수도 있기 때문이다.

9. 인성 과다 사주

부모 입장에서 속 터지는 아이 중의 하나가 인성 과다 아이가 아닐까 싶다. 생각 많고 하고 싶은 일도 많지만 단지 마음뿐이다. 머리 속에 이것 저것 생각만 복잡하니 나오는 말에 두서가 없다. 머리 속만 바쁘고 몸은 좀체 움직이질 않는다. 모험을 싫어하고, 실행에 옮기는 행동력이 부족해 옆에서 지켜보는 부모는 속이 터진다. 인성의 키워드 중에 인내심이 있는데, 인성이 지나치면 그 인내심이 고집으로 변해 하기 싫은 건 죽어도 안하고 버티게 된다.

조언

이런 아이는 믿고 기다려주는 수밖에 없다. 인내심 하나는 기가 막히게 좋아 뭘 하나 붙들면 언젠가는 해낸다. 한마디로 대기만성형이다.

10. 무인성 사주

인성의 키워드는 인내심, 기억력, 학문, 지식…등이다. 무인성 사주 아이는 인내심이 부족해 진득하게 공부하지 못하고 뭐든 후다닥 해치운다. 책임감도 부족하고 끝까지 해내는 뚝심도 약하다. 이런 성향 때문에 전문 자격증을 따도 실제로 그걸 써먹지 못하는 경우가 많다. 또한 탐구욕 때문에 박학다식은 하지만 깊이가 얕다.

조언

　무인성 사주는 깊게 생각하는 힘이 약하다. 그래서 대화를 할 때 상대방의 말을 대충 듣거나 제대로 이해하지 못한 채 반응한다. 그래서 오해가 생기고 상대방은 '소 귀에 경 읽기'라며 화를 내게 된다. 무인성 사주의 아이에게 귀에 못이 박히도록 해줘야할 말은 '경청과 공감'이다. 남의 말을 끝까지 듣고 나서 대답하는 습관을 길러 주어야 한다. 대화 중에 툭툭 끼어들어 대화의 흐름을 끊어 놓거나 갑자기 분위기를 싸늘하게 만들어 버릴 수 있기 때문이다. 그리고 무엇보다도 상대방 입장을 생각하는 태도와 공감 능력이 절실하게 필요한 것이 무인성 사주다. 무인성 아이의 부모는 이런 점을 공부 보다 먼저 염두에 두어야 아이의 사회성을 제대로 키울 수 있다.

 부모 사주 구성이 자녀에게 미치는 영향

　몇 년 전 광화문에 있는 〈한국역사박물관〉에서 조선시대 선비가 12년 동안 쓴 일기 24권을 전시한 적이 있었다. 〈유만주의 한양〉이란 기획전시물의 주인공은 조선 정조 임금 시대를 살았던 유만주라는 선비였다. 과거 시험에 수도 없이 낙방한 그는, 그 시름을 일기 쓰기로 달랬는지 방대한 양의 일기를 유산으로 남기고 서른 네 살에 생을 마감했다. 그의 일기는 국내 한 출판사에서 〈흠영〉이라는 제목으로 출간된 적도 있다. 그의 일기를 통해 당시 한양에서 벌어진 생활의 일거수일투족을 엿볼 수 있는데, 사주팔자와 관련해서 좀 흥미로운 대목이 있다.

　"사람 팔자에서 태어난 년보다 태어난 월이 중요하고, 태어난 월보다는 태어난 일이 중요하고, 태어날 일보다는 태어난 시가 중요하다. 그러나 태어난 시간보다 더 중요한 것은 태어난 집안이다."

　위의 문장은 유만주 본인이 직접 한 말은 아니다. 18세기 당시 조선 역술인들 사이에 나돌던 농담을 유만주가 자신의 일기에 적어 놓은 것이다. 신분제 사회였던 조선시대에는 어떤 집안에서 태어났는 지가 분명히 중요했다. 그러나 좋은 집안 출신의 유만주에게 실제로 집안이 그만큼 중요한 역할을 했을까? 타고난 개인차나 운의 영향은 없었을까? 유만주의 아버지는 정조에게 인정받던 관료 유한준이고, 〈서유견문〉이란 책을 역사에 남긴 유길준도 같은 집안 사람이다. 그런데도 과거 시험에 번번이 실패하고 결국 죽을 때까지 이렇다 할 직업 없이 일기 쓰기로 생을 보낸 유만주는 시중에 떠도는 역술가의 팔자 얘기에 귀가 솔깃했을 것 같다.

유만주가 살았던 시대와 현재는 완전히 다르다. 그러나 당시 역술가들이 사주팔자에서 가장 중요하게 생각했다는 '어느 집안'을 요즘에는 '어떤 부모'로 바꿔야 할 것 같다. 다시 말해 어느 집안의 어떤 부모를 만나느냐가 자녀 인생의 중요 열쇠가 아닐까 싶다. 대부분의 자식들은 부모의 삶에서 멀리 떨어져 있지 않다. 바람에 흔들려 떨어진 사과가 사과나무에서 멀리 가지 못하는 것처럼.

그렇다면 요즘에는 '어떤 부모'여야 할까? 아이의 꿈을 인정하고 최대한 지원해주겠다는 자세를 가진 '선진국형 부모'들이 많아진 것은 분명하다. 아이는 부모와 소통하는 좋은 관계일 때 자신의 삶을 능동적으로 개척해나갈 더 큰 힘을 얻는다. 우선 부모는 내 아이가 어떤 아이인지 아는 것이 중요하다. 아이의 잘난 점, 못난 점을 파악해서 잘난 맛은 살리고 못난 맛은 보완해 주어야 한다. 그러면 아이는 싱싱하게 구김살 없이 자랄 것이다. 부모가 노력한 만큼 자식들이 바르게 성장하는 것은 자연의 법칙이나 마찬가지다.

그런데 우리 주변을 둘러보면 '문제 부모'가 참 많다. 사주팔자에 없는 재능을 발휘하라고 무턱대고 아이 등을 떠미는 부모. 자신의 게을렀던 학창시절은 까맣게 잊고 지금은 성적 지상주의 교육열만 뜨거운 부모. 말문도 트이지 않은 어린 아이의 미래 설계까지 이미 끝내버린 부모. 자기 아이가 어떤 아이인지 고민도 안 해보고 부모의 플랜대로 커주기를 바라는 것은 곧 꺼질 희망 사항에 불과하다. 어린 나무가 빨리 크도록 자꾸 줄기를 위로 잡아 당기면 어떻게 되겠는가. 생장점도 꺾이고 뿌리가 들떠 제대로 자라지 못하다가 언젠가 말라 죽을 지도 모른다.

아이가 부모로부터 받는 영향력은 절대적이다. 특히 아이가 어릴수록 부모는 아이의 모든 세상이나 마찬가지다. 아이의 가치관이나 사회성은 가족으로부터 시작되기 때문이다. 아이 입장에서 보면 '부모가 내 팔자'라는 생각을 하지 않을까? 부모도 타고난 사주팔자가 있으므로 사주에 담긴 성격대로 아이를 키워나갈 가능성이 높다. 그런데 이런 양육 방식이 아이의 천성과 크게 어긋난다면 분명히 많은 갈등이 생길 것이다.

아이를 후회 없이 키우기 위해서는 우선 부모가 자신의 사주가 어떻게 생겨먹었는지 공부해야 한다. 자신의 사주팔자에 나타난 성격을 이해하면 아이를 다른 각도로 바라볼 수 있어 공감하고 소통하며 키울 수 있기 때문이다. 이제부터 '문제 부모'에서 벗어나는 방법을 명리학적으로 살펴보기로 한다.

1. 비겁 많은 부모

비겁 많은 부모는 자존심이 세고, 상대를 자기 발 아래에 놓으려는 지배욕도 크다. 또 자기 주장이 강해 한번 결정한 생각을 굽히지 않는다. 아이를 자기 기준대로, 자기 방식대로 키우려는 경향이 있다.

경쟁심이 많은 것도 비겁 많은 부모의 특징이다. 그러다 보니 아이가 나약한 모습을 보이거나 아이의 성적이 기대에 못 미치면 심하게 혼을 내고 다그친다. 만약 이런 부모 아래서 식상 많은 아이가 자라면 여러 문제가 생긴다. 식상 강한 아이는 할 말을 해야 직성이 풀리는 성격인데, 비겁 많은 부모가 우격다짐 방식으로 끌고 가려 하면 전쟁이 일어난다. 특히 아이가 사춘기에 접어들면 부모의 강압에 맞서 거세게 반항하다가 집을 나갈 수도 있다.

비겁 과다 부모와 관성 과다 아이의 조합은 더욱 심각하다. 안그래도 눈치 보는 관성 아이에게 부모가 자꾸 잔소리 하고 혼을 내면 그 아이는 무조건 "예, 예"하며 듣는 척 한다. 이게 계속되면 아이의 자존감은 바닥으로 떨어지고, 나중에는 자기 의지대로 살아갈 힘조차 잃어 버리게 된다. 이처럼 사주 구성에 따라 아이의 반응이 다를 수 있다는 점을 항상 염두에 두어야 한다. 비겁 많은 부모는 자녀의 선천적인 성격을 잘 살피고, 그에 맞는 훈육을 해야 한다. 당근을 줄지 채찍을 줄지, 아니면 당근과 채찍을 번갈아 줄지 말이다.

조언

비겁 강한 사주는 공감 능력이 조금 떨어질 수 있다. 시키는 대로 하지 않는 아이를 힘으로 누르기 전에 아이의 기질과 불만이 무엇인지 먼저 알아보아야 한다. 경청과 공감! 비겁 부모는 이를 전략적으로 잘 활용해야 한다. 공감이란 상대방의 신발을 신고 걷는 것이라는 인디언 속담을 항상 기억하자!

2\. 식상 많은 부모

아이들이 좋은 엄마의 덕목으로 '명랑함'을 맨먼저 손에 꼽는다는 통계를 본 적 있다. 사주에 식상이 들어있는 엄마들은 밝고 명랑하다. 그러나 과유불급이라고 항상 넘치는 것이 문제다. 특히 상관이 과다한 부모는 거침 없는 말로 아이에게 상처를 줄 여지가 많다. 상관에는 '가시 돋친 꽃'이라는 별명이 있다. 재주 많고 똑똑하고 화려하지만 가시처럼 콕콕 찌르는 말을 잘 한다. 맘에 없는 빈말이라도 해서 아이 기를 살려주어야 하는 게 부모 노릇 중 하나임을 명심하자.

식상 강한 부모는 에너지가 넘치고 호기심도 많아 어린 아이를 데리고 온갖 현장 학습을 휩쓸고 다닌다. 그런데 엄마와 달리 내성적이고 혼자 꼼지락거리는 성향의 아이라면 스트레스를 받게 된다. 다행히 아이도 식상 기운을 갖고 있다면 짝짜꿍이 맞지만 말이다. 또 식상 과다의 경우는 변덕이 심하다. 관심 분야도 다양하고, 아이에게 시키고 싶은 일도 많다. 그러나 자녀 교육에 있어 중요한 덕목 중의 하나가 일관성이라는 사실을 잊지 말자.

조언

월지에 식상이 강하게 자리잡고 있거나, 대운이나 연운에서 식상운이 들어오면 일단 부모는 입을 닫아 걸어야 한다. 입심이 세져서 생각 없이 못할 말이 쑥쑥 나와버리기 때문이다. 빈말은 할 줄 모르고 속마음도 숨기지 못하는 식상 과다 부모는 항상 말조심 해야 된다. 소위 아이의 자긍심을 빼앗는 '자존감 도둑'이 바로 식상 과다 사주다.

3. 재성 많은 부모

재성은 과정보다 결과를 중요시 하고 효율성을 따진다. 이러다 보니 목표 지향적이고 성공에 대한 욕심도 많다. 이런 에너지가 한층 더 충만한 재성 과다 사주는 지나치게 결과에 집착한 나머지 과욕을 부리게 된다. 오지랖 넓게 여기 저기 안 끼는 데가 없다. 자기가 관여해야 일이 제대로 돌아간다는 쓸데없는 사명감까지 가지고 있다. 무엇이든 최고의 성과를 내겠다는 의지가 강한 재성 과다 부모는 당연히 자녀 교육에서도 욕심을 낸다. 과외에도 금액을 아끼지 않아 유명 학원의 스타 강사를 수소문해 아이와 매칭시키는데 주저하지 않는다. 그러나 투자에 비해 결과가 만족스럽지 않으면 원망의 눈초리를 아이에게 숨기지 않고 내보낸다. 물질적으로 정신적으로 자녀 교육에 많은 에너지를 쏟다 보니 몸도 마음도 지칠 수밖에 없다. 그러다 보면 자연스럽게 짜증이 늘어나고 아이는 아이대로 부모 눈치 보느라 힘들어진다.

조언

아이 교육은 일상 업무와 다르다는 사실을 우선 짚고 넘어가야 한다. 아이가 생각대로 움직이지 않을 뿐 아니라, 설령 엄마의 핸들링을 거부감 없이 받아들인다 하더라도 결과를 장담할 수 없다. 아이 교육에서 지나친 승부욕을 불태우면 안 된다. 예측불허, 통제불능의 상황이 많기 때문이다. 아이가 아프다든가 입시제도가 바뀐다든가 하는 상황을 염두에 두어야 한다. 언제든 실패할 수 있다는 가정하에 여러 가지 시뮬레이션 훈련을 해보는 것도 도움이 된다. 무엇보다 부모와 아이는 성과 지향적 일방 구조가 아니라, 믿음과 사랑으로 결과를 만드는 상호 의존 관계라는 사실을 꼭 기억하자. 자녀는 부모와의 상생 관계에서 자기 인생을 스스로 개척해나갈 힘을 얻는다.

4. 관성 많은 부모

명예와 원리원칙을 중요하게 생각하는 관성 사주는 자신만의 기준이나 틀을 가지고 살아간다. 이런 기운이 한층 더 강한 관성 많은 부모는 아이 일에 사사건건 자신의 기준대로 지시하고 간섭한다. 아이도 부모와 비슷한 사주라면 그런 관여를 별 거부감 없이 받아

들일 것이다. 그러나 사주 구성이 다른 아이라면 숨이 막혀 호시탐탐 탈출을 꿈꿀 것이다. 특히 자녀가 자유로운 영혼이라 할 수 있는 무관성 사주라면 갈등이 크게 일어난다. 꽉 짜인 규율을 못 견디는 아이는 마침내 부모의 통제에서 벗어나고, 완전히 소통이 단절되어 버린다. 결국 부모는 자신과 다른 '유별난 아이' 키우는 스트레스에 눌려 미칠 지경이 된다.

관성 많은 부모는 아이에게 완벽함을 기대하는 스타일이다. 대충 넘기는 것을 참지 못한다. "이건 이래야 되고 저건 저래야 돼!"라거나 "완벽하게 처리해야지!"라는 말이 입에 붙어있기 십상이다. 이렇게 지나치게 권위적이고 일방적인 부모 아래에서 자란 아이는 어찌 될까? 어느 날 갑자기 억눌린 감정이 폭발해 문제를 일으킬지 모를 시한폭탄 같은 존재가 되어 버린다. 이런 아이가 사회에 진출한 후 대인 관계에 힘들어하는 경우가 많은 것도 이 때문이다.

관성 많은 부모는 명예와 자기 과시에 집착한다. 아이가 뭔가 남다른 성취를 이루지 못하면 부모 자신이 실패한 것처럼 부끄러워한다. 말하자면 아이를 부모 자신의 자존심을 내세우는 대상으로 생각하는 잘못을 저지르는 것이다. 아이를 통해 자기 과시를 하려는 부모. 아이를 통해 자신의 실패한 인생을 위로 받으려는 부모. 이런 사람들이 관성 많은 부모의 삐뚤어진 모습이다.

조언

자신의 원칙이 옳은 것인지 스스로에게 물어봐야 한다. 아이가 말하는 정답이 부모가 원하는 정답과 같지 않아도 받아들일 수 있는 포용력과 관대함을 길러야 한다. 뜻대로 되지 않는 아이를 보며 가장 심하게 스트레스를 받는 사람은 부모 자신이다. '내 자녀는 이래야 한다'는 틀에서 벗어나 '경우에 따라 저럴 수도 있다'는 유연한 관점으로 아이를 대하도록 노력하자. 그래야 아이의 모든 성패가 부모 자신에게 달려있다는 과도한 책임감에서 벗어날 수 있다.

5. 인성 많은 부모

사주 안에 인성 기운이 적당할 때는 온화하고 자비롭다. 그러나 지나치게 그 기운이 강하면 인색하고 이기적인 사람이 된다. 상극 관계에서 볼 때 인성은 인극식印剋食으로 식상을 극한다. 다시 말해 인성은 식상이 상징하는 사리 분별력을 떨어뜨린다. 따라서 대다수가 수긍하기 어려운 문제에 집착하거나, 상식에 어긋나는 주장을 해서 주변 사람들을 어리둥절하게 만들기도 한다.

육친六親상으로 인성은 엄마를 뜻한다. 말 그대로 인성이 많으면 모성 본능이 지나쳐서 하나에서 열까지 아이를 챙겨주려고 한다. 이런 태도는 아이를 응석받이로 키우기 쉽고, 아이는 크면 엄마의 극성스런 보살핌 때문에 숨막혀 하기도 한다. 실제로 어떤 아이에게 엄마의 장점과 단점을 물었더니 재미있는 답이 나왔다고 한다.

장점은 자신에게 신경을 많이 써주는 것이고, 단점은 간섭이 너무 많다는 것이다. 동전의 앞뒤처럼, 같은 듯 다른 대답이 아닌가. 결국 무한한 애정을 가지고 세심하게 아이를 보살피지만, 아이에게는 지나친 참견으로 여겨지는 게 인성의 딜레마다.

조언

아이들이 꼽는 엄마의 덕목 1순위가 명랑함이라면 부담스러운 엄마 1순위는 무엇일까? 바로 '망원경 엄마'다. 망원경으로 감시하듯이 한시도 눈을 떼지 않는 엄마다. 아이에게 개입하는 정도를 줄여야 한다. 아이가 숨막혀 하다 결국 엄마 품을 탈출하지 않도록 말이다. 아이에게 너무 많은 관심과 애정을 쏟아 붓다가 오히려 '스토커 같은 엄마'란 비난을 듣지 않도록 수위 조절을 해나가야 한다.

오스트리아 심리학자 아들러의 이론 중에 인성 과다 부모가 주목해야 할 것이 있다. 지나친 강요나 참견 같은 과도한 밀착 커뮤니케이션이 오히려 상대방과의 관계를 멀어지게 한다는 것이다. 지속 가능한 유대관계를 맺기 위해서는 상대방의 과제를 대신 떠안으면 안된다고 한다. 이런 아들러의 충고를 인성 과다 부모는 반드시 귀담아 들어야 한다.

적용편

PART 06

케이스 스터디

사례로 알아보는 사주와
진로 적성의 함수 관계

"자기가 가지고 있는 것이
자기에게 가장 어울리는 재산이라고
생각하지 않는 사람은,
설령 왕이 된다 해도
불행한 사람이 되고 만다."

- 아리스토텔레스 -

적용 12 공부 잘 하는 아이와 공부와 담 쌓는 아이

　무슨 일이든 처음 하게 되면 시행착오를 겪게 된다. 부모 노릇도 마찬가지다. 자신이 학창시절에 했던 공부 방식을 그대로 아이에게 강요하거나, 부모 욕심 때문에 아이를 과잉 양육하는 잘못을 저지르기 쉽다. 아이를 과보호 하거나 지나치게 훈육하는 태도는 모두 부모의 불안감에서 나오는 것이다. 이제 세상의 변화에 발 맞추어 부모도 바뀌어야 한다.

　아이가 살아갈 미래 사회에는 산업군이 지금보다 훨씬 다양하게 나누어지고, 듣도 보도 못한 새로운 직업도 많이 생겨날 것이다. 명리학 이론도 이런 시대 흐름에 따라 재해석 되어야 한다. 고전 명리학에서 나쁜 사주라고 여겨지던 것이 앞으로는 괜찮은 사주로 평가받을 수 있다. 예를 들면 사주 구성이 한쪽으로 확 치우친 아이가 오히려 독특하고 창의적인 인재로 주목받을 수도 있다는 얘기다. 세상이 다양화되고 유연해지고 있는 탓이다. 꼭 공부가 아니더라도 남다른 특별한 재능이 있다면 얼마든지 성공적인 삶을 살 기회가 활짝 열려 있다. 일에 귀천이 없고, 직업 선택에 정답이 없는 시대가 되어가고 있다. 따라서 책상머리 공부가 적성이 아닌 아이에게 애써 공부 공부 노래 부를 필요가 없다. 그 아이는 공부가 적성에 안 맞는 것일 뿐, 머리가 나쁘거나 재능이 모자란 아이가 아니기 때문이다.

'관인상생+양인살' 조합은 전교권으로 성장

또 '공부 늦머리'라는 것도 있다. 대학 가서 혹은 사회에 나온 후, 뒤늦게 공부 욕심이 생겨 각종 고시에 붙거나 석·박사 학위를 받는 사람도 많다. 그러나 이런 특별한 경우 말고 명리학적 '공부머리 사주'는 어떤 것인지 알아보자. 그러면 공부와 거리가 먼 사주도 자연스럽게 추론이 가능하다. 다시 한번 머리 속에 떠올려 봐야 할 내용이 있다. 사주 명리학은 상대성 원리가 적용되는 학문이라는 점이다. 절대적인 원칙을 고집하지도 적용하지도 않는다. 여기서는 공부가 적성에 맞는 사주, 즉 공부머리 사주를 파악해 보려는 것이다. 그렇지만 공부머리 사주의 구성과 해석은 개인의 의지와 환경 여건에 따라 얼마든지 달라질 수 있음을 다시 한번 일러둔다.

우선 사주에 관성과 인성이 있으면 공부를 잘 할 가능성이 높다. 관성이 인성을 생 해주는 관인상생官印相生에 더해서 이해력과 사리 판단력을 상징하는 식상까지 있으면 기본 공부머리는 타고났다고 본다. 특히 용신이 식신격인 아이는 머리가 총명하고 창의력이 좋다. 이 아이의 학창시절에 들어오는 대운이 식신이면 성적이 향상될 수 있다. 또 10대의 대운으로 들어오는 관성이나 인성도 학업과 밀접한 관계가 있다. 특히 희신喜神이 인성인 경우, 대운으로 인성이 들어오면 성적이 올라갈 뿐만 아니라 시험 운도 좋아진다. 어쨌든 학업 운을 볼 때, 아이의 사주에서 관성과 인성이 어떻게 배치되어 있는지 자세히 살펴보아야 한다.

사실 공부에는 타고난 머리도 중요하지만, 끝까지 버티는 뚝심과 이기고자 하는 승부욕도 커다란 무기다. 뚝심과 승부욕으로 무장한 아이는 처음에 두각을 나타내지 못하더라도 시간이 지나면서 내공이 쌓이면 제 실력이 발휘되어 결국 최상위권에 들어간다. 자존심과 경쟁심이 강한 겁재, 신살 중의 하나인 양인살을 가진 사주가 이에 해당된다. 따라서 사주에 겁재와 양인살이 모두 들어있는 아이가 경쟁심과 인내심을 가지고 묵묵히 공부하면 고학년이 될수록 점점 전교권 학생으로 성장해 갈 수 있다. 영리한 두뇌가 날렵한 세단이라면, 죽어라 노력하는 '엉덩이 머리'는 듬직한 탱크다. 공부라는 장기 레이스에서는 탱크같은 우직함과 견고함이 더 좋은 장점이 될 수 있다. 묵묵한 성실함과 끈질기게 버티는 인내심도 재능이고 능력이다. 특히 용신이 양인격인 아이는 오기가 대단하고 욕심도 많다. 한번 해보자는 분위기를 조성해 주면 승부욕이 발동되어 밤낮 없이 공부한다. 그래서 양인격 아이를 공부 잘하는 그룹에 넣어 경쟁심을 부추기는 것도 효과적인 전략이 될 수 있다.

한편 공부와 관련 있는 신살로는 문창귀인文昌貴人이 있는데, 일주日柱에 있는 것이 특히 좋다. 문창귀인이 일주에 있으면 머리가 똑똑하고 학문이나 예술 분야에서 뛰어난 재능을 보인다. 기억력이 탁월하고 창의력, 기획력 등이 우수하다고 해석한다.

인성 과다 사주에 식상 운이 들어오면 공부 의욕 상실

명리학은 균형과 조화를 중시한다. 그래서 지나침은 부족함만 못하다는 말을 앞에서도 여러 번 언급했다. 무엇이든 지나치면 항상 문제가 일어나기 때문이다. 아무리 인성이 공부 운이나 합격 운이라고 하더라도 지나치게 과다하면 좋지 않다. 인성의 단점인 나태와 무기력이 튀어나와 학습 의욕을 방해할 수 있다. 예를 들면 사주에 인성의 기운이 많고 식상의 기운이 부족할 때, 대운에서 인성이 또 들어오는 경우가 있다. 이때는 인극식印剋食의 상극관계가 되어 과다해진 인성의 힘이 식상의 기운을 완전히 꺾어 버린다. 이러면 공부에서 손을 놓게될 수가 있다. 식상의 학습 키워드는 이해력과 사리 분별력인데, 인성이 식상을 극하는 상황에서는 공부를 해도 성적이 오르지 않아 차츰 흥미를 잃게 되기 때문이다.

이번에는 나름 열심히 노력하는데 결과가 잘 나오지 않는 안타까운 경우를 생각해 보자. 관성과 인성, 여기에 식상까지 갖추고 있는 아이라서 공부에 임하는 태도도 좋고, 시험에 대비해 누구보다도 열심히 공부한다. 그러나 노력에 비해 성적은 썩 좋지 않게 나온다. 이것는 사주에 재성이 없어 식상생재食傷生財의 흐름이 생겨나지 않기 때문이다. 재성의 키워드 중 하나가 '결과물'이다. 재성이 없으면 식상이 아무리 머리를 쓰며 공부해도 원하는 결과에는 이르지 못할 수 있다.

아이 마음을 콩밭으로 내모는 재성 운엔 철저한 관리가 필요

일부 고전 명리학에는 이런 논리가 있다. 대운에서 재성 운이 오면 공부와 멀어지고, 시험에 떨어질 확률이 높아진다는 것이다. 인성은 학업이나 시험 운과 관련이 있는데, 상극관계로 보면 재성은 인성을 극한다. 따라서 한창 학업에 열중할 시기에 재성 운이 들어오면 공부에 관심이 없어진다는 말이다. 그러나 이건 반은 맞는 논리다. 틀린 예를 들어 보자. 인성 과다 사주에 재성 운이 들어와 인성의 기운을 빼주면, 사주에 균형이 잡히고 좋은 운의 흐름이 생기게 된다. 이런 경우는 재성 운이 인성의 학업 운에 보탬이 되는 케이스이다.

또 관인상생 되어있는 좋은 공부머리를 가진 아이를 보자. 관인상생이라 해도 재성 운이 약하면 관성에 힘을 실어주는 재생관財生官의 흐름이 원활하게 일어나지 않는다. 이 경우는 아이의 관심사가 여러 곳으로 분산되어 학업에서 좋은 결과를 거두기 어렵다. 그러므로 대운에서 인성이 오면 공부가 잘 되고, 재성이 오면 시험에 떨어진다는 단순 논리에 얽매이면 안 된다.

이와 같이 사주를 해석할 때는 여러 경우의 수를 다양하게 체크해 보는 유연한 자세가 필요하다. 그렇지만 열심히 공부할 시기에 재성 운이 오면 공부와 멀어질 수 있는 것도 사실이다. 재성의 상징 키워드 중에는 물욕과 유흥, 취미 등이 있다. 공부에 흥미를 잃으면 남학생은 이성 친구에게 관심이 쏠리고, 여학생은 외모 가꾸기 등에 정신이 팔릴 수 있다. 이때는 놀며 즐기고 싶은 욕구가 강하게 발동되므로 부모의 세심한 관리와 배려가 더욱 필요하다.

다시 말하지만 아이의 사주팔자에 대운과 연운의 흐름을 넣어 살펴볼 때는 단순 논리에 빠지지 말고, 유연성과 상상력을 발휘하며 입체적으로 해석하여야 한다. 산 위에 올라 전체 조망을 둘러보며 상황을 판단하듯이, 이쪽 저쪽에 놓인 다양한 기운의 흐름을 세심하면서도 대국적으로 살펴봐야 한다.

적용 13 의대를 목표로 공부하면 좋은 사주

편인偏印의 키워드 중 하나인 문서와 도장을 떠올려 보자. 자격증을 가지고 활동하는 직업군의 사주에서 편인을 쉽게 찾아볼 수 있다. 용신이 편인격인 아이는 특정 분야의 재능을 가지고 있을 가능성이 높다. 그래서 예술, 스포츠, 과학, 인문, 종교, 의료계 등에서 독특한 끼와 재능을 발휘하는 사람 중에는 편인격이 많다. 편인격에 편관이 함께 있으면 의료계에 적합한 사주다. 편관의 기질을 떠올려 보라. 편관은 총명하고 과감한 결단성이 있다. 또 의협심이 강하고 약자를 잘 보살피는 기질이다. 이외에도 편인격에 편재가 적절히 섞여 있으면 의사로서 큰 돈을 벌 수 있는 사주로 본다.

이번에는 의사 적성과 관련 깊은 신살을 살펴보자. 우선 지지에 인사신寅巳申이나 축술미丑戌未 삼형살이 있는 경우에는 의료인 사주로 본다. 형살에는 수술이나 형벌의 개념이 들어 있는데, 사람의 목숨을 살리는 일에 종사하면 기운이 좋은 쪽으로 흘러간다고 보기 때문이다. 의사 사주에 해당하는 또 다른 신살로는 양인살을 꼽을 수 있다. 양인은 겁재와 비슷한 성격이지만, 겁재보다는 훨씬 힘이 강하다. 양인살은 자신을 다치게 하거나 남을 상하게 하는 거칠센 살이며, '권력과 형刑'을 상징한다. 사주 구성이 양호하면 권위와 지배로 해석된다. 또한 양인은 편관과 함께 있으면 좋다. 고전 명리학에서 양인을 설명할 때 자주 등장하는 비유로 이런 것이 있다.

"양인 없는 편관은 칼 없는 장수요, 편관 없는 양인은 다스릴 장수가 없는 칼이다."

양인과 편관이 함께 있으면 생살여탈의 막강한 권력을 쥐고서 그 위엄을 떨친다는 것이 명리학계의 해석인 것이다.

한편 현침살懸針殺과 천라지망天羅地網이라는 신살도 의료계 진로 적성과 어울린다고 본다. 화火일생이 술戌이나 해亥를 보면 천라天羅가 되고, 수水일생은 진辰이나 사巳를 보면 지망地網이 된다. 이것도 만세력 어플을 열어 확인하면 된다. 이 살이 있는 사람은 의사, 간호사, 종교인, 약사, 법관 등 사람의 생명을 구하는 직업을 택하는 것이 좋다.

현침살이 있으면 의료계가 적성에 맞는다고 보는데 그 이유가 재미있다. 갑오甲午·갑신甲申·신묘辛卯가 현침살에 해당하는 글자인데 그 모양이 뾰족하여 침이나 주사 바늘을 연상 시키기 때문이다. 이 현침살에 해당하는 글자가 일주나 시주에 있으면 의료계 진출에 유리하다.

■ 사례 1 : 서울 빅 3 종합병원 내과 레지던트 여의사

〈 사주팔자, 통변성, 12운성, 신살 〉

정관	나	비견	정인
壬	丁	丁	甲
寅	未	卯	戌
정인	식신	**편인**	상관
사	관대	병	양
	양인살	태극귀인 현침살	현침살

〈 나이, 대운, 통변성 〉

75	65	55	45	35	25	15	5
식신	정재	편재	정관	편관	정인	편인	겁재
己	庚	申	壬	癸	甲	乙	丙
未	申	酉	戌	亥	子	丑	寅
식신	정재	편재	상관	정관	**편관**	식신	정인

분석

　월지 편인격에다 일주에 양인살이 있고, 연주와 월주에 현침살이 놓여 있어 의사가 적성에 맞다고 볼 수 있다. 원래 화학을 전공하려 했으나, 고2 때 지망학과를 의대로 바꿨다. 좀 늦게 의대 입시를 준비한 편이지만 의대 수시전형에 무난히 합격했다. 15세 대운에 편인이 들어와 전문 직종으로 진로 적성이 바뀌게 된 것이다. 또한 시험

운과 관계된 관성과 인성이 25세 대운에 들어와 서울 빅3 대형병원 인턴과 레지던트 시험도 무난히 통과되었다. 실제로 사주에 강하게 자리잡은 인성의 기운대로 의학 공부가 적성에 잘 맞고, 어렵고 소외된 사람을 도와주려는 봉사심이 많아 대학 및 수련의 시절 해외 의료 봉사도 여러번 다녀왔다.

■ 사례 2 : 지방대 생물학과 나와 서울 모 의전원 입학한 여학생

〈 사주팔자, 통변성, 12운성, 신살 〉

정인	나	편재	정재
辛	壬	丙	丁
丑	寅	午	巳
정관	식신	**정재**	편재
사	관대	병	양
현침살	문창귀인	**현침살** 월덕귀인	천을귀인 지망

〈 나이, 대운, 통변성 〉

78	68	58	48	38	28	18	8
식신	겁재	비견	정인	편인	**정관**	편관	정재
甲	癸	壬	辛	庚	己	戊	丁
寅	丑	子	亥	戌	酉	申	未
식신	정관	겁재	비견	편관	정인	**편인**	정관

분석

　용신이 월지 정재격이다. 꼼꼼하고 치밀한 정재의 특성을 가지고 있다. 공간 감각과 숫자 계산에 재능을 보이는 정재격답게 초등학교 때부터 수학에 남다른 재능을 보였다. 고등학교 때 이과를 지망해서 지방의 모 대학 생물학과에 입학했다. 대학 졸업반 시절 우연한 기회에 〈9차원 적성 연구원〉의 적성 분석을 받았다. 분석 결과, 의약이나 상담, 종교 분야가 적성에 맞는다는 의견이 나왔다. 본인 또한 의사나 약사가 되고 싶은 욕심은 있지만 실력이 부족하다고 생각해 고민 중이었다.

　대운의 흐름을 볼 때 관성과 인성 운이 들어와 관인상생 되는 기운이 강하게 보인다. 특히 대학 시절 편인 운이 강하게 들어와 의학전문대학을 목표로 2~3년 준비하면 합격할 가능성이 높아 보인다는 조언을 〈9차원 적성 연구원〉으로부터 받았다. 그 조언에 용기를 얻어 준비를 시작했고, 2년만에 서울 소재 의학전문대학원에 당당히 합격했다. 꼼꼼하고 성실한 정재격에 희신에 해당하는 편인 운이 18세 대운에 들어와 시험 운에 이롭게 작용했다. 또한 28세 대운에도 관인상생의 운이 들어옴으로써 명예와 학업 운이 좋게 흘러가는 양상을 보인다. 사주 팔자에 재성이 강해 의사로 일하면서 돈을 많이 벌 수 있는 사주다.

적용 14

판사, 검사, 변호사 등 법조계 사람들의 사주에 꼭 필요한 것이 관성官星이다. 관성의 특징은 명예와 대의 명분에 따라 행동하며 원칙과 규범을 잘 지킨다는 점이다. 관성 중에서도 법조계 사주에 특히 중요한 것은 편관이다. 용신이 편관격인 사주는 강자에게 굽히지 않고 약자를 잘 도와주는 의협심 강한 성격이다. 이는 법조계 종사자에게 꼭 필요한 자질이라 할 수 있다.

편관 외에 법조계와 어울리는 것으로 양인격을 들 수 있다. 자기 소신이 굳세고 전투력이 강한 양인과 편관이 함께 있으면 좋다. 여기에 전체 사주 구성까지 양호하면 높은 지위에 올라 권위와 위세를 크게 떨치게 된다. 용신이 편관격인 사람에게 대운이나 연운으로 양인이 들어와 기운이 보완되면 승진 운이 생겨난다. 특히 편관과 양인의 조합은 법원과 검찰 관련 법조인에게 긍정적 에너지로 작용한다는 점도 염두에 두자.

변호사는 양인과 상관이 함께 있으면 좋은 사주이다. 자존심이 강하고 말솜씨가 뛰어난 상관이 거침없는 양인과 함께 힘을 합치면 변호나 분쟁 조정에서 힘찬 기운을 뿜어낸다. 한마디로 상관의 화려한 '말빨'이 가장 빛을 발하는 분야가 바로 변론과 조정이 이루어지는 법정이다. 특히 상관이 양인을 만나면 상대방을 압도하는 설득력을 십분 발휘한다.

한편 법조계 사람에게서 많이 찾아볼 수 있는 사주 성분으로 형살이 있다. 형살에는 자묘형子卯刑, 자형自刑, 삼형살三刑殺 등이 있는데, 이중 특히 주목해봐야 할 것이 삼형살이다. 사주에 인사신寅巳申 혹은 축술미丑戌未 삼형살 중 어느 하나라도 있으면 정신력이 강하다고 본다. 이뿐 아니다. 현대 명리학은 삼형살을 자기 소신이 뚜렷한 리더 자질로 재해석한다. 그 삼형살이 긍정적인 기운으로 나타나면 정의롭고 의리 있는 리더로 성장한다. 또 삼형살을 가진 사람은 포부가 크며, 실패를 두려워하지 않는다. 따라서 삼형살 사주는 치열하게 경쟁할 때 더욱 두각을 나타내며, 다툼이 일상인 법조계와 적성이 잘 맞는다.

이런 형살을 글자 그대로 해석해 감옥에 가는 나쁜 사주라고 보던 고전 명리학의 이론은 요즘 시대와 맞지 않는다. 삼형살은 긍정적으로 받아들이고 잘 활용하면 검찰, 경찰 등 사법기관의 최고 수뇌부 자리까지 오를 수 있는 좋은 사주다. 삼형살 구성에서 한두개 글자가 모자랄 때, 대운이나 연운의 흐름에서 부족한 글자가 들어와 완전한 삼형살을 이루는 경우가 생긴다. 그때는 승진이나 인사이동 등의 변화가 생길 수 있음을 기억하자.

■ 사례 1 : 모 판사의 사주

〈 사주팔자, 통변성, 12운성, 신살 〉

편재	나	편재	**편관**
辛	丁	辛	癸
亥	亥	酉	酉
정관	정관	**편재**	편재
태	태	장생	장생
현침살	천을귀인	천을귀인 문창귀인 현침살	천을귀인 문창귀인 태극귀인

분석

　월지가 편재인 편재격이다. 앞에서 용신의 역량심사 부분을 공부할 때 편재는 길신에 해당한다고 배웠다. 길신이 용신일 때는 그 길신을 생 해주는 것이 희신喜神이다. 그러나 이 경우는 사주 안에 이미 편재가 3개 이상으로 과다하기 때문에 도와주면 오히려 흉이 된다. 그래서 편재를 극해주는 것이 역으로 희신이 된다는 점에 주의해야 한다. 그런데 편재를 극하는 비견은 없고, 대신 편재의 힘을 빼주는 편관은 있다. 따라서 이 편관이 희신이 된다. 희신으로 직업 적성을 살펴보면 편관에 어울리는 직업이 바로 군인, 경찰, 법조인이다. 또 지지가 자형살自刑殺로만 구성되어 있는 것도 이 사주의 특징이다. 유유酉酉, 해해亥亥 2개의 자형살은 성격이 단호하고 거침이 없음을 일러준다. 이런 사주는 판·검사 중에서도 형사 담당을 맡게 되면 명성을 얻을 수 있다. 이 사주의 주인공은 딱 사주에 나타난 적성 대로 진로를 밟아온 경우다.

■ 사례 2 : 모 부장 검사의 사주

〈 사주팔자, 통변성, 12운성, 신살 〉

상관	나	편재	편관
甲	癸	丁	己
子	酉	丑	巳
비견	편인	편관	정재
건록	병	관대	태
건록 현침살	문곡귀인	양인살 백호살	천을귀인 태극귀인

분석

이 사주는 월지가 편관이라고 해서 편관격으로 보면 안된다. 연·월·일지가 사유축巳酉丑 삼합으로 거대한 신금국辛金局을 이뤘다. 따라서 편관격이 아닌 거대한 편인국이 된 것이다. 국局은 세가지의 기운이 합쳐졌기 때문에 격格에 비해 훨씬 강하다. 이 사주의 주인공은 임기응변에 능하고 특별한 기술로 능력을 발휘하는 편인의 특징을 강하게 드러낸다. 실제 이 사주의 주인공은 모 부장 검사이며, 학창시절부터 학업 운과 시험 운이 따라주었다. 법조계로 진출한 이후에는 승진 운까지 막힘 없이 흘러갔다.

적용 15   군인·경찰에 맞는 사주

사명감, 희생정신, 모험심, 결단력 등은 편관격 사람들에게서 찾아볼 수 있는 대표 기질이다. 군인, 경찰의 사주에도 법조계와 마찬가지로 편관이 있으면 좋다. 인내심이 좋은 편관은 힘든 환경을 스스로를 잘 통제하며 이겨낸다. 또한 자신에게 내려진 어려운 임무라도 규범을 지키며 완벽하게 수행하는 것이 편관이다.

이러한 편관이 싸움 좋아하고 승부욕 강한 양인과 만나면 목숨이 걸린 고위험 분야에서 두각을 나타낸다. 따라서 편관과 양인이 함께 들어있는 사주는 군·경의 직업군과 잘 어울린다. 편관격이 운의 흐름에서 양인을 만나면 장성급은 따 놓은 당상이다.

군·경 사주에 적합한 신살로는 괴강살魁罡殺을 꼽을 수 있다. 괴강에 해당하는 간지는 임진壬辰, 경진庚辰, 경술庚戌, 무술戊戌 등 4개가 있다. 괴강살을 가진 사람은 총명한데다 용감하고 결단력이 있다. 게다가 권위와 위엄까지 갖춰 대중을 압도하는 통솔력도 뛰어나다. 특히 일주日柱에 괴강이 놓이고, 용신이 좋게 구성되면 그 사주의 주인공은 대권도 잡을 수도 있다.

■ 사례 : 고3 때 진로 바꿔 육군사관학교 간 남학생

〈 사주팔자, 통변성, 12운성, 신살 〉

정관	나	정관	식신
戊	癸	戊	乙
午	卯	子	丑
편재	식신	비견	편관
절	장생	건록	관대
현침살	천을귀인 문창귀인 현침살	건록	양인

분석

월지가 비견이라 시간^{時干}으로 가서 용신을 찾아보니 정관격이다. 사려 깊은 군자와 같은 정관격은 공무원 계통이 적성에 맞다. 그러나 정관격이 양인을 보던가 형살을 보면 법조인이나 군·경·의약 계통으로 진출해도 성공한다. 군·경 계통에서도 기획이나 참모 분야에 더 잘 어울린다. 위 사주의 주인공은 고1 때 〈9차원 적성연구원〉에서 적성 검사를 했다. 그 당시 군·경 쪽의 진로 선택을 제시 받았지만 전혀 관심을 보이지 않았다. 그러다 고3 때 갑자기 직업 군인이 되어야겠다는 마음을 먹고 육군사관학교에 진학한 케이스다. 정관격에 자묘형^{子卯刑}과 양인살의 조합으로 봐서 육사 진학은 타고난 적성을 잘 살린 진로 선택이다.

적용 16   몸과 두뇌를 함께 쓰는 운동선수 사주

축구, 야구, 골프 등 운동 한가지에만 특기가 있어도 1인 재벌이 되는 사례를 요즘 어렵지 않게 만난다. 해당 종목 대표선수가 되면 인기와 명예는 물론 부까지 거머쥐는 운동선수들의 사주는 어떠할까? 일단 운동에 필요한 자질만 꼽아보자. 뛰어난 체력과 정신력, 빠른 두뇌 회전, 스펀지 같은 기술 습득력, 유연한 사고 … 등이 우선 떠오른다. 육체적인 힘뿐 아니라 두뇌 플레이를 위해서는 머리도 좋아야 한다.

아이의 용신이 건록격이나 양인격이라면 스포츠 분야와 관계가 깊다고 보면 된다. 건록과 양인이 지닌 키워드만 떠올려봐도 쉽게 이해가 된다. 센 자존심, 지지 않으려는 경쟁심과 투쟁력, 거기다 욕심 많고 체력도 좋은 사람이 운동선수로 활동하면 단연코 두각을 나타낸다. 다시 말해 사주에 자기 자신인 비겁의 기운이 강하든가, 양인살이 있으면 승부욕에 불타는 스포츠 분야와 적성이 잘 맞는다. 또 지구력과 인내심을 나타내는 편관까지 있으면 금상첨화다. 편관은 야성적인 다혈질 성격이지만 거친 몸싸움을 해야하는 운동선수에겐 중요한 성분이다.

또 운동 선수의 사주에 있으면 좋은 것이 식상이다. 식상은 발산하는 기운이다. 상생 관계에서 볼 때 일간이 생 해주는 것이 식상이다. 일간으로부터 배터리 충전을 받으니 식상은 그만큼 에너지가 풍부하다. 그래서 식상이 강한 아이는 어릴 때 엄마가 감당이 안 될 정도로 부산스럽게 움직이고 뛰어다닌다. 이런 아이는 예체능 쪽으로 다양한 활동을 시켜서 에너지를 계속 분출하게 하여야 한다. 독서 클럽이나 학습 모임에만 보내면 쌓이는 스트레스와 불만으로 일찍이 공부에 흥미를 잃어버릴 수 있다.

한편 '연구'와 '궁리'라는 키워드의 식신을 가지고 있는 운동선수는 몸에 배인 습관대로만 훈련하지 않는다. 항상 새로운 기술을 습득하고 뭔가 창의적인 테크닉을 찾아내려고 애쓴다. 한마디로 '연구자형' 선수로 대성할 자질을 갖춘 것이다. 예를 들어 투수라면 매년 동계훈련 때 새로운 구종을 개발하여 다음 시즌 경기에 활용할 것이고, 골퍼라면 자기 스타일에 맞는 독특한 스윙 매카니즘을 연구하여 긴장감 속에서도 안정감 있는 플레이를 펼쳐 나갈 것이다.

또한 전문적으로 무언가를 창조하고 키워내는 식상격 사주는 스포츠 감독이나 체육 교수도 진로 적성이 잘 맞는다. 한가지 더 덧붙이자면 눈치 빠르고 임기응변이 능한 편인도 빠른 두뇌 회전이 요구되는 스포츠 선수에 적합한 사주 성분이다.

■ 모 대학 체육과 교수의 사주

〈 사주팔자, 통변성, 12운성, 신살 〉

편재	나	식신	정관
庚	丙	戊	癸
寅	午	午	未
편인	겁재	겁재	상관
장생	제왕	제왕	쇠
학당귀인 문곡귀인	**양인살** 현침살	**양인살** 현침살	금여

분석

월지가 겁재라 시간^{時干}으로 눈을 돌려보니 편재가 있다. 따라서 이 사주의 용신은 편재격이다. 이 사주의 주인공은 호방하고 통이 큰 편재격인데다 일지와 월지에 양인살이 있어 양인격에도 해당된다. 승부사 기질과 강인한 투쟁력이 체육 계통과는 적성이 잘 맞는다. 또한 시지^{時支}에 놓인 편인은 체육을 학문적으로 접근할 스포츠 이론가로서의 자질을 엿볼 수 있다. 게다가 식상의 기운도 강해 타고난 언변으로 가르치는 재능을 발휘하는 것으로 짐작해볼 수 있다. 실제 이 사주의 주인공은 젊을 때는 선수로 활동하다가 은퇴 후에는 대학에서 제자를 키워내는 체육학과 교수이다.

적용 17 연예인이 적성에 맞는 사주

요즘은 엄청나게 잘생기거나 예쁘지 않아도 대중의 마음을 사로잡는 확실한 재능이 한 가지라도 있다면 스타가 될 수 있는 시대다. 1인 미디어 방송이 대세인 요즘, 재능과 끼가 있는 일반인도 아이디어만 좋으면 대박 스타가 가능하다. 직업의 귀천? 그런 단어 자체가 요즘엔 무의미해졌다. 멀쩡히 공부 잘하던 모범생 아이가 어느 날 갑자기 아이돌 스타를 꿈꾸며 오디션을 보러가는 경우가 자주 있다. 그런 아이를 보고 놀라기보다 담담히 받아들이는 부모가 예전보다 많이 늘었다고 한다. 그렇지만 연예계만큼 운이 따르지 않으면 성공하기 어려운 분야도 없을 것이다. 운 좋게 벼락 스타가 되었지만 인기를 유지하지 못하고 조용히 사라지는 연예인도 많이 있다. 톱 가수보다 노래를 잘 하지만 평생 무명으로 살아가는 가수도 부지기수다. 이들은 어째서 실력에 상응하는 인기를 얻지 못하는 것일까? 성공의 3조건이라 할 수 있는 재능, 노력, 운 중에서 운이 빠진 걸까? 어쨌든 연예인이 되려는 아이가 사주 팔자 안에 갖고 있어야 할 기질에 대해 알아보자.

'특별한 끼'를 상징하는 편인과 '재주 많은 팔방미인'이라 불리는 식상이 함께 있으면 예능 방면이 진로 적성에 맞는다. 식상 중에서도 특히 상관이 있으면 더 좋다. 상관은 화려함을 좋아하고 유려한 말솜씨에 승부욕이 강한 특징이 있다. 상관과 함께 자신감을 상징하는 비겁比劫이 나란히 있으면 대형 무대에서도 기죽지 않고 자신의 재능을 뽐내낼 수 있는 에너지를 가졌다고 보면 된다.

■ 사례 1 : 가수와 배우를 겸하는 모 남자 스타의 사주

〈 사주팔자, 통변성, 12운성, 신살 〉

상관	나	겁재	상관
丙	乙	甲	丙
戌	酉	午	寅
정재	편관	식신	겁재
묘	절	장생	제왕
화개살 백호살 월덕귀인	육해살 장성살	문창귀인 홍염살 현침살	협록 월덕귀인

분석

용신은 월지 식신으로 재주 많은 식신격이다. 그리고 이 사주의 특징은 지지의 인오술寅午戌 삼합이 사주를 화국火局으로 변화시킨 것이다. 이때 삼합으로 탄생된 화는 병화丙火로 이글거리는 태양이다. 만인 앞에 자신을 뽐내고자 하는 욕망이 강하다. 게다가 병화의 통변성을 보니 화려한 말솜씨와 승부욕이 강한 상관이다. 연예계 진출은 사주 주인공의 천부적 적성을 살린 결과라 볼 수 있다.

■ 사례 2 : 모 여배우의 사주

〈 사주팔자, 통변성, 12운성, 신살 〉

정재	나	비견	편재
乙	庚	庚	甲
酉	申	午	午
겁재	비견	정관	정관
제왕	건록	목욕	목욕
양인살 협록	건록 홍염살 현침살	복성귀인 현침살	복성귀인 현침살

〈 나이, 대운, 통변성 〉

79	69	59	49	39	29	19	9
식신	상관	편재	정재	편관	정관	편인	정인
壬	癸	甲	乙	丙	丁	戊	己
戌	亥	子	丑	寅	卯	辰	巳
편인	식신	상관	정인	편재	정재	편인	편관

분석

지지에 정관 2개가 오오午午 자형살自刑殺을 이루었다. 정관이 너무 강해 편관의 성질을 가지게 된, 명예욕과 배짱이 두둑한 성격이다. 19세부터 10년간 편인 운이 들어와 연예계에 진출해 잠깐 빛을 보지만, 대운이 바뀌는 29세 이후는 조명을 받지 못한다.

 대학교수·교사·학원 강사 등 교육자 사주

가르치는 직업을 가진 사람들은 일단 해당 분야의 학문에 대해 끈기있게 공부하고 연구하는 것을 좋아해야 한다. 특히 교수가 되려면 박사 학위를 취득할 때까지 연구에 몰입해야 한다. 명리학에서는 학문과 연관 깊은 기질로 정인을 꼽는다. 용신이 정인격 사주는 어떤 분야든 학문과 관계된 직업을 갖게 되면 크게 성공할 수 있다. 특히 정인격인데다 군자의 기질을 뜻하는 정관이 있으면 대학교수나 연구기관의 대표 학자로 대성할 가능성이 높다.

정인격의 관심 분야가 통상적인 학문이라면, 편인격은 실용적이거나 유니크한 영역을 파고든다. 그래서 정인격이 제도권 학교에서 제자를 가르치는 반면에, 편인격은 학원 등 사설 교육기관에서 남다른 능력을 발휘한다. 음악을 예로 들면 정인격은 클래식 음악을 고등학교나 대학교에서 가르치고, 편인격은 실용음악 학원에서 끼 많은 보컬 지망생을 지도하는 식이다. 또 정인은 가르치는 스킬이 정해진 원칙과 규범에 고정되는 편이다. 그래서 교과서나 강의록에 기초한 수업을 진행하는 전형적인 패턴에서 크게 벗어나지 않는다. 그러나 기존 규범에 구애받지 않고 자신만의 스타일을 추구하는 편인은 강의 스킬도 자기 식으로 재구성해서 뭔가 삐딱하게(?) 가르치는 쪽이다. 학원가의 인기 강사는 이런 편인 기질을 가진 사람일 확률이 높다. 독특한 방식으로 아이들 머리 속에 수업 내용을 쏙쏙 심어 주는데 어찌 학생들이 안몰리겠는가.

인성印星 다음으로 교육계 종사자에게 좋은 사주는 식상이다. 식상은 식신과 상관으로 나눠볼 수 있는데, 식신은 호기심을 갖고 연구하고 궁리하는 모습을 떠올리게 한다. 식신에 비해 반항적이고 삐딱한 상관은 설득력 있는 화술이 장점이다. 또 상관은 창의성도 뛰어나 사람들의 시선을 끄는 강의법으로 인기를 얻는다. 요즘 TV에서 인기 끄는 스타 강사가 이들이다.

그런데 이런 식상격은 사주 안에 다른 글자와의 관계에 따라 모습이 달라진다. 만약 식상 주변에 정인이나 편인 등 인성이 강하지만 재성財星이 없다면 전형적인 교육자 사주다. 예를 들어 사주 안에 재성은 없고, 거의 대부분을 식상과 인성이 차지하고 있다면 사업 감각은 약하다고 볼 수 있다. 이런 사람은 학원이나 교재 사업은 생각하지 않는 편이 낫다. 말 그대로 순수한 선생님으로 남아 제자를 길러내는 일에 만족해야 한다. 재물 욕심을 내지 않아야 명예를 지킬 수 있다.

학원가에서 많은 인기를 모으고 있는 소위 1타 강사는 단순히 그가 가지고 있는 독특한 강의 스킬만으로 인기를 누리는 것이 아니다. 또 유튜브나 TV 등의 스타 강사와 SNS에서 구독 파워를 자랑하는 인플루언서들도 마찬가지다. 이들의 사주에는 정인 외에도 식상의 성분이 강하게 자리잡고 있다.

식신의 키워드 중 하나로 '제자'도 포함되어 있다. 그래서 가르치는 직업을 가진 사람이 식신격이라면 제자복이 많다고 짐작해 볼 수 있다. 박학다식, 화려한 말솜씨, 선동 등의 키워드를 품고 있는 식상 아닌가. 그중에서도 특히 상관은 대중 강연에 뛰어난 능력을 보인다. 거기다가 재물을 상징하는 재성財星까지 겸비해 식상생재食傷生財의 흐름까지 이어지면 1인 강연으로도 준재벌급의 큰 부자가 될 수 있다.

또한 비겁比劫도 교육자 사주에서 눈 여겨봐야 할 성분이다. 사주에 식신과 비견이 있으면 식신의 탐구심과 비견의 자존감이 시너지를 발휘한다. 한눈 팔지 않고 연구와 교육에 몰두하는 학자 겸 교육자로서 성공 가능성이 높은 것이다. 식신과 겁재와 조합도 마찬가지다. 도전 정신과 경쟁력의 겁재 기질은 시대의 흐름을 잘 쫓아 새로운 교육시장 개척에 앞장서게 된다. 부와 유명세를 동시에 거머쥔 인기 유튜브 강사처럼 미디어 교육 시장의 새로운 개척자로서 주목 받는다.

■ 사례 : 학원가와 유튜브에서 활동 중인 모 강사의 사주

〈 사주팔자, 통변성, 신살 〉

상관	나	정재	정인
甲	癸	丙	庚
寅	亥	戌	戌
상관	겁재	정관	정관
금여	협록	천덕귀인 화개살	괴강살 화개살

분석

　이 사주의 용신은 월지에 정관이 자리한 정관격이다. 원리 원칙을 중요하게 생각하는 정관격의 특징은 뭐 하나 시작하면 빈틈없이 철저하게 처리한다. 천간에는 학문을 뜻하는 정인이 떡하니 받쳐 주고 있다. 또 지지에 중첩된 술해 천라戌亥 天羅도 학문과 지혜를 상징한다. 이 사주에서 눈길 끄는 것 중의 하나는 계해癸亥 일주다. 물상으로 보면 담수와 해수가 만나는 형상이고, 그 물에는 물고기가 넘쳐난다. 물상론으로 보면 사람들로부터 인기를 끄는 것으로 해석한다. 실제로 오랫동안 대치동 학원가에서 인기 강사로 활동하고 있다. 시주에 상관이 강하게 자리한 것으로 보아 그의 화려한 입담과 남다른 강의법이 학생들을 불러 모으는 것같다.

 요리사에 맞는 사주

몇 년 전부터 방송사마다 요리 대결 프로그램이 만들어지면서 연예인 못지않은 인기를 누리는 '스타 셰프'가 많다. 그러다 보니 요리사를 꿈꾸는 지망생이 늘어나고 대중의 관심도 무척 높아진 것이 사실이다. 요리사 사주 하면 가장 먼저 떠오르는 성분이 식상일 것이다. 먹을 복, 손재주, 눈썰미 등의 상징을 갖고 있는 식상이 요리사 사주에 자리잡고 있으면 좋다고 생각할 수 있다.

그런데 식상이라도 용신이 식신격이냐 상관격이냐에 따라 요리를 대하는 자세가 다르다. 연구, 궁리의 키워드를 가진 식신격은 재료가 가지고 있는 본래의 특성을 그대로 살려내는 방식을 선호한다. 그런데 기존 질서에 반항하는 기질을 가진 상관격은 좀 다르다. 뭔가 창의적이고 색다른 기교를 구사한다. 사람들의 주목을 끄는 재주가 있는 상관은 같은 재료를 가지고 아예 새로운 창작을 시도한다. 스페인 바르셀로나를 미식의 도시로 만든 미슐랭 3관왕 '엘 불리' 레스토랑의 셰프인 페란 아드리아는 창작 요리의 선구자로 꼽힌다. 세계 최초로 분자 요리를 만들어내는가 하면, 요리 연구를 위해 1년 중 6개월만 레스토랑을 운영하고 나머지 기간은 식당 문을 닫고 새로운 실험에만 매진하는 파격적인 경영으로도 유명하다. 아마도 그 스페인 요리사의 사주에는 상관의 기운이 매우 강하게 자리 잡고 있지 않을까 싶다.

　물론 식상도 중요하지만 요리사 사주에는 편인이 있어야 제대로 실력 발휘를 한다. 편인은 특별한 분야의 공부나 전문 자격증을 상징한다. 의료계, 스포츠계, 예술계, 종교계 등 특화된 분야의 전문가에게 많이 보이는 편인은 요리사에게도 필요한 사주 성분이다. 특별한 끼가 많은 편인격은 상상력이 뛰어난 편이다. 그래서 늘 같은 요리법에 안주하지 않고 세상에 없는 뭔가 특별한 메뉴를 개발하려는 욕심이 많다.

　상관과 편인만 있으면 '보여주기식 요리'에만 신경을 쓴 나머지 돈벌이는 시원치 않다는 단점이 있다. 그런데 이런 사주에 재성財星이 얹혀지면 얘기는 달라진다. 재성이 사주 안에 있거나, 대운이나 연운의 흐름에서 재성 운이 들어오면 요리가 한층 현실성(?)을 갖게 된다. 또한 결과를 상징하는 재성은 완성된 음식, 혹은 요리 레시피에도 해당된다. 따라서 요리사가 식상, 편인, 재성을 두루 갖추고 있으면 돈과 명예를 한꺼번에 거머쥘 수 있다.

　또한 요리사는 단순하게 배를 채울 음식을 만드는 사람이 아니다. 보기 좋고 맛도 있는 음식이 식탁에 오르기까지 전 요리 과정을 체크하고 통제하는 사람이다. 임상을 해보면 관성과 비겁이 강한 요리사도 적지 않다.

■ 사례 1 : 고급 한식당 모 남자 주방장의 사주

〈 사주팔자, 통변성, 신살 〉

정인	나	편인	편재
丁	戊	丙	壬
巳	戌	午	子
편인	비견	정인	정재
건록	태극귀인 **괴강살**	**양인살** 현침살	비인살

분석

이 사주의 용신은 월지 정인격이다. 연구와 학문을 뜻하는 정인의 성품처럼, 이 사주의 주인공은 이론에 강한 요리사이다. 요리를 전공했고, 이론을 실제 주방에서 활용하는 '요리 연구가'에 가깝다. 불을 상징하는 화火 기운이 월주와 시주 전체를 휘감고 있다. 그 불의 기운에 해당하는 통변성이 공교롭게도 '특별한 기술'을 상징하는 인성印星이다. 이 사주는 한마디로 '불을 연구하는 사람'의 에너지를 지녔다고 보면 된다. 또한 일주와 월주에 괴강살魁罡殺, 양인살羊刃殺이 강하게 자리 잡으니 칼을 쥐는 직업에 맞다. 이 사주의 주인공에게 있어 요리사라는 직업은 천부적인 적성에 맞는 선택인 셈이다.

■ 사례 2 : 이탈리아 유학파 셰프의 사주

〈 사주팔자, 통변성, 신살 〉

정재	나	비견	식신
戊	乙	乙	丁
子	丑	巳	巳
편인	편재	상관	상관
천을귀인 태극귀인	복성귀인	금여 관귀학관	금여 관귀학관

분석

이 사주의 용신은 상관격이다. 손재주 많고 창의성이 뛰어난 상관의 기질이 요리사 직업 적성에 잘 맞는 것으로 보인다. 전체 구성을 보면 불을 다스리는 에너지가 강하게 자리잡고 있다. 그 강한 불의 에너지를 뿜어내고 있는 것이 바로 아이디어 많은 식신과 상관이다. 이 사주의 주인공은 유학을 다녀와 서울의 한 레스토랑에서 이탈리아 요리를 만들고 있다. 그가 손님들에게 내놓는 '특별한 작품'에 가까운 요리들이 입소문을 타 젊은 입맛을 사로잡고 있다. 특히 이 요리사는 손님들에게 호평 받은 요리를 냉동식품으로 개발해보자는 대기업의 러브콜을 받고 있는 중이다. 이는 일지에 놓인 편재가 식상생재食傷生財하는 흐름을 보이고 있어, 요리를 매개로 하는 분야에서 사업가 수완을 발휘할 것으로 보인다. 게다가 시간時干에 정재까지 자리잡고 있어 요리로써 기업가의 꿈을 이룰 수 있을 것 같다.

 예술가로 성공할 수 있는 사주

　보컬리스트, 피아니스트, 작곡가, 발레리나, 화가 등 예술 방면에서 재능을 보이는 사주는 어떠할까? 딱 정해진 원칙이 있는 건 아니지만, 예술가로 활동하는데 도움이 되는 사주 구성은 분명히 있다. 우선 특별한 끼와 재능이라는 키워드를 가진 편인이 사주 안에 강하게 자리잡고 있으면 예술이 적성에 맞다. 편인은 상상력으로 예술가의 창작 활동에 숨을 불어넣어 주는 사주 성분이다. 대체로 용신이 편인격이거나 사주 안에 편인의 에너지가 강하면, 예술을 하면서 다른 직업을 갖는 경우가 많다. 과학자이면서 바이올리니스트라든가, 교수 겸 행위 예술가로 활동하는 케이스다.

　이런 편인 외에도 예술가 사주에 많이 보이는 것이 식신과 상관이다. 궁리하고 몰입하는 식신. 호기심으로 뭔가를 창조해내는 상관. 이 몰입과 창조의 기질은 창작의 혼을 불사르는 아티스트에게 꼭 필요한 성분이다. 그러나 실제 임상 결과를 보면 식상과 편인의 기운 외에 주관이 강한 관성官星과 실리와 재미를 추구하는 재성財星을 가진 예술가도 적지 않다. 예술을 매개로 하는 사업으로 큰 돈을 버는 사람들의 사주를 보면 편인격에 편재가 적절하게 섞여있음이 확인된다. 또 편인격에 식상이나 정인 등이 조화된 사주는 독특한 창작품이나 연구 성과를 만들어 낸다.

한편 예술과 관련된 신살로 화개살華蓋殺이나 천라지망天羅地網 등이 있으면 좋다. 특히 화개살에 해당하는 글자는 진술축미辰戌丑未로 전부 토土 성분이다. 흙의 기운이 예술가에게 필요한 에너지인 것이다. 고독과 절제, 자신과의 싸움을 상징하는 화개살을 가진 사람은 대체로 총명하고 예술 방면의 소질이 뛰어나다. 다재다능하지만 늘 고독이 함께 하는 화개살은 예술가와 떼어놓을 수 없는 사주 성분이다. 왜냐하면 작품 활동 기간에는 외부와 격리된 채 혼자서 창작의 고통을 감내해야 하는 경우가 많기 때문이다.

미술가의 경우는 식신과 편재의 조합이 좋다. 생각과 느낌을 표현하는 일은 식신의 몫이다. 여유롭게 상황을 즐기는 편재적 기질은 창작 활동을 즐겁게 할 수 있게 한다. 게다가 창작 예술품을 사업 기회로 연결시켜 큰 돈을 벌게 하는 것도 식신이 편재를 생 해주는 관계에서 나온다.

피아노, 바이올린 등 악기를 다루는 음악가에게는 대체로 편관이나 정관의 기운이 강하다. 원칙을 지키는 엄격함, 끝장을 보는 근성, 명예와 자존심을 건 경쟁심. 이런 관성의 기운을 가진 연주 음악가는 엄청난 연습과 끝없는 도전 끝에 정상급 예술가로 인정받게 된다. 타고난 재능은 기본이고, 여기에 남보다 몇십 배의 노력을 기울인 다음에야 비로소 성공할 수 있는 것이다. 따라서 예술가에게는 인내와 절제의 힘이 무엇보다 중요하다. 굳건히 버티는 힘은 관성에서 나온다.

■ 사례 – 파리 유학파 모 화가의 사주

〈 사주팔자, 통변성, 신살 〉

겁재	나	편재	편재
丁	丙	庚	庚
酉	戌	辰	子
정재	식신	식신	정관
천을귀인 태극귀인	화개살 백호살	화개살 괴강살	복성귀인

〈 대운, 통변성 〉

72	62	52	42	32	22	12	2
식신	겁재	비견	정인	편인	정관	편관	정재
戊	丁	丙	乙	甲	癸	壬	辛
子	亥	戌	酉	申	未	午	巳
정관	편관	식신	정재	편재	상관	겁재	비견

분석

용신은 월지 식신격이다. 지지에 식신이 강하게 일간을 떠받치고 있음을 알 수 있다. 손재주, 눈썰미, 몰입 등을 나타내는 식신과 유쾌한 발산 욕구를 뜻하는 편재의 조합이 전형적인 미술가의 사주이다. 이 사주의 주인공은 서울대 미대를 졸업한 후 프랑스 파리로 유학 가서 박사 학위를 받은 모 화가의 사주다. '유동의 재'를 상징하는 편재의 힘이 강하게 발휘되어 자유롭게 다양한 곳을 유랑하며 활동하는 삶의 패턴을 유지한다. 편인 운이 들어온 32세 대운 시점에 무일푼으로 파리 유학 떠나, 정인 운이 깃든 42세 대운 말까지 20여년을 프랑스에 머물며 석사와 박사 공부를 했다. 새로이 대운이 시작되는 52세에 돌연 파리 생활을 청산하고 귀국해 창작, 전시, 평론 등 다양한 활동을 펼치고 있다.

 이 사주의 또 한가지 특징은 재성財星이 많은 신약 사주다. 재물은 일간이 강할 때 지킬 힘을 갖는다. 그런데 재성이 많아 신약해진 일간은 그 재물을 간수할 힘을 갖지 못해 평생 돈 때문에 맘 고생을 하게된다. 이 사주는 강하게 자리잡은 식상이 재물을 만드는 식상생재의 흐름이 특징이다. 그러나 재성이 너무 많아 사주가 신약하고 흉해졌다. 때문에 활발한 활동에도 불구하고 돈을 모으지 못하고 예술가로서 자기 만족하는 삶을 살아가고 있다.

적용 21   금융 계통에 적합한 사주

재성격^{財星格}은 수학에 소질이 많고, 사물을 구조화 하는데 탁월한 능력이 있다. 수리적 머리가 좋아 경제, 경영, 세무, 회계에 적합한 사주다. 같은 재성이지만 정재와 편재는 돈을 바라보는 시각과 자세가 다르다. 정재는 월급 등의 정기 수입을 가지고 낭비 없이 착실하게 돈을 모은다. 반면 편재는 돈 버는 방법에 구애 받지 않고 자유자재로 재물을 모은다. 물건을 사고 팔면서 흥정하는 방법도 다르다. 편재가 얼렁뚱땅 하면서도 실리를 챙기는 장사꾼 형이라면 정재는 고지식한 공무원, 샐러리맨 스타일이다.

정재는 땀 흘린 정당한 노력의 대가를 상징하므로 정직, 신용, 성실을 바탕으로 하는 직업이나 사업이 적성에 잘 맞는다. 그래서 정재는 돈과 직결되는 은행, 증권, 보험 등 금융업무에 종사하면 좋다. 또 전체 사주 구성이 치우침이 없이 양호하면 금융 관련 사업을 해도 실패가 없다.

그러나 사주에 재성이 강하다고 해도 금융 사업에 손을 대면 안 되는 사주도 있다. 예를 들면 비겁이 많아 일간이 강한데 용신이 정재격인 사주이다. 비겁은 재성을 극하는 관계다. 재성으로 인해 일간의 힘이 빠지는 사주를 가진 사람은 금융사업보다는 은행 등에서 월급 받는 생활을 하는 것이 좋다. 이 외에 재물의 정재와 연구·궁리의 식신 간의 조합은 증권 애널리스트나 경제연구소 분석가 등에 적합하다.

■ 사례 : 은행장을 지낸 경제인 사주

〈 사주팔자, 통변성, 신살 〉

정관	나	비견	정재
庚	乙	乙	戊
辰	丑	卯	午
정재	편재	비견	식신
양인살 괴강살	복성귀인	건록 현침살	문창귀인 현침살

분석

월지가 비견이므로 2단계로 시간時干에서 용신을 찾아보니 정관격이다. 상생관계에서 재생관財生官으로 정관을 생 해주는 재성이 3개나 있어 금융 계통의 직업을 갖는 것이 적성에 잘 맞는다. 실제로 위 사주의 주인공은 평생 은행에서 일하다 은행장까지 승진한 후 퇴직했다.

 정치인으로 성공할 사주

　정치인 사주는 깡패 사주와 비슷하다는 말이 있다. 상대방을 제압하는 카리스마와 과단성이 조폭 두목급은 되어야 정치 세계에서 버틸 수 있다는 말이다. 또 정치가 권력 다툼인 만큼 자신의 세력이 있어야 한다. 자기 세력을 얼마만큼 키울 수 있느냐가 정치판에서 성공할 수 있는 관건이 된다. 2020년 4월 총선을 앞두고 많은 진풍경이 연출되었다. 그 중 하나가 소신 있는 의정 활동으로 대중적 인기를 얻은 정치 신인 몇 명의 불출마 선언이었다. 호감도와 인지도에서 좋은 평가를 받던 국회의원들이었다. 총선에 나가기만 하면 당선될 확률이 높은 데도 정치에서 발을 빼버렸다. 국민의 뜻을 의정 활동으로 실현해 보겠다는 큰 꿈을 갖고 정치를 시작했지만 눈 앞에 펼쳐지는 현실은 다름 아닌 '동물 국회'였던 것이다. 나름 초심을 지키려고 발버둥쳤지만, 하루가 멀다 하고 몸싸움이 일어나는 현실 앞에 두 손 들고 만 것은 아닌가 하는 생각이 든다. 어쨌든 정치는 모욕을 견디는 일이라는 어느 원로 정치인의 우스개 소리가 떠오른다.

　정치인의 사주는 일단 두 부류로 나눌 수 있다. 장·차관 같은 임명직 정치인과 대통령, 국회의원, 시의원 같은 선출직 정치인이다.

우선 임명직은 관인상생官印相生이 잘 되어 있어야 장·차관 자리에 발탁된다. 이런 임명직 사주로 맨먼저 꼽히는 것이 금金 기운과 수水 기운이 뿜어져 나오는 강한 사주다. 전문 용어로 '금수쌍청金水雙淸' 이라고 한다. 금과 수가 나란히 붙어있는 사주를 말하는데 대체로 총명하고 공부를 잘 한다. 특히 거물급 정치인 중에는 금일생이 많다. 냉철한 사고력과 과감한 결단력은 금의 특징이다. 여기에 원칙에 충실하고 인내심 강한 관성의 기운이 있다면 더 좋다. 포용력을 상징하는 인성까지 덧붙인다면 금상첨화다. 관성이 인성을 생 해주는 관인상생의 구성은 전형적인 고위 관료의 사주다.

그러나 선출직은 다르다. 일단 비겁이 강해야 한다. 비겁은 동료, 경쟁자, 후원자 등을 상징한다. 출마자가 비겁이 강한 사주인데 대운에서 또 다시 비겁 운이 들어오면 선거에 당선될 가능성이 올라간다. 비겁이 강한 사람은 무대에 올라 많은 사람들 앞에서 자신의 재능을 뽐내며 즐길 수 있다. 연예인 중에도 비겁이 강한 사람은 무대 체질이라고 보면 된다.

한편, 정치인으로서 두각을 나타내기 위해서는 뭐니 뭐니 해도 식상이 강해야 된다. 그 중에서도 특히 상관의 기운이 없으면 안 된다. 상대방을 설득시키는 언어 구사력 면에서 상관을 따를 자가 없다. 그러나 정치인의 사주에서 상관의 기운만 유독 강하게 뿜어져 나오는 것은 위험하다. 정해진 규범이나 틀을 깨려는 기질의 상관만 있으면 말만 앞세우며, 무작정 반대를 위한 반대만을 외쳐댈 위험성이 있다. 이런 상황이 연출되는 사주 구성이 바로 상관과 정관이 한 자리에 있을 때다. 이를 전문 용어로 '상관견관^{傷官見官}'이라고 한다. 상관이 정관을 보았다는 말이다. 왜 그럴까? 상극관계에서 보면 식극관^{食剋官}으로 식성은 관성을 극한다. 그 중에서 상관이 극하는 대상은 정관이다. 상관이 편관을 만나도 정관만큼은 아니어도 편관을 힘들게 한다. 관성은 원칙이나 규율을 상징하는데, 상관이 그런 것들은 깡그리 무시해 버리는 것이다. 그래서 사주 안에 상관과 관성이 함께 있는 경우는 한마디로 입으로만 설쳐대는 모습이다. 그런데 이런 상관을 인극식^{印剋食}으로 다스려주는 정인이 있으면 말로만 떠드는 상관의 기질이 점잖아진다. 또 항상 뭔가를 배우고 지혜를 넓히려는 정인의 활발한 자기계발 태도는 국가 발전에 유용하다. 따라서 대통령이나 국회의원 같은 선출직은 상관과 함께 정인이 있으면 좋다.

이 외에 편재 역시 정치인에게 있으면 좋은 사주 성분이다. 선출직 정치인 중에는 편재를 가진 사람들이 많다. 편재가 지닌 측은지심, 봉사심, 미래에 대한 전략과 기획력 등의 키워드를 떠올려 보면 금방 수긍이 갈 것이다. 사실 정치인에게 가장 필요한 자질이 희생정신이 아닐까 싶다. 내 한 몸 불살라 국민을 행복하게 만들겠다는 살신성인의 자세야말로 운도 능력도 뛰어넘을 수 있는 강력한 정치 덕목이다.

■ 사례 : 국회의원과 장관을 두루 지낸 사주

〈 사주팔자, 통변성, 신살 〉

비견	나	겁재	편관
庚	庚	辛	丙
辰	**辰**	丑	申
편인	편인	**정인**	비견
천덕귀인 월덕귀인	천덕귀인 괴강살	천을귀인	관록

분석

　이 사주의 일간 경금庚金은 무관 기질이 강한 정치인에게 많은 사주 성분이다. 그런데 이 사주의 전체 구성을 보면 일간과 비겁을 후원하는 인성이 주를 이루는 아주 강한 사주다. 특히 일지 진과 월지 진이 진진辰辰 자형을 이룬다. 사주 안의 형살은 사주의 전체 기운을 더욱 강하게 만든다. 게다가 고전 명리학에서 흉신으로 분류되는 편인이 형을 이루니, 그 기세는 편인 3개 정도의 역량으로 볼 수 있다. 따라서 이 사주는 군인으로 출세하든지, 아니면 정치가로 가는 것이 진로 적성에 잘 맞다. 이 사주의 주인공은 선출직 국회의원과 임명직 장관 등을 두루 지냈다.

 다가올 미래 사회에 각광 받을 사주

　사물 인터넷, 빅데이터, AI … 4차 산업혁명기에 접어들면서 언론에 많이 오르내리는 단어들이다. 직업군에도 지각 변동이 일어나고 있다. 현재의 직업 중 상당수가 10년 후에는 흔적도 없이 사라지고 그 자리는 듣도 보도 못한 '듣보잡 직업'이 차지하게 될 것이다. 이런 변화를 가져오는 원인으로 인구 감소도 한 몫을 할 것이다. 벌써 인구 절벽 시대의 부작용이 나타나고 있다. 안전 직업을 찾아 임용고시에 합격한 예비 선생님들도 안심하기 어렵기는 마찬가지다. 왜냐하면 학생 수가 감소하여 발령이 쉽지 않기 때문이다. 이러하니 대학 입시에서 벌써 교대나 사범대의 경쟁률이 낮아지고 있다는 말도 들린다.

뭐든 삐딱하게 뒤집어 보는 상관이 미래 주역

　다가올 미래에는 어떤 사주팔자라도 그 다양성을 뿜어내면서 멋지게 살아갈 기회는 널려 있다. 타고난 개성과 끼를 잘 살리면 로봇이 손 대지 못할 창의적 감수성으로 남다른 능력을 발휘할 수 있다. 그래서 AI 시대에도 주목 받을 만한 사주 성분이 있다. 바로 상관이다. 명리학의 관점에서 보면 한발 앞서 변화를 일궈내는 '혁신의 주역'으로 상관만한 것이 없다. 고전 명리학에서는 매사 삐딱하고 불만 많은 상관을 지나치게 나댄다고 흉살로 보았다. 그러나 미래에도 과연 그럴까? 상관은 새로운 시도를 하는 데 두려움이 없는 '창조 전문가'다. 상관은 절대 예스맨이 될 수 없다. 누군가 지시를 내리면 관성은 맘에 안 들어도 '규칙과 관행이라면 할 수 없지' 하면서 일단 하고 본다. 원리원칙과 규범을 중시하는 관성의 기질을 떠올려 보면 된다. 그러나 상관은 "그걸 왜 꼭 해야 되지? 더 좋은 방법은 없나?" 라며 이리 저리 뒤집어 새로운 아이디어와 방법을 만들어 낸다.

상관과 함께 식상이라는 그룹에 속한 식신도 21세기에 주목할 만하다. 개성이 강한 상관과 달리 식신은 박학다식한 '탐구 전문가'다. 관심이 꽂힌 한가지 일에 끝까지 매달리며 연구하는 탐구욕이 남다르다. 식신은 미지의 세계에 대한 호기심이 많으며, 어떻게든 자신을 드러내고 싶은 욕구가 넘쳐 흐른다. 미래 사회에서는 창의와 혁신, 변화에 적극적으로 도전하는 식상격 아이가 세상의 주역이 될 것이다.

조화와 균형을 중시하는 고전 명리학에서 나쁘게 보는 '확 치우친 사주'도 새로운 시각으로 보아야 한다. 사주가 한두 개의 오행이나 통변성으로 구성되어 있다면 치우친 사주다. 이런 사주는 중용과 거리가 멀어 고전 명리학에서는 조치(?)가 필요하다고 보았다.

한쪽으로 확 치우친 사주는 때를 만나면 한방에 발복!

물론 오행을 두루 갖춘 무난한 사주는 삶이 평안할 가능성이 높다. 그러나 이런 사주가 대운, 연운 등에서 나쁜 운을 만나면 더 커다란 위험에 빠질 수 있다. 평소 맷집 훈련이 안 되어 있어 삶의 고비를 헤쳐나갈 경험과 요령이 부족하기 때문이다. 반면에 치우친 사주가 밖에서 들어오는 운과 잘 조화되면 크게 한방을 터뜨릴 여지가 많다. 발복의 기회를 잡을 수 있는 것이다. 평소 삶의 시련과 굴곡으로 강해진 정신적 맷집이 기회를 잡고 단숨에 도약하는 데 든든한 무기가 된다.

그러면 치우친 사주들은 그 치우침을 어떻게 활용해야 할까? 예를 들어 보자. 사주 구성이 금金과 수水로 이뤄진 '추운 사주'를 가진 사람의 성격은 사교성이 없거나 내성적이다. 그래서 외부 활동이나 대인 관계에서 어려움을 겪는다. 그런데 이런 차가운 기운을 생해주는 화火가 이 사람을 살리는 기운인데, 화의 기운을 상징하는 것이 바로 사이버 세계다. 내성적인 성격 때문에 겪는 조직 생활의 어려움을 온라인 시스템으로 극복하면 된다. SNS나 유튜브 등을 통한 1인 미디어 활동, 1인 출판사 등 집에서 얼마든지 가능한 일을 하면 된다. 반대로 화의 기운이 넘쳐 사주 전체를 태워버릴 듯이 위태로운 화 과다 사주도 사이버 세계와 잘 맞는다. 사물 인터넷, 블록 체인 등을 기반으로 한 사이버 사업에 뛰어들어 자신의 넘치는 화 기운을 쏟아 내는 것이 사주에 맞는 운 활용법이다.

충 많고 삼형살 가진 사주는 '미래의 무사'

충沖이 많은 사주도 고전 명리학에서 나쁘게 보는 것 중의 하나다. 충은 사주의 안과 밖에서 들어오고 나가는 기운의 충돌을 의미한다. 충은 사주 안의 에너지 흐름을 깨는 작용이다. 예기치 않은 사건 사고가 발생하거나 평온하던 삶에 삐딱한 흐름이 생기는 것이다. 그러나 이 충을 부정적으로만 볼 일이 아니다. 아무런 변화 없는 상태가 이어진다면 발전 없는 삶이다. 지루한 삶에 뭔가 새로운 변화의 계기를 이끌어 내는 힘의 하나로 충을 바라볼 수도 있다. 새 집을 짓기 위해서는 헌 집을 허물어야 하듯이, 혁신은 파괴를 기반으로 이루진다. 따라서 사주에 충이 많다고 나쁘게 생각하지 말자. 오히려 변화의 흐름을 능동적으로 탈 수 있는 기회로 충을 바라보고 도전장을 내밀자. 삼형살三刑殺에 대한 인식도 부정적인 시각에서 벗어나야 한다. 형무소에 가는 살이라는 해석은 옛적 호랑이 담배 피던 시절의 이야기다. 현대 명리학에서는 삼형살을 실패를 겁내지 않고 도전하며 경쟁을 이겨내는 '미래의 무사'로 해석하고 있다.

굽은 나무도 얼마든지 갈고 닦아 대들보로 만들 수 있다. 남들이 한다고 생각 없이 우르르 쫓아가는 일은 멈추어야 한다. 어떤 분야든 자신만의 적성과 기질로 차별화된 경쟁력을 갖추는 것이 제일 중요한 일이다. 이제는 사주를 분석하고 이해하되, 거기에 갇히지 않고 뛰어 넘으며 새 지평을 열어야 할 시대이다.

5장

에필로그 대담

삶은 하나의 생태계, 그 무한한 리듬을 들여다보는 명리학적 사유

"타인을 아는 사람은
지혜롭다고 하고,
자기를 아는 사람은
현명하다고 하고,
자기를 이기는 사람은
강하다고 한다."

- 동양 철학자 노자 -

　지금까지 이 책을 읽은 독자들이 무슨 생각을 하게 될지 궁금하다. 우리 아이가 장래에 서울대에 합격하게 될까? 로또 복권을 언제 사야 1등에 당첨이 될까? 이런 미래에 대한 예측까지도 할 수 있을 거란 기대가 들지도 모르겠다. 그러나 명리학을 미래 예측 도구 보다는 동양철학의 관점으로 접근하는 것이 현명한 태도이다. 명리학은 우주 대자연의 흐름을 이해하려는 학문이다. 사람도 자연의 한 축이 아닌가. 따라서 '사람을 알아가는 공부'라는 관점에서 명리학을 이해해야 한다. 대자연이 우리에게 무엇을 주었는가? 우리가 받은 그것으로 만들어야 할 '진짜배기 인생'은 무엇인가? 이런 것을 넌지시 일러주는 학문이 명리학이다. 다시 말해 명리학은 수신제가의 학문이요, 세상 경영의 처세학인 것이다.

이 책에서 소개한 몇몇 중요 개념은 고전 명리학의 그것과 다르다는 점을 앞에서 언급한 바 있다. 녹평은 자신이 정리한 명리학이야말로 '정통' 명리학이며, 현대를 살아가는 사람들에게도 부족함 없는 '인생병법서'라고 자부한다. 녹평은 자신만의 명리학 이론을 정립하는데 단순히 중국 명리학 원서를 번역하거나 고전 문헌의 이론을 답습하는 방법을 택하지 않았다. 원서의 중요한 이론은 충분히 살리면서도 녹평 자신이 연구하며 겪은 고충과 교직 현장에서 터득한 경험 등을 충실히 반영하였다.

이런 과정을 거쳐 나온 결과물이 명리학계의 바이블로 불리며 40년 가까이 활용되고 있는 〈컴퓨터 만세력〉과 오랜 연구 끝에 완성한 명리학 이론서 〈명命1·2〉이다. 〈내 아이 해석법〉은 녹평의 저서에서 성격과 진로 적성에 관한 핵심 내용만 뽑아냈다. 그리고 명리학을 도구로 수십 년 동안 진로 상담해온 임상 결과와, 제자를 지도하면서 얻은 녹평의 경험을 최대한 녹여 넣었다. 공동 필자가 겪은 육아와 자녀 교육 경험도 여기에 보탰다. 오려 붙이고 재해석한 명리학 이론에 '9차원 명리학'이라는 새로운 타이틀을 붙였다. 이렇게 해서 '교육 명리학'이라는 새로운 장르가 만들어졌다. 미래 세대 아이들을 위한 교육 지침서가 되리라는 기대를 가져본다.

태어난 사주대로 100% 살아가는 사람은 없다고 한다. 각자의 삶을 지배하는 '영향권'이 어떻게 변하느냐에 따라 삶이 달라진다. 어떤 집안에서 태어나 어떤 부모 아래에서 성장하게 되는가. 내 삶에 갑자기 들이닥친 돌발 사고는 무엇인가. 이렇게 각자의 삶에 영향을 미치는 환경 변수가 어떻게 변하는 가에 따라 인생에 다양한 굴곡이 생기게 되는 것이다.

"자기가 마실 물의 샘은 스스로 파야 한다."

학생을 가르치며 평범하게 살아가던 녹평은 어느날 갑자기 교사란 안정된 직업을 내던지고 명리학자의 길로 들어섰다. 녹평의 무난한 삶의 '영향권'에 변수가 생겼기 때문이다. 그러다 또 다른 변수가 찾아와 대학에서 명리학 강의를 하게 되었다. 대학교수라는 영향권을 갖게 된 것이다. 녹평의 다채로운 인생 굴곡의 이면을 들여다 보면 거기서 또다른 명리학적 사유를 만나볼 수 있을 지도 모르겠다.

녹평이 처음 운명에 눈을 뜬 것은 고등학교 때 아버지의 암투병과 죽음을 가까이 지켜보면서부터다. 고등학생의 나이에 집안의 가장이라는 무거운 짐을 어깨에 진 녹평은 답답한 마음에 처음으로 철학관을 찾아갔다. 앞으로 자신의 인생이 어떻게 흘러갈 지 궁금했다. 그때 녹평이 들은 얘기는 적어도 판·검사는 된다는 거였다. 그러나 당시는 학비와 생활비를 걱정하던 참이었다. 녹평은 비싼 등록금을 내고 대학에 가야할 지를 고민하던 때라 판·검사는 남 얘기로 들렸다. 결국 녹평은 학비도 안 들고 2년 만에 직업을 가질 수 있는 장점에 끌려 교대를 택했다. 녹평이 교대에 재학 중일 때 문득 고등학교 때 녹평의 사주를 봐준 역술인의 말이 생각났다. 다시 진로를 바꿔도 판·검사가 될 수 있을 지 궁금했던 녹평은 역술인, 무당, 스님들을 찾아 다니면서 물었다. 그들 중 가능하다는 사람도 있었고, 안 된다는 사람도 있었고, 그저 아리송한 미소만 짓는 사람도 있었다. 사주를 봐주는 사람들로부터 각기 다른 이야기를 듣게 되니 그 세계에 뭔가 잘못된 점이 많이 있다는 생각이 들었다. 한 사람의 사주를 놓고 서로 다른 해석을 하게 되는 오류를 바로 잡아야겠다는 엉뚱한 욕심이 생겼다. 우물을 찾으러 갔다가 직접 우물을 파기로 한 것이다.

오류를 바로 잡기 위해 뛰어든 명리학의 세계

권작가 : 교수님은 본인의 사주에 맞는 삶을 살아오신 겁니까?

녹 평 : 저의 사주는 학자의 사주도 아니고 사업가의 사주도 아닙니다. 사주 여덟 글자 안에 정인도 없고 상관도 없는 제가 지금까지 강의를 할 수 있는 힘이 어디서 나올까 하고 가끔 제 사주를 들여다 봅니다. 전 일간이 강한 정관격입니다. 군자 사주죠. 갑목일생이 가진 소명의식과 책임감으로 이 학문을 시작한 거라고 봐요. 공부를 해보니 참 좋은 학문인데 여러 책에 있는 오류가 마음에 걸리는 겁니다. 이걸 바로 잡아야겠다는 생각이 드니까 다른 쪽 관심은 없어지더군요. 한가지를 붙들면 묵묵히 그걸 붙잡고 위로 올라가는 갑목의 기질이 발휘된 겁니다.

권작가 : 교사라는 안정된 직장을 버리고 덤벼들 만큼 명리학이

라는 학문이 교수님께 던진 숙제가 컸나 봅니다.

녹　평 : 어떻게 하면 명리학 이론을 쉽고 정확하게 요즘 사람들에게 가르칠 것인가, 그것만 계속 생각하고 파고든 거죠. 사주팔자가 있는 건 알겠는데 제대로 아는 사람이 없어 답답했어요. 전국의 용하다는 점쟁이를 찾아가서 물어도 시원하지 않고, 유명 사찰의 스님을 찾아가 질문 해도 뾰족한 답을 해주지 않았죠. 그래서 그때부터 누구를 찾아가는 대신 저 스스로 공부하기로 결심했어요.

"부모 운과 아이 운은 밀접한 관계일 수밖에 없어요."

권작가 : 수십 년을 한 분야에 쏟아 부으면서 제대로 된 명리학 이론서를 쓰기 위해 고생하셨다고 들었습니다. 도대체 명리학이 어떤 매력이 있어서 그랬나 궁금해져요.

녹　평 : 이 공부를 해보니까 100%는 아니지만 예수나 석가모니가 제시하지 못한 것을 명리학이 제시하고 있다는 걸 깨닫게 되었습니다. 또 한 사람의 시민으로서 많은 사람들이 잘못된 길을 가지 않도록 뭔가 제대로 된 방향을 제시하고 싶은 마음도 들었죠. 엉터리 해석이나 부적 같은 미신 행위에 대해서도 바로 잡아야겠다는 사명감도 들었어요. 결론적으로 후세를 위해서 제대로 된 책을 남겨야겠다는 생각으로 공부에 매달렸습니다.

권작가 : 아이들은 어릴수록 부모에 따라 수십 번도 더 바뀌는 것

같아요. 어떤 부모를 만나는 지가 아이의 삶을 좌우하는 건 분명해요. 명리학은 출생 시간의 정보를 가지고 인생을 해석하는 학문이니까, 태어나는 순간의 운명은 부모가 쥐고 있는 셈이죠. 아이의 출생 타이밍이 아이의 미래 운명에 영향을 미치는 건 명리학적 관점에서 사실인 거죠?

녹 평 : 맞습니다. 그 동안의 연구와 실제 임상 경험으로 볼 때 우리 인간은 분명히 개인차를 가지고 태어납니다. 한마디로 잘 타고나야 하는 것이 우선인 것은 맞습니다. 그러나 이 문제는 맘대로 할 수 있는 부분이 아니라서요

권작가 : 결론적으로 때를 잘 타고 나야 한다는 게 명리학의 기본 입장이군요

녹 평 : 사실 타고난 시점도 중요하지만 제가 더 중요하게 생각하는 것은 그 아이의 앞에 쫙 펼쳐져 있는 운의 도로가 어떤 상태인지 아는 것입니다. 선천적인 운이 좋아도 내가 가는 길이 나쁘면 그림의 떡이 되는 것이죠. 보잘 것없는 능력을 타고났다 하더라도 가는 길이 막힘 없이 쭉 뻗어 있으면 멋진 인생을 살게 되는 겁니다.

권작가 : 아이가 살아가면서 만나는 특수 관계인들과의 만남도 중요한 것 같아요. 맞벌이 부모라서 부득이 어린이집을 보냈는데 아동학대를 당할 수도 있고요. 양육자가 어떤 사람인가에 따라서 어렸을 때 성격 형성에 많은 영향을 받죠.

녹 평 : 부모 운과 자식 운의 연관성은 아주 밀접하죠. 옆에 붙어있는 사람의 인성이나 생각에 따라서 아이 인생이 달라지거든요. 엄마가 어떻게 키우느냐, 아빠가 어떻게 받쳐주느냐에 따라 아이가 달라집니다. 그러니까 아이 입장에서 최고 운은 좋은 부모를 만나는 것이죠. 근데 부모들이 먼저 알고 있어야 할 게 있어요. 부모 마음대로 아이를 키울 수 있다고 해서 원하는 대로 키워지는 것이 아니라, 타고난 그릇대로 살아가게 되어 있다는 사실입니다.

"해외 유학 사주요? 사주보다 경제력이 관건이죠."

권작가 : 이제부터는 사주팔자와 관련해서 사람들이 잘못 알고 있는 상식들에 대해 좀 짚어 볼게요. 먼저 반드시 해외로 유학 보내야 할 사주가 따로 있나요?

녹 평 : 사주에 지살이나 역마가 있을 때 멀리 해외로 보내라는 말이 있는데, 그건 고전적인 이론에 불과합니다. 최치원이 12살 때 배 타고 당나라로 유학 갔어요. 풍랑의 위험이 있어서 운도 살펴보고 갔겠죠. 요즘은 미국도 12시간이면 갑니다. 이제는 해외 갈 때 지살이나 역마가 아니고 경제력이 중요한 조건입니다. 돈에 구애 받지 않고 공부할 여건이 되고, 아이가 의지를 보이면 보내야죠. 교육은 좋은 환경이 뒷받침 될 때 유리한 거 아닙니까? 그래서 지금도 맹모삼천지교가 설득력이 있는 겁니다.

권작가 : 해외 유학은 아무래도 경제력이 가장 큰 조건인 건 분명해요. 고만고만한 살림에 아이 하나 유학 보내면 부모 노후가 거덜나잖아요.

녹　평 : 제 주변의 한 사업가가 돈을 잘 벌 때 딸을 유학 보내려고 상담 차 찾아왔어요. 그때 분석해보니 아버지 운이 안 좋아 보내지 않는 것이 낫겠다고 했어요. 그런데 기어이 딸을 미국으로 보냈고 얼마 후 IMF가 터져서 도중에 돌아왔어요. 해외 유학은 사주보다 경제력이 중요해요.

"삼재, 윤달, 아홉수 같은 건 싹 다 미신!"

권작가 : 명리학을 샤머니즘으로 오해하는 사람들에게 해주고 싶은 교수님의 따끔한 충고 같은 것은 없을까요? 일반 사람들을 대상으로 하는 생활 역학 강연에서 아주 좋은 반응을 얻고 있다고 들었어요.

녹　평 : 세상 모든 일이 목적이 순수하지 못하면 편법이 득세하는 법이죠. 오행학의 본 고장인 중국이나 오행학을 발전시킨 일본 등지에서는 당사주 같은 것은 미신으로 취급한 지 천여 년도 더 지났습니다. 그런데 우리나라에서는 이런 것을 활용하는 술객들에게 현혹 당하는 사람들이 있다는 사실이 안타까워요.

권작가 : 토정비결은 어떻게 보세요? 새해가 되면 많이 보는데, 토정비결에 일희일비 하는 사람들이 주변에 많거든요.

녹 평 : 144개의 식으로 풀이하는 토정비결에 웃고 우는 사람은 이것만 알아두세요. 144개의 식이 수천만 명 또는 수십억 인구에 맞는다고 생각한다면 미신적인 생각이 아니고 뭘까요? 그냥 재미로 보면 될 일입니다.

권작가 : 교수님은 명리학을 수리과학이자 우주기상학이라는 과학적 틀로 보고 계시잖아요. 그런데 명리학을 샤머니즘으로 착각하는 사람들이 많아요. 시중에 떠도는 터무니없는 미신을 더 열심히 믿는 거죠. 그 중 몇 가지만 확인하고 넘어갈게요. 먼저 삼재三災는 믿어야 하는 겁니까?

녹 평 : 삼재는 원래 불교에서 나온 용어예요. 세상이 파멸할 때 생기는 크고 작은 풍파를 말하는데요, 전 삼재를 미신으로 봅니다. 제가 만나는 사람들에게는 절대 삼재 같은 미신에 휘둘리지 말라고 합니다. 사주팔자에서 자신이 태어난 해인 연주의 지지를 가지고 삼재를 판단하는데요, 어느 해를 막론하고 지지 12개 중에서 3개의 지지는 삼재에 해당합니다. 이것을 살펴보면 우리나라 모든 사람 중 25%가 매년 삼재에 해당된다는 계산이 나와요. 이건 올챙이가 들어도 웃을 일이죠. 삼재 부적 쓰는 것보다 그 돈으로 불우이웃 도와주는 게 더 복을 받습니다.

권작가 : 백말 띠는 팔자가 세다는 말은 어떤가요?

녹 평 : 백말은 경오庚午인데, 경금이 흰색을 상징하기 때문이거든요. 띠는 태어난 해인데, 사주 네 기둥 중에 한 기둥만 보고 팔자가 세다고 단정 짓는 것은 정말 말이 안돼요.

사주 분석은 네 기둥을 샅샅이 살펴보고 그 속에서 움직이는 에너지의 흐름을 유추해서 입체적인 분석을 해야 하는데 말이죠. 오래 전 백말띠가 오던 해에 임산부들이 낙태하는 소동이 있다는 신문 기사를 봤어요. 그래서 제가 하도 한심하고 답답해서 그 얘기가 미신이라는 근거를 조목조목 적어서 신문사에 투고했어요. 그랬더니 다음날 신문에 내가 쓴 글이 그대로 실리더군요. 이런 것에 휩쓸리는 건 개인뿐 아니라 사회적으로도 큰 문제예요.

권작가 : 그런 식으로 개인적인 에너지 낭비에다 금전적인 소비를 가져오는 것 중에는 윤달이란 것도 있네요. 윤달도 집착하기 시작하면 묘지 이장부터 수의 장만까지 보통 일이 아니거든요.

녹　평 : 윤달은 한마디로 장사꾼의 속셈입니다. 태양과 달의 돌아가는 주기를 맞추려고 끼워 넣은 것이 윤달입니다. 이렇게 안 하면 오뉴월에 눈이 오고 동지섣달에 폭염이 올 수 있기 때문이거든요. 그것에 불과한데 윤달에 수의 장만하면 어떻다는 식의 광고에 현혹되면 안됩니다.

권작가 : 교수님 말씀을 들으니 마음이 점점 가벼워집니다. 한 걸음 더 나가서 그 놈의 손 없는 날은 어떤 겁니까? 그거 때문에 결혼과 이사 날짜 잡는데 애를 먹잖아요.

녹　평 : 이거야말로 100% 미신이라는 사실만 알아두세요. 그냥 예를 몇 가지 들어 볼게요. 2001년 3월 4일은 일요일이자 손이 없다는 길일입니다. 그날 소방관 6명이 화재 진압 중에 참사로 순직했어요. 또 일가족 10명이 화재로 불타 죽는 끔찍한 사고도 신문에 실렸죠. 이것 말고도 결혼식 하객을 싣고 가던 관광버스가 전복되어 신랑의 혼주가 사망하는 교통 사고도 일어났습니다. 손 없는 날 결혼하고 이사하느라 돈 비싸게 들이지 말고 본인들 형편에 가장 적합한 날을 잡으면 됩니다.

"일 안 풀린다고 이름부터 바꾸는 건 우물에서 숭늉 찾는 격"

권작가 : 교수님 말씀만 들어도 갑자기 부자가 된 기분입니다. 또 사람들이 잘못 알고 있는 미신 중에 뭐가 더 있을까요?

녹　평 : 많죠. 아홉수가 나쁘다 하는 것도 믿을 거 못되고요, 이사할 때 대장군살이 있는 방위로 이사 가면 큰 화를 당한다는 것도 믿을 이유가 없습니다.

권작가 : 운을 바꾸는 방법 중에 이름을 바꾸는 건 어떤가요?

녹　평 : 음양오행학을 깊이 공부해 보면 이름이 타고난 운명을 바꿀 만큼 영향이 크지 않다는 것을 알게 됩니다. 이론적으로 문제가 있는 작명법에 얽매이기 보다는 타고난 사주에 맞고, 부르기 좋고, 듣기 좋고, 기억하기 좋은 이름이 더 중요합니다.

권작가 : 그런데 교수님은 작명법에 관한 책도 직접 쓰셨잖아요. 이름이 사람의 인생에 미치는 영향이 크지 않은 데도 작명법에 관한 책을 쓰신 이유가 있나요?

녹　평 : 이름이 운명을 좌우하는 것은 결코 아니지만. 이름이 중요한 것은 사실입니다. 성명학이 오랜 세월 이어져 내려오면서 학문으로 인정을 받고 있는 것 또한 사실이거든요. 그런데 개명을 하는 것이 마치 운명을 좌우하는 것처럼 혹세무민하는 편법술사들이 문제예요. 이름이 나빠서 교통사고로 죽고, 대학 시험에 떨어지고, 범죄자가 된다는 식으로 공포심을 일으키는 겁니다. 그건 성명학의 본질을 훼손시키는 거예요. 명리학을 내세우며 사기를 가장 많이 치는 게 이름 짓는 겁니다. 그래서 일반인들이 철학관에 가지 않고 스스로 이름을 짓도록 하기 위해 제가 직접 작명법 책을 쓴 겁니다.

권작가 : 주변에 공부 잘 하던 아이가 갑자기 성적이 쑥 떨어지자 고민 끝에 이름을 바꾸는 경우도 봤어요. 이름을 바꾼 후 다시 성적이 올라간다고 좋아하는 엄마도 있더라구요. 그 반대도 있잖아요? 최순실의 경우 최서원으로 이름을 바꾸었지만 국정농단 죄로 지금 교도소에 있고요.

녹　평 : 물론 이름 바꿔서 좋은 운명으로 바뀌는 사례가 있죠. 아들이 대학 졸업하고 몇 년 동안 취직이 안되어 고민인 어머니가 찾아와서 상담한 적이 있어요. 사주를 둘러보니 다른 방법보다는 이름 바꾸는 것이 최선이라는 생각이 들어 작명을 해주었습니다. 그랬더니 정말 6개월도 안돼 취직이 되는 걸 보고 그 어머니도 놀랐고 저도 놀랐었죠. 이름 바꿔서 운이 잘 풀리는 사람도 분명 있어요. 그런데 성명학과 명리학을 제대로 공부한 사람을 만나야 개운을 하지, 그렇지 않으면 오히려 불운이 찾아올 수도 있어요.

권작가 : 명리학적으로 이름을 잘 짓는다는 것은 어떤 겁니까?

녹   평 : 타고난 생년월일시를 바탕으로 음양오행의 기를 정확하게 파악을 해야죠. 각자 타고난 사주에 맞게 부족한 것은 보완해주고 넘치는 것은 힘을 빼줘서 균형을 잘 이룰 수 있도록 이름을 지어주는 거죠.

좋은 운을 불러 들이고 나쁜 운을 이기는 방법

권작가 : 어떤 사주가 개명을 하는 것이 좋다고 보십니까?

녹   평 : 예를 들어 사주의 일간이 토 일생인데 사주 8글자 안에 토와 화가 한두 개 밖에 없으면 너무 약한 신약사주거든요. 그러면 뭐가 잘 안돼요. 의욕도 없고 의기소침하고 뭘 하려고 해도 남에게 치이고요. 이때 화와 토를 집중 보완해주면 됩니다. 보완하는 방법 중에 음식이나 색깔, 인테리어 등 여러 가지가 있는데 이름의 영향이 가장 크다고 보면 됩니다. 좀더 많은 정보를 원하는 사람들은 인터넷 주소창에 '작명원.org'를 쳐서 들어와 보시면 됩니다. 아니면 제가 쓴 책 〈좋은 이름 이렇게 짓는다〉를 몇 번 읽어 보면 스스로 이름을 지을 수도 있습니다.

권작가 : 이름을 바꾸는 건 운명 전체는 아니지만, 어느 정도 좋아지는게 분명하다는 말씀인가요?

녹 평 : 예를 들어 날씨가 가물어 농작물이 말라갈 때 제일 좋은 것은 비가 내리는 것입니다. 비는 하늘이 정해주는 것이고, 물은 사람이 주는 일이지요. 가물 때 사람이 직접 물을 주는 것처럼 타고난 사주에 맞게 제대로만 이름을 바꾸면 도움이 된다는 정도로만 알고 계시면 돼요.

권작가 : 새로 태어난 아이의 이름을 지을 때 해줄 만한 조언이 있으신지요.

녹 평 : 건강을 예로 들면, 5대 영양소를 잘 섭취해야 건강합니다. 그런데 편식을 하면 단백질이나 무기질이 부족해져서 건강이 나빠집니다. 그때는 단백질이나 무기질을 보충해서 밸런스를 맞추어야 합니다. 개명이든 작명이든 그런 관점에서 접근해야 도움이 됩니다. 다시 말해 타고난 사주와 얼마나 부합하느냐가 가장 중요한 포인트지요.

권작가 : 마지막으로 나쁜 운을 이기는 방법이 있을까요?

녹 평 : 운의 흐름 상 나쁜 운이 왔을 때는 사람들과 휩쓸리지 말아야 합니다. 혼자서 공부하고 자기 계발을 하는 것으로 운을 개척해 나가야 해요. 운은 늘 변화하고 이 또한 지나가는 게 자연의 원칙입니다. 운이 나쁠 때는 납작 엎드려 자신의 마음과 몸을 갈고 닦아야 합니다.

권작가 : 그래도 사람은 사회생활을 하지 않을 수 없잖아요. 밖에 나가게 되면 뭘 하고 뭘 하지 말아야 할까요?

녹　평 : 말을 줄이고 적선을 하며 베풀고 사는 것이 최선이죠. 허세 부리지 말고, 거짓말 하지 말아요. 돈 없으면 몸으로 적선하면 됩니다. 녹색 어머니회에서 교통지도 하는 것도 봉사고, 도서관 가서 책 읽는 것도 자신에 대한 봉사입니다. 이미 정해진 사주의 큰 틀은 바꿀 수는 없습니다. 사주가 좀 나빠도 본인이 열심히 적선하고 살면 복을 받습니다. 자신이 못 받으면 후손이 받아요. 그저 남에게 좀 져주듯이 살면 복을 받습니다. 얼굴 좋은 것이 몸 좋은 것만 못하고, 몸 좋은 것이 마음 좋은 것만 못하고, 마음 좋은 것이 운 좋은 것만 못하다는 격언도 있지 않습니까?

녹평과 오랜 대담을 마치고 나니 많은 짐을 벗어버린 듯 홀가분한 느낌이 든다. 녹평은 대화 내내 나무가 아니라 숲을 보는 자세로 명리학에 발을 내디뎌야 한다고 강조했다. 명리학은 고작 글자 몇 개로 인생을 단정 짓고 섣불리 판단을 내리는 학문이 아니기 때문이다. 또한 녹평은 이 책을 읽게 될 젊은 세대를 위해서 용기의 말도 빼놓지 않는다. 명리학은 논리 정연한 학문이기 때문에 까막눈인 초보자도 학교 공부하듯 차근차근 익히면 누구든지 터득할 수 있다는 것이다. 논어에 나오는 유명한 구절을 떠올려 보자.

'학이시습지 불역열호 *學而時習之 不亦悅乎*'

배우고 익히면 이 또한 기쁘고 즐겁지 아니한가!

맺음말

 2019년 11월, 우리나라 정부는 인공 지능 국가 전략을 발표했다. 교육부에서는 인공지능 교육을 전 학년으로 확대하고, 소프트웨어에 인공지능을 융합한 교육을 추진하겠다고 밝혔다. 도대체 인공지능 시대란 어떤 모습일까? 세계적인 미래학자와 교육학자들은 불과 10~20년 안에 현재의 직업군과 고용 시장이 완전히 바뀔 것이라고 전망한다. 더 놀라운 것은 지금 배우는 것들이 그때 쯤에는 전혀 쓸모 없는 것으로 바뀔 수 있다고 내다본다는 점이다. 지식이나 기계적인 능력은 로봇이 자리를 꿰찰 것이기 때문에 사람은 로봇이 할 수 없는 틈새 시장을 찾아야 한다.

 인공지능 시대에 아이들에게 필요한 것은 누구나 알아야 할 지식이 아니라 자신만의 개성을 뿜어내는 일이다. 지식이나 기계적인 노동은 로봇이 담당할 것이고, 사람은 로봇이 대신 할 수 없는 자신만이 가진 고유성으로 승부를 걸어야 한다. 다시 말해 직업보다 개인이 지닌 역량이 주목 받는 시대가 바로 AI 시대다. 앞으로 우리 아이들이 살아갈 미래는 더 이상 학벌로 먹고 사는 시대가 아니다.

국영수를 열심히 가르치고 좋은 학교에 보내는 것이 능사가 아니라는 사실을 부모가 깨달아야 한다. 부모가 9차원 명리학을 공부한 후, 아이의 고유성을 찾아 양육과 교육에 적절히 활용해야 한다. 그러면 내 아이와 좋은 파트너십을 갖게됨은 물론이고, 자신만의 개성으로 인공지능 시대의 삶을 대비하는 아이를 맘 편하게 바라보게 될 것이다.

심리학 용어 중에 '바넘 효과'라는 것이 있다. 쉽게 말해 사람들은 믿고 싶은 것만 믿고, 보고 싶은 것만 보려는 경향이 있다는 것이다. 부모는 더욱 이런 점에서 자유롭지 못하다. 자신이 원하는 대로만 아이를 보려 하는 잘못을 저지르는 것이다. 이러한 부모 때문에 재능 있는 아이가 그 재능을 펴보지도 못한 채 망가져 버린다. 부모는 자기 기준으로 아이의 생각과 행동을 재단해서는 안된다. 아이가 세상에 나올 때 가지고 온 원석에 주목해야 한다. 그것을 잘 찾아 아이의 손에 쥐어준 후, 스스로 보석으로 깎아 나갈 수 있도록 부모는 옆에서 응원할 일이다.

태어날 때부터 강한 사람은 없다. 자신의 고유한 능력을 발견하고 그것을 잘 활용함으로써 강한 사람이 되는 것이다. 여기에 부모의 역할이 중요하다. 아이의 타고난 성격과 역량을 파악하고, 그 기운을 맘껏 뿜어낼 수 있도록 밀어줘야 할 제1의 후원자이기 때문이다. 이 책이 내 아이를 미래의 주목받는 인재로 키워내려는 부모들에게 하나의 작은 길잡이가 되기를 소망한다.

개정판 내 아이 해석법

개정판 1쇄 2023년 1월 10일

지은이	권현희, 김상연
펴낸곳	비비트리북스
출판등록	2019년 9월 6일 제 379-2019-000100호

디자인	케이엠디자인
편집/교정	문진환

주 소	경기도 성남시 수정구 위례순환로 220, 5512-1602
팩 스	031-696-5210
이메일	beebeetreebooks@naver.com
홈페이지	www.beebeetreebooks.com

Copyright ⓒ 권현희, 김상연 2023, Printed in Seoul, Korea
ISBN 979-11-91966-08-4 [13370]
값 18,000원

- 이 책은 저작권법에 따라 보호받은 저작물이므로 무단 전제와 무단 복제를 금하며, 책 내용의 일부 또는 전부를 이용하려면 반드시 저작권자와 비비트리북스의 서면동의를 받아야 합니다.
- 표지의 로고는 비비트리서체를 사용하여 제작하였습니다.
- 잘못된 책은 구입처에서 교환해 드립니다.